日本家族企业研究丛书

李新春 著

日本百年老店

传统与创新

JAPAN'S
CENTURY-OLD STORES

Tradition and Innovation

社会科学文献出版社
SOCIAL SCIENCES ACADEMIC PRESS (CHINA)

感谢以下课题、机构资助

- 国家自然科学基金重点国际（地区）合作项目"家族企业国际化与创新：基于制度–文化的比较研究"，项目批准号：71810107002
- 国家自然科学基金面上项目"家族企业二代涉入与国际创业"，项目批准号：71672196
- 国家自然科学基金重点项目"国际化背景下我国创业企业的社会网络与创业成长"，项目批准号：71232009
- 日中老铺企业经营管理比较研究2017–2018
- 中山大学战略与创业创新科研团队
- 北九州市立大学中华商务研究中心/Center for Chinese Business Studies，The University of Kitakyushu

以此书献给我的母亲张国英：
感恩她的养育之恩和言传身教！

序 一

在改革开放走过四十余年的历程，越来越多的中国民营企业开始庆祝企业成立 20 年或 30 年之际，企业创始人一方面提出了基业长青、走向百年的伟大愿景，另一方面也开始思索接班人问题。而当讨论企业传承问题时，我们自然会把目光投向一衣带水的邻邦，日本长寿企业现象引起了国内企业界和学术界的关注。那么，我们该如何理解和解释日本长寿企业现象呢？日本长寿企业的道与术，对于我国民营企业传承和发展有什么借鉴意义呢？

按照日本著名长寿企业研究者后藤俊夫教授的定义，"长寿企业是指从企业创业开始连续经营百年以上的事业体"，为了适应百年来不断变化的外部环境，企业需要不断改变，而企业法人或家族的一贯性是企业持续经营的唯一证据。因此，大多数的长寿企业都是成功传承多代的家族企业，研究长寿企业的学者一般都是家族企业方面的专家，而长寿企业现象也顺理成章地成为家族企业研究领域的重要话题之一。本人作为家族企业的研究者也一直关注长寿企业现象。最近几年中国和日本学者出版了有关长寿企业的多部著作。李新春教授和团队完成的《日本百年老店：传统与创新》是基于中日专家合作实地调研并主要由国内学者完成的有关日本长寿企业现象的学术力作。本书的问世对于人们学习和理解日本企业长寿基因和方法有重大价值，感谢新春教授邀请写序，本人有缘先睹为快，学到了很多东西，以下是我在阅读过程中的一些思考，向作者和各位读者请教。

首先，本书让我感受到最强烈的新意就是，作者的分析视角超越了一般企业研究范式，不仅把长寿企业作为一种成功的企业经营管理模式，更把它当作一种扎根于日本特殊历史文化背景下的社会生态现象，并深入分析这一社会生态现象产生的历史和机制。这一更具整体性和历史性的分析视角使得我们能够更好地了解长寿企业的来龙去脉，深刻地理解长寿企业的道与术，从而可以更好地学习和借鉴。

正如作者多次强调的，日本可能是在现代化发展潮流之下保存传统文化最好的国度，大到天皇制度、神道教—佛教—儒学传统，小到百姓的日常生活和艺术，如和服、清酒、抹茶点心、和食料理、汉方药、艺伎、能剧等，对于这些产品和服务的市场需求始终存在且稳定。因此这样的生态环境就形成了百年老店对未来的稳定预期，只要踏踏实实耕耘好自己的一亩三分地，迟早会等到收获的季节。大多数日本长寿企业都属于中小型企业，抵御生存风险的能力有限，因此这些企业的成功经验与智慧弥足珍贵。

其次，本书把百年老店的"长寿"基因主要归结为企业经营之道的层面，而这样的经营之道的产生和发扬必须依赖文化道德层面的追求和坚守。作者通过将日本帝国数据银行的长寿企业资料库大样本数据分析和典型案例分析结合起来，对长寿企业做了非常深入而全面的精神肖像"素描"。作者认为，日本百年老铺的长寿"基因"不是商业上的"经营智慧或技巧"，本质上是一种文化或道德的基因，这一基因并非停留在企业意识形态的认知和理想层面，而是通过一系列的社会和企业制度安排及其长期践行而扎根于日常经营管理之中。无疑，作者的这一点面结合、由表及里的精神肖像"素描"是极其传神又深刻的。本书是针对长寿企业的跨学科深度思考，作者娴熟运用了经济学、管理学、社会学、历史学等学科知识，开展了企业和文化的比较研究，这显示了新春教授的深厚理论和论证功力。

这些思考分析给出了长寿企业的共同神韵，并点出了长寿企业的灵魂能够世代传承绵延百年的关键在于日本的家族与企业的制度设计：日本社会普遍把企业看作是社会公器，而不是私人逐利的工具，这种有关企业的社会契约和17世纪以后逐步确立的日本家产继承制度有关。日本的家庭制度和文化最早受到中国的影响，但是没有完全照搬。日本人重视的是家族的事业和名声，而不是血缘关系，因此日本家庭是事业共同体而不是血缘共同体。分家虽然涉及企业的财产分割，但只是划分股份、分割收益权，不可分割企业实体。由此，日本的家产具有法人财产的性质，与现代股份制企业制度的设计理念非常相似。日本家庭制度的另一个特点是经营者的选择范围较宽。全部家族财产由家督经营管理，而家督可以是选中的儿子，也可以是女婿或养子。这样的继承制度有效保证了接班人的培养及其能力与品德。

再次，本书自始至终围绕"传统与创新"这一主题谋篇布局，展开有关日本长寿企业的历史渊源、长期发展和关键战略选择的理论分析和案例研讨。本书具有极其丰富的企业调研数据和案例企业资料，比如书中不同产业类型的七个案例内容丰富，值得认真探索和挖掘。本书用"传统与创新"来统领这样丰富而又细致的内容可以说是非常贴切的。

作者发现，日本长寿企业对待传统有两种态度：一种是绝对地尊重和保存，书中的案例古梅园坚持用古法生产书画油墨就是这方面的典型；另一种则是将传统理解为传播和发扬，通过创新让传统在新的时代中得以延续，应该说这是日本长寿企业的主流，书中的案例福寿园、川岛织物、月桂冠和美浓吉等都属于这种类型。本书另外两个案例（泡泡玉和岛津制作所）值得专门提及。泡泡玉原来是用化学原料生产肥皂和洗涤剂，1971 年二代森田光德在研制无添加的肥皂时意外发现这种产品治好了自己多年的皮肤湿疹，于是决定要生产对人的身体健康和环境有益的纯天然无添加的洗涤剂。即使企业人数从原来的 100 多人降到 5 人、连续 17 年零利润或亏损也在所不惜，直到 1990 年以后随着消费者环保意识的觉醒，公司的业绩才开始大幅提升。岛津制作所创立者家族原来是经营佛教用具的，在明治维新鼓励现代科技的形势下，岛津源藏成立制作所（1875）为学校教育提供理化教具和实验仪器，确立了企业以科技服务社会的发展方向和使命。虽然岛津以家族科技型创业为始，并通过多代努力成为发明家族，最后家族退出了经营，岛津成为职业化的创新型企业，但是企业创立时的使命和初心没有改变。2002 年该公司电气工程师田中耕一一鸣惊人获得诺贝尔化学奖，这显示了日本长寿企业的强大竞争力和生命力。

　　日本长寿企业都认为"传统就是创新的历史"，而创新则是传统在新时代的延续。因此，企业传承的实质是创新精神的延续和发扬。作者由此提出，很多长寿企业所采取的基于传统的战略导向值得关注，这种战略导向既不是简单地抛弃传统，又明显不同于熊彼特提出的"创造性毁灭"或现今的"颠覆性创新"，而是对于传统的保持和基于传统的创新。这些企业所处的产业和领域有很大不同，企业成长中的传统与创新有不同的组合关系，因此，我们可以在未来的研究中把长寿企业分成不同的类型，比如工匠型、品牌型和创新型，从而可以更加深入地挖掘和提炼其成功经验。

　　最后，由于作者熟悉中国企业成长和发展所面临的挑战和机会，本书关于日本长寿企业道与术的分析对于中国企业具有很强的针对性和借鉴意义。主流经济学和管理学等相关学科对于日本企业经营管理的理念与模式也经过了一个逐步熟悉和接受、不断批评和提炼的过程。改革开放以来我们一直把日本作为中国经济追赶和学习的对象，向日本学习的口号不绝于耳，时强时弱。只是中国企业，甚至管理学界，很长时间只是把做大做强作为企业发展的唯一目标，主要关注大型欧美高科技企业而忽视了以中小型企业为主体的日本长寿企业。因此，认真探讨日本长寿企业对于不同规模和类型的企业发展都有重要的借鉴意义。在调研日本长寿企业过程中，我们发现一个普遍的现象，那就是来自中华传统文化的影响随处可见，很多他们无比珍视的思想和文化财富恰恰是被中国人忽视或丢失的，因此，学习和借鉴日本长寿企业的传统和创新，也是我们重新认识和恢复文化自信的过程。

　　日本学者野村进基于对 19 家日本百年老店的实地采访完成了《一千年的志气：永不衰竭的企业竞争力》一书。该书有中文版，我对这个标题印象深刻。日本长寿企业的长期竞争力来自他称为"一千年的志气"这样的信念，这是每个人面对未来不可或缺的信念，更是每个经营体为这千年志气所付诸的实践。而本书更深入地从理论和比较文化的角度讲清楚了野村进所谓的"千年志气"。这样的志气既反映在长寿企业的创立者和传承者身上，也通过家族和企业的文化传播形成独特的企业定位和目标，并由此形成长寿企业独特的企业文化和集体人格。

　　各国长寿企业是一个数量庞大的、具有丰富历史经验和资料积累的优秀企业群体，对长寿企业现象的研究前景广阔，具有很高的学术价值和应用价值。本书作者李新春教授长期研究家族企业的战略和成长，最近几年他领导的团队和日本同行紧密合作完成了多个研究报告和专题论文，现在他们的研究成果将以系列专著的形式呈现在读者面前，真是可喜可贺。期待越来越多的人能够通过阅读本书，学习日本长寿企业的经验和智慧，发现自己人生的独特定位和目标，以终为始，持之以恒，通过学习重新发现传统，通过创新创造和延续传统，真正为社会创造价值并实现基业长青。

陈 凌

浙江大学管理学院企业家学院院长

家族企业与企业史教授

2019 年 12 月 30 日

序　二

　　新春教授及团队的新著《日本百年老店：传统与创新》一书即将出版，嘱我写序。我一则欣然，二则有些忐忑，自知学力不足，恐难评出深度。

　　记得 1978 年 10 月，邓小平访日之后，中国出现了"日本热"，大批考察团涌入日本，大量的日本专家、学者被邀请到中国讲课，中日政府成员会议相继举行，官民之间各领域、各层次的交流日趋活跃，两国间的经济、贸易、技术合作迅速发展。此后，日本企业及其管理的独特模式，越来越引起学界、实业界和政界高度关注。学界对有关日本企业及其管理模式的文献与专著也多有研读和著述，然而对日本企业及其管理的精髓、商业精神、文化传统及与现代文明的融合、传统与创新的内在机理等，依然缺少深入的探究。李新春教授及其研究团队多次深入日本长寿企业访谈调研，更与日本帝国数据银行合作对 1500 家抽样日本老铺企业发放问卷，进行面上调研。调研之广泛扎实、探究之具体深入、论点提炼之精彩、读后启迪之良多，实是难得之佳作。

　　全书的特色体现在以下几点。

　　第一，国际合作研究团队。大致而言，凡从母国角度对他国企业及经济现象进行研究，总有隔膜之处。而有母国和东道国专家的合作研究，则"身在此山"与"旁观之见"各自的偏颇大抵可消融。

　　第二，多学科视角。日本长寿企业之多，传统与创新之有成效，世所罕见。这不仅仅是经济现象，其背后有社会、制度、文化传统诸多因素的影响。研究团队中有专研日本文化人类学的学者，其独特视角能拓展深化已有的研究。

第三，多方位的支持。大范围的企业调研、访谈难度之大，学人都深有感触，何况是跨国的调研。此课题研究不仅得到日方学者的大力支持，而且得到那么多日本老铺企业、日本帝国数据银行、京都府的大力支持，获得大量第一手的资料，尤其是很多老铺企业的第一手历史和访谈资料，真是难能可贵。

第四，研究方法扎实。跨国企业研究的调研难度大，学界大多是泛泛走访、综合分析二手资料，然而新春教授的研究团队对调研方式和问题进行了几次调整，并采用扎根研究的方式，对企业的调研问题进行聚焦和深化。如此扎实、规范的研究是当前学界特别需要倡导的。

新春教授团队的此项成果不仅推进、升华了此领域的研究，而且提出了一些值得学界深入研究的课题，具体如下。

第一，日本长寿企业的传统价值与工匠精神如何在现代西方市场、经济商业文明的冲击下存活下来，并依然有顽强的生命力。发端于西方的市场经济波涛汹涌、变化多端且快捷迅猛，对后发国家形成惊涛拍岸、躁动不安之格局，守传统不易，秉工匠似乎更难。我国传统的十大商帮在西方商业浪潮的冲击下，荡然无存。改革开放四十余年，我国企业特别是民营企业奋起直追，自是卓然有成，然如何有效融合新旧商业文明，既要工匠深耕又能抢占商机、勇立潮头，既要夯实企业与社会经济的基础又要能不断突破创新，这仍是有待突破的大课题。

第二，企业如何有效传承，突破"三代魔咒"。近些年这一话题逐渐成为人们关注的焦点。有人估计，当代中国的民营企业大约有 300 万家面临传承问题，其中相当一部分传承失败或传承不下去。这不仅是企业自身存续的问题，更是关系到整个国民经济发展的大问题。日本企业尤其老铺企业的传承与创新的经验自然是一面镜子，多有值得借鉴之处。有研究表明：日本之所以长寿企业多，是因为日本家族企业是长子继承制，保证了企业产权的完整及传承，而中国家族企业的传承是子女共享继承权，产权会稀释，并有可能会引发家族内讧；日本人血缘观念比较淡薄，企业不一定非传给子女不可，而中国人特别强调血缘延续，因而特别重视传给子女，甚至只传儿子，不传女儿。进一步的问题是：中日两国差不多有同样的文化传统，而历史上日本文化的形成大都受中国文化的影响，为何演变中出现这么大的差异？既然有这么大的差异，那么日本长寿企业的经验又该如何借鉴呢？

第三，书中有专门章节探讨"日本的商人精神"，这更是一个值得深入探讨的话题。韦伯名著《新教伦理与资本主义精神》的主旨就是探明西方宗教改革所形成的新教伦理是西方资本主义市场经济兴起的重要推动因素。随后韦伯把眼光延伸到东方，探讨东方的商业伦理对经济活动的影响。他在《儒教与道教》一书中有一个基本命题：儒家伦理不利于资本主义市场经济的发展。他所讲的资本主义市场经济大致是指资本主义的企业组织。他的这两本经典著作发表于1910年前后，当时东方国家的经济发展确实乏善可陈，尤其是中国，此后半个多世纪，东方国家的经济也无特别的起色。但到了1970年代，日本与亚洲"四小龙"经济的腾飞令世人瞩目。于是从1970年代末开始，国际学界有不少人对韦伯命题提出疑问。日本与亚洲"四小龙"经济腾飞背后的文化驱动因素基本是中国传统文化，因而儒家文化是否阻碍现代市场经济的发展就值得商榷了。余英时在《儒家伦理与商人精神》一书中对韦伯的命题做了回应，而戈登·雷丁《华人的资本主义精神》一书更是直接回应了韦伯的命题。他在书中试图回答这样一个问题：什么是东南亚海外华人企业赖以成功的精神资源？全书以对中国香港、中国台湾和东南亚等地的72家华人企业的深度访谈为基础，深入探讨了海内外华人家族企业背后的文化、价值观支撑，指出华人家族企业所展示的企业精神是完全不同于西方的一种"资本主义精神"的新形式，其核心价值观是"儒家文化"。对应于"新教伦理"，"儒家文化"是海内外华人企业的经济发动机。这个话题学界自然还在进一步探讨中。

值得关注的是，当前中国大陆一些优秀的民营企业家在企业管理实践中借鉴融合中西方管理模式、商业伦理，并积极探索具有中国特色的企业管理模式。其中，方太集团董事长茅忠群的探讨尤其令人钦佩。他发现，日本的管理和西方的管理有着很多差异，日本企业既吸收了西方管理中好的东西，又保留了本土文化中好的东西，将二者融合得很好。中国有五千多年悠久文明，为何不能像日本企业一样，将中国传统文化和西方管理文化结合起来？西方的管理固然有先进的一面，但单纯照搬无疑是在步别人后尘，中国企业必须探索出适合自己的模式，才能形成持续的先发优势，实现永续经营。所以，茅忠群不仅持续深入地学习中国传统文化，而且在管理实践中力图推行中华优秀传统文化。他认为，中华文化蕴含伟大的智慧，它可以激发全体员工的归属感、使命感、敬畏感、幸福感，让企业积极承担社会责任并实现可持续发展。茅忠群创新性地让方太形成了中学明道、西学优术、中西合璧、以道御术的方太文化体系。在茅忠群看来，伟大的企业不仅是一个经济组织，要满足并创造顾客需求，而且是一个社会组织，要积极承担社会责任，不断导人向善，促进人类社会的真善美。他说："我就想着在中国，凭着良知创新，导人向善，不搞任何歪门邪道，不做任何投机，看这样能不能做成一个好企业。方太是我的试验，是对良知和善的试验。"这样的企业家真是令人感佩。然而，依然有不少问题值得进一步探讨。

第一，以儒家文化为主体的中国传统文化对日本商业精神的育成与延续肯定有着重大的影响。但学界研究表明，儒家文化在日本有了很大的修正，中国儒家文化以"仁"为核心，日本儒家文化以"忠"为核心。这种转变是如何形成的？就中国本土而言，历久弥新的课题依然是，传统文化如何有效进行现代化转换以促进现代商业精神的形成。

第二，中国传统文化非常庞杂，且有长期的历史演变过程。就儒家文化演变而言，有先秦儒家，有经过董仲舒改造过的两汉儒家，有宋明理学，乃至当代的新儒家等。哪些是精华，可以对现代市场经济的商业精神的育成提供养料，哪些是糟粕，需要扬弃？

第三，历史哲学研究中有一个重要的命题：一切历史都是现代史。我的理解是：历史也就是历代文化足迹的陈列，每代人都是根据自身面临的处境，主体个性的价值观、经验、思维模式等去解读、借鉴历史的。那么，企业家群体是异质性的，他们是如何解读历史、如何学习借鉴传统文化并促成企业和社会经济发展的？

记得 80 年代初中期，我在华中科大读硕士研究生时，就在图书馆的内馆（当时只允许老师和研究生进入）读了《公司文化》《日本的管理艺术》《独占鳌头的日本》等，也在学校露天电影场看了纪录片《日本筑波科技城》，当时非常感叹日本科技发达、经济繁荣，同时也在思考：中日历史文化传统背景大致相同，为何两国近代以来的历史发展差距这么大呢？

近十年，我也两次带队到日本企业参访，实地考察，比较分析，与同行的企业家深度交流，深深感到：对我们而言，日本企业及其管理模式更有借鉴意义，尤其是，日本近代开始几乎全方位学习西方文明，同时又能与自身的传统文化有效融合，锻造出独有的足以与欧美企业比肩的企业及其管理模式，这是最值得我们深究与借鉴的。

相信新春教授团队的这本新著能带来更多的真知灼见，也更能启迪我们的深入探讨。

储小平

中山大学岭南学院教授

2019 年 12 月 20 日

序 三

　　能有机会率先拜读李新春教授的著作《日本百年老店：传统与创新》，深感荣幸。

　　对长江学者李新春教授，我自然是久仰大名，第一次见到李新春教授，记得是 2012 年 11 月在中山大学主办的"第八届创业与家族企业国际研讨会"上。从 2010 年开始在日本研究老铺企业经营和家业传承的我在得知国内有这么个论坛之后，就迫不及待地报了名，参加了这次大会，并在一个分论坛上作了《日本京都百年老铺企业的家业传承——以 300 年企业"半兵衛麸"的案例为中心》的研究报告。李新春教授则作为主持人，主持了上午的主论坛。因为都是在研究家族企业的经营和传承问题，所以从那次会议之后，我也积极地关注着李新春教授的各种研究成果。

　　2016 年 6 月，在立命馆大学的同事奥村阳一教授的介绍下，我有幸认识了正在李新春教授负责的中山大学中国家族企业研究中心做访问学者的古田茂美教授。因为古田教授对中日企业有着深刻的理解，所以与她的交流也让我受益匪浅。特别是她告诉我：李新春教授有带领团队来日本研究百年老店的打算，这让我兴奋不已。因为李新春教授对待研究向来严谨，我深信他在此次的日本百年老店研究之行后必定会有空前的作品问世。2016 年 10 月和 2017 年 7 月，李新春教授率领团队两次到访日本，深度调研了多家日本著名的百年老店，其中包括我也非常熟悉的 300 多年的麸食品老铺半兵衛麸、200 多年的茶企老铺福寿园、150 多年的商社企业塚喜集团、380 多年的清酒酿造企业月桂冠和300多年的高端日本料理店美浓吉等。在李教授带领团队访问日本期间，我也非常幸运地得到了多次与李新春教授本人以及朱沆教授、刘光友副教授等团队其他成员交流的机会，而在交流过程中也更让我认识到了李新春教授及其团队对此次日本百年老店研究的认真和严谨。

首先，我了解到李新春教授及其团队对日本老店的调研采取了定量和定性交叉进行的做法。他们一边与日本北九州大学商学院和日本帝国数据银行展开全方位合作，从大数据和统计学的角度对日本百年老店的特点进行横向的提炼，一边花大量时间对诸多日本百年老店的掌门人及其家族进行深度访谈调研，挖掘每个老店的传承经验和实现永续经营的智慧。这种纵横交错、相互补充的研究方法让我大开眼界。而实际上，本书就是李新春教授及其团队对日本百年老店进行纵横交错研究的成果集大成。

其次，本书对日本社会传统的商人精神和商道进行了全面且充分的剖析。一直以来我都在研究日本的百年老铺，关注这些企业优秀表现背后的东西，而这些东西无他，就是日本社会长期以来形成的经商之道。从铃木正三、石田梅岩、二宫尊德，到近代的涩泽荣一，再到当代的松下幸之助与稻盛和夫，日本人在学习和研究了来自中国的儒家思想和佛教文化，并结合了日本固有的神道教之后，将其融会贯通，打破了封建世俗"士农工商"的阶层束缚，更增强了商人们通过正直经商来获取利益的信心。李新春教授在书中结合日本的武士道精神和工匠精神，对照我国古代社会的特点，深度分析和总结了蕴藏在日本老铺企业经营和"ものづくり（MONODSUKURI）"背后的"石门心学""知行合一"，以及"用心"和"款待"。

再次，本书紧紧围绕"传统与创新的关系"这个要点展开，首尾呼应、一气呵成。在分析了日本的商业精神之后，在本书案例分析中，李新春教授及其团队先后考察了月桂冠、美浓吉、古梅园、泡泡玉、川岛织物、福寿园和岛津制作所这七家日本著名的百年老店，每家企业都完美地诠释了日本百年老店的"传统"与"创新"。比如，1637年创业的日本清酒酿造企业月桂冠如今已传承至第十四代，历经了380多年的斗转星移依旧坚守着日本清酒酿造本业，虽然所处的是一个极其传统的行业，但其"打破严冬酿造的常识"率先实现"四季酿造"的创新,让这个传统的老铺名震全球。而创业于 1716 年的日本料理店美浓吉所处的更是一个传统的行业。2013 年日本料理被联合国教科文组织评选为世界非物质文化遗产,虽说是可喜可贺的事情,但从另一面也说明日本料理正在面临着"逝去"的巨大危机,需要人类将其认定为"遗产"来予以保存。在美浓吉创业至今的 300 多年的历史中,日本经济和民间消费经历过太多的消长和波澜,而美浓吉的每一代掌门人都能与时俱进,从高端日本料理转型"降级"迎接大众消费时代的到来,在大众消费出现分化、市场呼唤高端的时候又恰到好处地实现"回归初心",重新打造了高大上的美浓吉本店"竹茂楼",这种在时代激流中游刃有余的经营姿态更是让人心服口服。创业于 1577 年,位于奈良的制墨企业古梅园更是把日本的工匠精神"十六代人就做一件事"体现得淋漓尽致,440 多年,在坚守传统的古法制墨的同时,尝试"从牛、鹿身上,甚至从鱼和草木中提炼胶质",不断探索新的制法……这些日本百年老店虽然是一个个独立的案例,但其中既有坚守、自律的"传统",又有为了顺应时代和社会环境的变化而积极调整自身姿态的"创新",这正是日本百年老铺企业实现永续经营的"变与不变的辩证法"。

最后,请允许我再一次表达对李新春教授及其团队的敬意。这种跨国进行的社会科学研究要真正实现并不是一件容易的事情,需要克服语言障碍,还有就是文化上的差异,最重要的就是要获得合作机构和调研企业的信任和支持,毫不保留地提供研究所需的数据和信息。李新春教授及其团队能够在短暂的访问时间里将这个课题研究做得如此有深度和广度,这除了能说明李新春教授及其团队的功力深厚之外,更能让读者感受到他们对此课题研究的用心。

是为序。

窦少杰

日本立命馆大学经营学部助理教授

2019 年 12 月 2 日

自　序

　　对日本百年老店（也称为"老铺企业""长寿企业"）的研究，于我来说，完全是因缘所致。在 1986 年我读硕士研究生的第一年，学校有一个公派日本留学指标，我因为外语成绩在研究生班排名第二（尽管总分第一）而落选，颇为遗憾。想不到第二年（1987 年），学校又有一个公派出国指标，我很荣幸地被选中，却是到东柏林的洪堡大学学习。德国是日本近代学习的榜样，在不少方面与日本有着精神气质上的相似性。在德国留学的六七年特别是两德统一的经历，让我对德国有较多的了解，而这可能也为我今后了解日本打开了一扇窗户。1998 年，我作为富布莱特访问学者来到美国，在百森商学院和麻省理工学院（MIT）的斯隆管理学院访学一年，特别是在斯隆，接触到比较企业制度的研究，很感兴趣，进行了较系统的文献阅读和学习交流。由此，对美、日的企业组织和制度有了一些认识，尤其对日本年功序列制、终身雇佣制度、丰田体系的战略下包网络等都有浓厚的兴趣。可能由于文化的相近性，我对日本企业制度中的组织文化因素比对西方的来得亲切，没有疏离感。也是在这次访学期间（1998 ~ 1999 年），我得以利用哈佛商学院的贝克图书馆（因为住在剑桥镇，离哈佛商学院很近，步行跨过剑桥河就到了商学院），完成了《企业联盟与网络》一书。在该书中，我用专门一章"日本式企业网络：企业之间层级制关系网络"（李新春，2000：78 ~ 101）讨论了日本企业的下包制度和丰田供应商体系。但那主要是从书本上得来的认知，并且是对日本大型企业组织的分析，对日本的百年老店几乎还没有概念。

日本百年老店进入我的研究视野并使我对其展开调查研究则是近几年的事情，在 2004~2010 年我担任中山大学管理学院院长期间，为了加强学院与日本高校的合作，我带队到日本访问了两次，对日本百年老店有了一点浅表性的体会，但至多是走马观花，止于表面认识。2015 年，我结识了在我校历史系东亚研究所任教并担任亚太研究院院长一职的滨下武志教授，他是研究中国近代海洋贸易及商人的著名学者，与他的交流以及阅读他的著作给我很大的启发和教益。他对我们的研究很关心，介绍了日本北九州市立大学产业教授古田茂美到由我负责的中国家族企业研究中心访学一年。古田教授之前在日本地方政府和产业界工作多年，曾任大阪和东京等驻香港的贸易促进会经理以及日本首席代表，因此与日本企业有较多的联系。她来到研究中心，与我不时讨论中日在管理和组织文化上的异同，并表示对东亚尤其是中国管理模式问题很感兴趣。于是，我们就讨论可以进一步合作，对中日家族企业尤其是长寿企业进行调研和比较分析。此想法一拍即合，加上中心的朱沆、刘光友等老师和一些博士研究生，我们设计了调研方案，并联系了时任日本北九州市立大学工商管理研究院院长王效平一起参与，共同推进这个研究。

对日本老铺企业的调研分为两次进行。第一次去日本调研的时间是2016 年 10 月 30 日至 11 月 5 日，中山大学中国家族企业研究中心的朱沆教授、刘光友副教授以及博士生叶文平一行由我带队，而日本调研企业的协调和安排工作由日本北九州市立大学工商管理研究院王效平教授（时任院长）和古田茂美教授负责。适逢九州大学伊都校区举行纪念孙中山先生 150 周年诞辰活动"孙文遗留的国际遗产及其对未来的启发"，我应邀在会上做报告，并在"九州—亚洲太平洋地区合作前沿"会议上与其他教授一起就中日企业合作的主题与企业家对话。之后，我们就开始调研从北九州到京都、东京的企业。具体企业有安川电机、香兰社、塚喜集团、宇佐美松鹤堂、京山城屋、松荣堂、半兵衛麸等。在京都，与立命馆大学商学院的奥村阳一院长和长期从事日本老铺企业研究的窦少杰助理教授交流。然后，乘坐新干线到东京参观 Hollywood 化粧品会社，访问 Hollywood 大学院，会见 Hollywood

大学院横泽利昌教授（横泽教授是日本研究老铺企业的著名学者，Hollywood 大学院则是日本从事现代美容美发的先驱者和专业化培训机构，已有逾百年历史）。还在小坂文乃副社长（梅屋庄吉的曾孙女，梅屋当年曾给予中山先生很多支持和帮助）的日比谷松本楼与小早川（明德地域企业联合会九州联系机构会长）安排的日本老铺企业举办座谈会，有 11 家老铺企业主或所派代表参会（如味之素、伊场仙、长濑产业、NINBEN、凸版印刷、三越伊势丹等位于日本桥的老铺企业等），对日本老铺企业的传统价值观和面临的一些问题进行了座谈，这对我们较为全面地把握日本老铺企业的价值观和经营现状很有帮助。最后一天，我们则来到此次调研合作方之一的日本帝国数据银行，这是一家成立刚过百年的征信机构（对企业和个人征信），它本身也是我们的调研对象。同时，它还有着较为全面的老铺企业数据，与日本的老铺企业有着多年的合作。通过王效平教授的努力，我们与日本帝国数据银行合作对 1500 家抽样日本老铺企业发放问卷，进行面上调研，以弥补案例研究的不足（最后回收 657 份有效问卷）。

　　第二次调研的时间是 2017 年 7 月 17 日至 8 月 5 日，同样由我带队，成员基本一致，此次博士生邹立凯和助理张琳参加调研。这次调研在第一次调研基础之上，对调研方式和内容都进行了较多调整。采用扎根研究的方式，对企业的调研问题进行聚焦和深化，也是基于这次调研，我们将主题聚焦在"传承与创新"。这次对调研对象所涉及的企业规模、行业和时间（寿命）、所在地区等分布都做了有意的安排和筛选，调研企业主要集中在京都、奈良和大阪地区，有月桂冠、美浓吉、福寿园、大同生命、岛津制作所、川岛织物、泡泡玉、香雪轩、古梅园、石藏酒造等。这次调研因为有第一次调研的经验所以有了更好的计划，对不少企业我们进行了多次访谈（如美浓吉、岛津制作所等），进行了现场记录和录音，并在回来后尽快加以整理。两次调研中，王效平教授和古田茂美教授都作为调研团队成员和组织者全程参与。实际上，我们不仅仅调研了企业，还和当地政府机构、学校等进行了交流访问。在第二次调研中，我们得到京都府的大力支持，他们把我们安排到皇宫旁边的酒店住宿，让我们早晚可以到古树掩映的皇宫去散步，京都府副知事山下晃正先生还和我们直接交流，介绍京都对老铺企业的支持和老铺企业的发展。此外，还调研了一些日本商人机构，如大阪的石门心学明诚舍、大阪大学的怀德堂研究中心等，大阪大学汤浅邦弘教授向我们介绍了江户时代的商人教育（还送给我们一本他主编的《怀德堂事典》，2016 年出版）。我们从日本京都大学等的经济管理专业的留学生中选取了几位负责日语翻译，解决了调研中的语言沟通问题。第一次调研时，王效平教授在一些时候也直接出面翻译和做一些解释说明，而古田教授在香港工作多年，中文交流基本上没有问题，对我们调研中的语言文化沟通给予的帮助很大。第二次在京都调研时，京都府还派来一位课长，有时还带来学生帮助我们，每天早晨 7 点准时在酒店大堂等我们，周末也是如此，风雨无阻，拿着当天的行程安排单与我们一一确认后再行离开。日本人一丝不苟的工作态度和敬业精神，让我们生出由衷的敬佩之情。

首先，要衷心感谢接待我们调研的老铺企业，它们是日本众多老铺企业的代表，企业主抽出宝贵的时间就企业的传统和文化、经营管理、家族传承治理以及面对的挑战等问题毫无保留地与我们交流，带领我们参观企业馆及历史珍藏、祖辈的遗训和挂轴。我们还得到几乎每家企业出版的史料，这无疑使得我们可以更好地理解各家企业数百年的历史。日本企业对传统和历史记录的重视让我们印象深刻。日本人对于时间和计划安排非常认真严谨，但得知我们来访一次不易后，经过协商，一些企业临时安排时间接受我们的第二、第三次乃至第四次访谈（如美浓吉和岛津制作所），让我们感动之余体会到老铺企业的诚心待客之道，同时也感受到老铺企业将接受访谈和研究作为其社会责任和利人利他使命的一部分。他们期望这些老铺企业的传统文化和价值观能得以传播和发扬光大，也让我们感到这一研究的意义和责任重大。在这个过程中，接受调研的还有明诚馆、怀德堂、立命馆大学、龙谷大学（松冈宪司教授和辻田素子教授）、大阪大学，京都大学、Hollywood 大学院以及京都府、日本帝国数据银行等，他们的支持极大丰富了我们的调研。

其次，要感谢安排调研的机构和同事。北九州市立大学工商管理研究院古田茂美和王效平教授为此付出了巨大的努力，没有他们的精心安排和计划，本调研是不可能完成的。王效平教授在日本学习工作很多年，熟悉中国和日本文化，他所在的研究院及其现在负责的中华商务研究中心与我们合作承担了这一研究工作。而古田茂美教授则基于她多年与日本地方政府和企业之间的联系，帮助周密地计划和协调调研工作，她把大家每次的行程、住宿和调研对象安排得细致入微，让我们看到日本人的工作态度和精神。我的同事朱沆教授、刘光友副教授以及博士生叶文平（现已毕业，在暨南大学管理学院工作）、邹立凯以及家族企业研究中心助理张琳经过两三年的努力，初步完成了这一调研和研究工作，对他们的努力工作表示衷心感谢！在过去两三年时间内，我指导的其他博士生、硕士生和博士后也先后参与了资料整理和事实性案例（整理案例资料和调研的主要情况，以备查用，这是我们想到的办法）写作工作，如祝振铎、林珊珊、肖宵、马骏、赵勇、刘嘉琦、伍兆祥、黄夏韵等，对他们做出的工作一并致谢。还特别要感谢中心助理张琳，从调研计划安排、护照办理、预订酒店及机票车票到访日行程等事项的具体落实，基本上都是由她与古田教授完成，访问回来后日文资料翻译和录音/录像资料整理等基本上是由她来组织推动的。有了这些同事的努力和支持，本调研才得以顺利进行。

还需要感谢的是在调研中给予帮助和交流的教授。首先，感谢的是滨下武志教授，没有他的牵线与古田茂美教授的合作，就没有这次研究。同时，滨下教授也在不少方面给予我们意见和鼓励。其次，感谢在香港中文大学文化研究所的官文娜教授（现已退休）。她是研究日本文化人类学的学者，对日本的家族制度、茶道等都有着深入的研究。她的博士论文系统地研究了日本家族的概念、内涵及其演变，是研究日本家族企业的人类文化学基础，这也成为我们调研和研究的基础文献。同时，每次与她的交流使我们获益良多。还要感谢立命馆大学的窦少杰老师。他一直研究日本老铺企业，在这方面有着丰富的著述，同时在京都调研时也得到了他的帮助，我们从他的著述中学习了不少。此外，近两年，在多次会议期间我也将日本老铺企业的研究以报告的形式进行会议交流，收到不少学者的意见，如浙江大学陈凌教授、中山大学储小平教授、东北财经大学卢昌崇教授、中国社科院康荣平研究员等，还有其他的一些关心支持本研究的学者，难以一一罗列，在此一并致谢。

最后，还要特别感谢我的夫人胡晓红副教授（广东外语外贸大学），她是本书的第一位读者，对书稿提出了不少的建议，帮助润饰文字。

我的《日本百年老店：传统与创新》、朱沆的《日本商人精神的育成与延续》以及古田茂美的《日本老字号企业：津村案例研究》作为日本家族企业研究丛书推出，期望能向大家展示不同的研究视角。国内文献中已有不少关于日本百年老店的介绍或案例，但缺乏系统性研究，期望本系列能弥补这一不足。更多的是希望通过这个系列，使得我国的学者、企业家和读者能深入了解日本企业的历史和传统以及现代发展，共同探讨日本百年老店的经营智慧和价值体系。而中国的企业家正处在创新转型之中，中国家族企业更是面临着传承与创新的挑战，如何打破"富不过三代"的魔咒，并在创新转型和全球化的大背景下得以持续发展；中国乃至东方经营管理和商道的价值和意义何在，如何更好地践行传统文化、弘扬中华文化的价值精髓并与现代社会和技术融合，将是中国家族企业发展中的重要任务。期望本系列关于日本老铺企业的研究成果作为他山之石，拓展国内对百年老店的研究，并为家族企业可持续经营和创新发展做出一些贡献。

针对百年老店的研究才刚刚开始，加之研究涉及的知识领域宽广，需要更多的学者和企业家的努力才能使研究不断深化。我们的研究因为时间较短和个人知识局限，显得还很粗糙，更因为是对日本企业的研究，我们的研究有着语言和文化的障碍，因此文中错漏之处在所难免。[①] 期待读者多多指正！

以此为序。

李新春

中山大学中国家族企业研究中心主任

教育部长江学者特聘教授

2019 年 11 月 29 日

---

① 因为本书写作参考了大量日文文献和案例企业的资料，我们聘请专业机构对一些资料做了中文翻译，书中引用了不少翻译的文字，存在错误或不够准确之处，还望读者予以指正。

目　录

引 言

就历史来看，日本无疑深受中国传统文化尤其是儒家文化的影响，在政治、制度和文化各方面都有着深刻的烙印。但如果因此就认为，中国和日本是制度文化类似的国家，则会导致很大的错误。实际上，即便日本从遣唐（隋）使开始正式地学习中国的制度文化，[①] 甚至连平安城（即后来的京都）都基本上按照大唐都城长安的布局设计建造，佛教和禅宗也是从中国传播过去，日语也受到汉字很大的影响，但日本在很多方面独具个性，仅看主要的制度文化特征就很清楚这一点。如：日本天皇从历史上一脉相承，传承了 1000 多年，天皇的政治地位、对世俗事务的权力和影响尽管在不同时期有所变化，但对日本国民在精神文化和制度方面的影响力是持久的，这一政治局面很少有国家可以与之比拟，这使得日本的制度文化具有稳定性和延续性；日本对儒学有着浓厚和持久的兴趣，但对儒家文化并非全盘照收，而是根据国情和文化予以选择地、批判性地吸收、学习甚至改造，这一点无论是从中国传入的儒学还是佛教皆是如此。日本对儒家伦理之下的家文化同样做出了调整，并没有实行家族宗法制度，而是以虚拟家族的氏族制度来组

---

① 从公元 702 年到公元 777 年，日本向唐朝派了 6 次使节（遣唐使）。遣唐使船队一般由 4 艘船组成，每次都有很多留学生随行，大使以下留学生和水手合计达四五百人……在留学生当中以有名的阿倍仲麻吕（698～770）为首的最后未能回国而在唐朝终其一生的人不少（井上清，2013：43）。

织。就日本家族制度来看，其与中国历史上的家族制度有着很大的差异性，基本上与中国历史上的宗法制度以及宋明以来的家族制度没有什么联系，这可能是影响日本历史上商人组织的最为重要的制度安排。更为重要的是，似乎日本总能吸收外来文化的精华，如儒家文化强调"仁义礼智信"，日本则特别强调对天皇或幕府制度的"忠"。唐宋以降，禅宗和阳明"心学"陆续传入日本，对日本社会产生了巨大的影响，塑造了"武士道"精神，并通过茶道、花道等日用"禅修"，对日本的精神文化产生了广泛而持久的影响，使得日本人形成了独特的精神文化气质和性格。

在马里乌斯·B. 詹森主编的《剑桥日本史（第5卷）：19世纪》中将19世纪看成是日本"社会历史的一个分水岭"："19世纪的日本从一个国土分封、政治分立、社会分裂和国际分离的国家开始转型"，"到了本卷结尾①的第19世纪末，日本已是一个高度中央集权的国家，它的政府几乎不能容忍地方的多样性和分歧"。其中最为重要的是，1868年肇始的明治维新，日本转向西方，包括对美国的学习，派遣使团进行制度文化和经济技术的考察之后，对国家的法律、行政等制度进行了全面改革。在该书第七章中，东京大学的平川佑弘给出了"日本转向西方"的历史进程的结论。实际上，中国的鸦片战争对日本的震动很大，日本开始重新思考施行了近两百年的"闭关锁国"政策。

> 面对一个以西欧为代表的明显更加优越的"文明"，日本在国家对外开放（"开国"）后所面临的任务是实现现代化——把自己整合成一个"民族"、一个"国家"，为此，他们组建中央政府，培养官员管理运行这个国家，创建了一个基于全民征兵制度的海军和陆军，组建了法制系统，培育资本主义，废除封建特权，贯彻实施"四民"平等，巩固加强教育系统，改良自己的风俗习惯。（《剑桥日本史（第5卷）：19世纪》，2014：403）

---

① 指《剑桥日本史（第5卷）：19世纪》。

即便是当时比较保守的大保久利通①也认为，日本所奉行的"文明开化"政策与西化是同义词。日本从过去的中华文化圈疏离而转向欧洲"文明"，并成为明治维新之后日本的基本国策，由此奠定了其现代的制度文化基础，商业也得以迅速发展。平川佑弘对此的总结是，"日本的'西化之路'主要在两个不同的层面施行：（1）在技术、社交的层面，引进和吸收现代思想和制度……（2）适应本土的传统文化和制度，以发挥其潜能……"（马里乌斯·B.詹森，2014：406）。这一过程展现了日本在近代制度文化学习中的"西化"与"本土精神"的融合。在日本本土文化中，儒家文化、佛教和神道教的影响仍然在深层次延续着。

如果说，在这之前日本还受中国传统文化的直接影响，那么在这之后，日本的制度文化则发生了巨大的改变，用"脱亚入欧"的概念可以基本说明这一变化的本质。日本从向中国学习转为全面向西方学习，对中国传统文化的再认识和批判成为主流，尽管没有完全抛弃中国文化，但在制度、法律和经济、社会、外交、军事等方面转为向西方学习，则是基本走向。从历史上日本隋唐时期的学习大唐制度文化到近世的转向"西化"过程来看，尽管处于不同的历史时期和背景之下，但日本的学习态度、兼容并蓄的融合，上至国家的法律制度，下到"四民"秩序、社会风俗，无不进行变革，以适应时代的变化，则基本上是一以贯之的。考察这一发展历程，甚至可以得出这样的结论：日本可能不是一个新的"文明"或"文化"的创立者，但确实是一个优秀的文化学习者和融合者，不仅很好地借鉴学习了不同国家或地区的文化制度，而且能结合日本的历史和国情予以调整和创新，可能正是这一学习的独特性反映了日本从古至今所展现出来的特色。而这一点，可能不仅体现在国家文化制度层面上，而且会在社会经济中予以体现。日本学者前川启治曾提出

---

① 大保久利通（1830~1878）在明治初期是执行维新政策的核心人物，控制着真正的政治权力。与他的长洲同事木户孝允相比，大保久利通显得较为保守，不愿意为追求现代化而牺牲传统。（参见《剑桥日本史（第5卷）：19世纪》，2014：404）

"适应性转型"① 的概念，认为这是典型的日本式吸收学习不同文明价值体系并发展其独特的文明和文化的过程。确实，日本在近代化的过程中既保持了传统的中国儒教和佛教文化，又吸收了西方的国家行政体系、法制和科学的理性精神，是一个最为接近西方文明的东方国度，这种奇异的结合或融合可能是日本近代文明化的重要特征②。

当我们将眼光收缩到日本社会的微观组织层面时，就不难发现，日本的人文社会，尤其是商业组织，都具有这样一些文化制度融合、学习及与日本精神性格结合的特征，典型的社会组织如百年老店因经过了不同的历史时期而将各时期的文化制度传承、发展并延续至今，可以说，百年老店应该是揭示日本制度文化传承、学习和创新的最为典型的组织。正是基于这一意义，对日本百年老店的研究应该也是对日本的国民性和精神文化特征的一种揭示，是日本历史与现代文化交汇融合的典型展现。百年老店的价值观、经营智慧、家族传承和治理、创新发展以及对于社会和社区的融合贡献等，可能都是在不断地向中国和西方借鉴学习、对国情的适应以及传承和创新中得以发展的。尽管日本历史上也同样存在相当一段时间的闭关锁国（近 200 年），但大多时期是对外开放的，它积极寻求与中国、朝鲜以及欧洲的交流合作。作为一个忠实的学生，日本也是一个创新者，这在我们的调研和案例研究中得到了充分的体现。传统就是在一代代的学习交流、融合、创新中不断积累和继承发展的。

或许更为重要的是，日本在面对时代的发展变化时，往往能不忘传统的价值，并将传统与现代有效地融合起来。尤其在明治维新以来的经济社会和

---

① 大野健一借用前川启治的概念将日本式学习归结为"转化式适应"（translative adaption）。"……在引进外来的理念或体系时，不应照搬欧美的原物，而是要根据发展中国家的需要来进行适当的调整。如果可以实现这样理想的一体化，那么需要经历变革的国家实际上既不会变得软弱也不会很被动。反之，它会最大限度地利用外界刺激来作为自己的助长剂。这也就是'转化式适应'的意思。"（《从江户到平成》，2006：5）按照前川的观点，外来体系与本地的原有文化之间将在解读（外来文化）、应付和适应过程中实现转化，这一转化式适应过程是全球一体化中重要的转型发展特征。

② 加藤周一（1955）甚至直接称之为日本文化的"杂种性"，即将不同文化交合融汇而生成新的文化制度。

企业发展中，我们不难看到日本既倔强坚守文化传统，又为适应时代变化而变革创新的方方面面。日本可能是在现代化发展潮流之下传统和文化保持最好的国度，大到天皇制度，小到百姓的日常生活和艺术，如和服、清酒、抹茶点心、和食料理、汉方药、艺伎、能剧等，而这一方面在于政府和政策对民族文化的自信心和传统有意识的维系，另一方面则在于社会经济主体的行动，企业尤其是百年老店是重要的坚守者。尽管 20 世纪以来，经济全球化和西方文化与价值观的影响巨大，日本的企业价值观和经营理念无疑也受到深刻的影响，但日本企业有着强烈的自我文化认同，并将传统的经营理念与现代经营管理理念融合，由此形成二战之后日本企业管理方面不少令世界瞩目的特色，显然，这背后有着深厚的传统价值观和文化的支撑。

但对传统价值观和文化传承最好的可能不是大型企业或跨国公司，而是那些低调朴实的百年老店。百年老店的价值体系是其能在历史的沉浮和各种灾难中得以生存的关键，坚守一些重要的价值原则，将伦理道德和为社会服务放在首位，而不是为了利益不顾一切。坚守主业、不投机取巧、诚心待客、不断改善产品和服务质量的工匠精神、适应市场和社会变化的创新、参与社会和社区的建设，甚至成为当地文化传统的一部分，这可能是百年老店的生存智慧，更是其在传承中不断创新的驱动力和行为规范。这与西方近代以来所倡导的"自由竞争"和"利益最大化"原则似乎是背道而驰的。在日本百年老店所奉行的这些价值体系或伦理规范中，不难看到中国儒家文化思想的影子，也将佛教、神道教的教义在一定程度上糅合到了一起，由此形成了日本百年老店的精神气质和性格，这是其在当今激烈的市场竞争中发展的道德基因。对于企业长期发展而言，这些伦理规范与经营管理战略同样重要，甚至更具决定性意义，它值得现代企业去对照反思。

本书正是在这样的认知背景下开展的研究。在二战结束之后，美国文化人类学者本尼迪克特所著的《菊与刀》对日本人和日本文化的独特性进行了研究，主要着眼点在于理解日本人复杂的性格特征：一方面是坚韧、忠诚、温顺，另一方面则有着战争中表现出来的残忍、疯狂和叛逆。这一审视日本的著作引起全球关注，其深刻的文化和历史分析让人们对日本人的精神和性格以及道德状态有了基本的了解。而这之前新渡户稻造的《武士道》以及介绍日本禅学的铃木大拙的著作已引起广泛关注。对日本文化的研究重点在 1980 年代日本经济崛起甚至挑战欧美经济的背景下又转向日本经济社会和企业组织，包括日本企业制度、丰田战略下包体系、精益制造和全面质量控制、年功序列制以及准终身雇用制度，这似乎不仅仅是纯粹的管理学问题，显然，还需要追问的是，支撑日本企业具备全球竞争力的历史、文化和精神因素何在？其背后的历史和传统价值是如何体现的？

但 1980 年代以来对日本企业的研究主要关注的是大型企业，如丰田、本田、三菱、日立、索尼、松下、三洋等，这些参与全球竞争的大型企业代表了日本的竞争力，无疑是很值得研究的，却忽视了大量中小企业尤其是百年老店在日本经济社会发展中的价值。日本有着全球数量最多的百年老店，这是直到近年来才被社会了解的事实（后藤俊夫，2018）。近年来，关于隐形冠军的研究则揭示，德国和日本有着世界上数量最多的隐形冠军[①]，相对于人口和企业总数来说，无疑是处于领先地位的。[②] 而在隐形冠军中，相当的比例是家族企业和百年老店，这些数量多、长期处于社会媒体视野之外的企业对于经济、社会和技术创新、国际化（出口和投资）等均有很大影响，遗憾的是，即便是管理学者也大多忽视了对这些企业的研究，管理学教材和理论研究的对象绝大多数是关于大型企业组织的。本书对于日本百年老店的研究正是希望改变这一长期以来的偏颇局面，揭示那些在企业经营管理中一直坚持传统并不断创新发展、将传统价值与现代社会予以融合的一面。这将

[①] 赫尔曼·西蒙给出的"隐形冠军"的定义是：世界前三强的公司或者某一大陆上名列第一的公司，营业额低于 50 亿欧元，不是众所周知的。（《隐形冠军：未来全球化的先锋》，2019：35）

[②] 赫尔曼·西蒙教授长期致力于隐形冠军的研究，他的《隐形冠军：未来全球化的先锋》给出了一幅人们之前忽视的中小企业图景。按照他的统计，世界范围内隐形冠军的总数为 2734 家（这是大型企业财富 500 强数量的 5 倍）。隐形冠军排前三位的国家为德国（1307家）、美国（366 家）、日本（220 家），充分展示了这些国家中小企业在一些细分市场上的全球领先水平和竞争力。而如果按照每百万人口拥有的隐形冠军企业数量来比较，排前三位的则是德国（16.0 家）、日本（13.9 家）、奥地利（13.8 家）。无论标准如何，日本企业隐形冠军的地位都仅次于欧洲工业强国德国。

超越历史，面向未来，揭示商业在社会中的重要价值坚守和发展，同时也是对企业经营与社会、环境和可持续发展等问题的思考。而围绕在全球经济中大量存在的家族企业则有一个十分重要的话题：如何打破"富不过三代"的魔咒，如何实现永续经营从而为社会和家族持续创造价值？日本百年老店作为一种独特的存在给出了家族企业长寿的道德伦理、家族治理和经营管理相结合，尤其是传统和创新相融合的可持续发展道路，值得学者深入研究，值得企业经营管理者高度关注和学习思考。

第一章
认识日本百年老店

　　日本有多少家长寿企业（百年老店）？近年来，日本学者后藤俊夫花费巨大努力，用近20年时间收集数据和资料，研究了主要发达国家的长寿企业情况（后藤俊夫，2018）。按照他的研究数据，日本有历史在百年以上的长寿企业25321家（其中，超过500年的有168家），远远超过其他国家，排第二位的美国有11735家，排第三位的德国有7632家；而如果考察超过200年的企业数量，排第一位的仍然是日本，有3937家，排第二位的德国有1850家，排第三位的英国有467家（后藤俊夫，2018：6）。而根据日本帝国数据银行TDB（作为日本第一家征信机构已有超过百年历史）的老铺企业数据库，长寿企业有29818家（100年以上寿命），年龄分布为：100～200年的企业占95.62%、200～300年的企业占2.2%、300年以上的企业占2.2%。据此，长寿企业总数高于后藤的统计值，但超过200年的长寿企业则只有1306家（远低于后藤的统计值）。这些不同来源的数据统计口径有一定的出入，可能收录的方式和时间不太一致，但总体结构都是大致不错的。由此可知，日本长寿企业数量惊人，从国际比较的视角，更显出日本在绝对数量、更长时间生存企业数量及其比重上的绝对优势，因此日本成为长寿企业研究中极为特殊的案例，其中既有着长寿企业一般性因素，也有着日本独特的制度文化和历史的影响。

　　如果考察日本100～200年的长寿企业，数量是绝对惊人的（按照日本帝国数据银行的统计为 28512 家），并且其中相当一部分是现代企业，包括一些有国际影响的大型企业。这些企业都是在明治维新前后创立的，在促进日本现代化和对全球经济产生影响方面起到了重要作用。正是这些企业一方面延续日本的历史传统和文化、工匠精神和商业道德，另一方面又在现代化中积极学习西方的商业文明和科学管理，才将日本推向世界经济强国的地位。这包括在汽车、钢铁、电子、通信、材料、化工、医药等领域取得的令人惊讶的成就。这背后是众多百年老店的贡献。正因为如此，如果不能理解日本百年老店的传统和创新、文化和精神、经营管理和组织，那么就很难对日本经济的竞争力有深入的认知。

钱德勒在《看得见的手——美国企业的管理革命》中宣称，传统作坊式的、师傅带徒弟的工匠式的、老板直接经营管理的企业在近代将让位于现代企业，这是一种以科层制度、支薪的职业经理人所管理的多单位企业。"因为由支薪经理所管理的大企业已取代了传统的家族小公司而成为管理生产和分配的主要工具"（钱德勒，1987：1）。这一历史性的转变大致始于1840 年，以美国铁路公司的专业化运营为标志性起点。这无疑宣布了中小企业和传统家族公司的悲观未来。但实际上，即便在欧美发达经济体中，中小企业仍然占有相当的比重，其组织和管理模式大多是家族式的，并在很大程度上具有实践意义。日本吸收了欧美现代化的思想和知识，一大批大型企业成长起来，这符合钱德勒宣称的现代企业模式，但其核心的技能和经营管理则在一定程度上区别于欧美企业，尤其是在用人制度、组织间协作、对待利益相关者的态度以及资源节约等路径选择上，这导致日本企业以不同的面貌在全球崛起。20 世纪 80 年代，日本的企业制度和竞争力引起了产业界和理论界的普遍重视，在比较制度研究的意义上，似乎以独特的组织和管理形成了与美国等发达经济体不同的竞争优势。对日本大型企业尤其是跨国公司竞争力的重视反映出，即便是在大型企业组织中，也有特定制度文化情境的独特影响和路径选择，由此映射出不同的竞争结构和发展模式。日本的终身雇用和年功序列制、精益制造、全面质量管理、战略下包系统（供应链的战略合作）等，成为理论界和产业界追捧的日本式管理创新，而在这些创新之中，其实蕴含着日本商业长期的历史传统和精神积淀，是产业传统、商业伦理和工匠精神与现代管理的融合。从丰田、索尼、京瓷等企业的发展历程及其领导人（创始人）的经营思想中不难看到，它们既不是外来西方式管理的简单模仿，也不是日本传统的延续，而是这两者在现代的交汇。

如果说大公司的崛起及其全球市场扩张带来了人们对日本企业的重视，这同时可能引致一种倾向，就是对日本大量存在的中小企业尤其是长寿企业的忽视。相较于近代创立并成长为大型组织的企业，中小型长寿企业则很少受到产业界尤其是理论界的重视。钱德勒关于现代企业的观点也强化了人们对家族企业、中小企业的轻视，甚至认为那是一些过时的、落后的组织，迟早要被现代企业所取代。但事实上即便在美国，1970 年代之后，由于舒马赫的重要著作《小的是美好的》面世，人们开始重新正视中小企业，其巨大的数量、比重以及在经济和社会发展中不可替代的作用（如对就业、税收、出口甚至创新的贡献），使人们认识到中小企业不再是作为大企业的对立面而存在，更多的是一种生态或系统模式呈现出的企业生态结构。家族企业更是被重新认识，家族的凝聚力、关注社会情感财富（如品牌声誉、传承、社会价值等）以及家族作为创业平台（孵化器）的意义等都逐渐在研究中得到重视。也正是在这一背景下，日本对中小企业的重新审视把两方面的思考联系起来：一是对于西方管理教科书上大企业主导范式进行反思和批判，认为中小企业的组织管理有其独特性，需要特别予以重视；二是对日本长寿企业和家族企业（这两者常常融合在一起而不必区分，因为绝大多数长寿企业至少创立时期是由家族控制的）的关注。其中，占绝对比重的是中小企业，其生存时间之久、数量之多、对经济和社会的贡献之大，超出人们的想象。

可能和大多数人的刻板印象不一致的是，在日本成千上万家长寿企业并不局限在传统的工艺品、餐饮酒店、特色食品等领域，近代创立的长寿企业不少是在现代产业等极具创新意义的领域占有重要地位，如丰田、京瓷、安川电机、岛津制作所等。这些企业长期专注、注重创新和品质，同时积极拓展国际市场，即便是属于传统产业的清酒、酱油、茶叶及饮料、日本料理、织物、汉方药等，也有诸多长寿企业在全球市场上获得极大的成功。这些产品或服务虽出自中小企业之手（有些甚至只有夫妻两人经营，如我们调研的企业"香兰社"），但绝非低端粗糙之物。即便一碗拉面、一盒点心，其品质、文化和美感都让消费者倾心。实际上，这些中小型长寿企业不仅在传承传统，也在时代的发展中适应市场变化，融合新的技术和组织模式，不断创新。或许正是因为传统与创新的结合，才有了这些延续数百年的老店的新生。这些中小型长寿企业的意义不仅在于传统的延续，也在于为适应市场的不断创新。在不少国家或地区，中小企业更多是自我雇用（就业替代），靠产品廉价、低质量甚至不惜通过恶性竞争来求得生存。与之相比，日本这些长寿企业则是挂着百年或数百年传承下来的"暖帘"（品牌），作为家族事业和历史传统文化、高品质和贴心服务的标志，更是一种社会责任和产业技艺及传统传承的长期承诺。在日本，众多的长寿企业或在老街深巷如京都奈良，或在繁华街市如东京的银座，它们以几百年传承下来的工艺、历史文化记忆并融入现代技术创新，为社会带来高品质生活的幸福感，与现代大型企业冰冷、与社会疏离的产品和服务形成一种鲜明的对比。但这些大量存在的老铺企业很少能进入现代管理学的研究视野，不能不说是一种遗憾。

第二章
日本社会的传统和商人精神

一 日本商人的历史形成与结构

日本有着悠久的商业传统，这大概与日本封建制度中稳定的职业结构有关。在古代，亚洲国家大多有着严格的职业划分，日本承袭的是中国古代建构的士农工商的职业分工传统，有意思的是在中国封建制度解体和科举制度实行之后，士农工商的家族职业传统基本上也就随之打破，商人和工匠并没有被稳定地作为职业而长期地在特定群体和家族中得以世代延续，通过功名（军功、科举以及经商）获取财富后，可以转向不同的职业和阶层，如成为士、官吏和土地所有者，而商人和工匠很少是一种世代传承的职业。而日本则有着长期稳定的封建制度，加上日本虚拟化的家族制度，商人和工匠基本上成为世代稳定的职业和传统，这无疑为商人精神的发展奠定了社会基础。

士农工商的严格秩序难以跨越这一职业划分，让农工商有相对的职业稳定性，这可能是日本商人能坚守专注的主要原因。世界上有不少国家坚守古代的职业划分原则，包括古代的中国，但由于历史上小农经济的分散和贫弱状况以及对小农的剥夺，大量的小农陷入生存的危机或抗争或逃离，很少有长期坚守的动力。印度则是通过种姓制度严格限制种姓之间的流动和婚姻等，导致从事生产和商业的种姓的卑下，其精神发展受到严重压抑。缺乏精神和文化的发展，商人和工匠只是技艺的积累，不可能成为社会和经济发展的动力。而日本则偏向于严格的士农工商的社会职业秩序，这是古代分工的智慧，分工和专业化使得社会各阶层各司其职，并通过家族或氏族的延续实现传承和发展。同时，更为重要的是日本并没有对这些阶层的歧视，优秀的工匠、有道德的商人、勤勉尽职的农人都受到社会的尊重，并且农工商在封建领主的直接保护下获得了较好的发展，作为家臣、大名的封地经营者或作为天皇或将军的御用匠人或制作者，其中一些商人获得了崇高的荣誉，也获得了相当的利益（包括财富）。从历史来看，形成这一局面大概取决于多方面的因素，比如每一个大名或将军幕府甚至天皇，都需要各自领地或封地里的农工商为其服务，或作为家臣或作为御用制作者或作为长期征税的臣民，形成保护和忠诚的相互关系。另外，各个小封地、国家或各个藩之间都在竞争，包括国内市场和出口市场，这无疑促成了对其所在地农工商的各种保护和鼓励政策的出台。因此，日本商业是诸藩或诸国竞相发展的产物。这与中国大一统的政治经济完全是不同的。

实际上，只有得到政治制度和社会的认可与尊重，并得到相对丰厚、有保证的利益，商人才可能从心底服从并响应道德律令。中国的商人历来受到歧视，很多是在与官府打交道过程中通过权钱交易、利益输送才发展起来的，因此，市场上存在诸多的垄断、官府控制、不平等竞争、政商勾结等，这样，很难有良好的道德准则成为世人普遍遵从的原则，市场因此成为追逐私利、笼络官员、寻求垄断和欺诈的场域，这又导致社会对商人的不满和道德鄙视，但其在短时期内获取暴利又令人艳羡。

近世以来，日本不少下层武士转向经商，这无疑为商人阶层注入了新的力量。武士大多受过良好的教育和精神道德训练，因此也为商人植入了新的精神要素，这无疑是日本商人结构中非常独特之处。武士和明治维新之后一些社会精英、官员的加入（如涩泽荣一等），更进一步提升了商人阶层的道德和政治意识，也大大拓展了知识边界，其中不少人因为参与了日本维新运动而将西方的制度和科学理性精神融入传统的组织管理之中，推动了日本商人的迅速转向，这无疑是非常值得注意的事实。

在日本，宗教只是商业精神形成的影响因素之一，最为重要的影响因素可能是武士道。新渡户稻造在《武士道》中极力赞美了武士给日本社会带来的道德和秩序。而商人尤其在近世则直接或间接受到武士道的影响。武士道精神中的坚韧、简朴、勤勉、忠诚、忘我成为日本民族的精神基础，这可能因为：一是士农工商中，士为上，因此士是道德和社会行动的典范。这在东方社会大抵如此，在中国也是士的道德影响力很大，也因此称中国为儒教国家。中国的儒士中尽管有正直、刚毅、坚韧的，但因为学而优则仕，文官制度使得士在道德和权力、利益之间很难权衡取舍，不少人因权力和利益而堕落和腐败，实际上儒家道德理想很难真正得以实践。而在日本，武士则只是权贵的卫士，尽管也有一定的尊荣，但没有直接掌握权力和参与利益分配，并且一般是远离利益，以此作为精神和道德的权威，这是有其政治基础的。二是日本的武士在传统上由于尚武，在战争和平时的训练中磨炼意志，尚阳谋，宣扬武道。而中国的儒士在上千年作为皇权的直接支撑和执行者中，要平衡多方面的社会矛盾，仅仅依靠法术和规则是难以治理社会的，因此加入了权变、圆通，出现了不少人际之间的算计和权谋。显然，作为治理社会的儒家官僚也很难成为道德典范，与日本的武士精神不可同日而语。其中，必须理解的是中国的儒士承担的社会责任和职能与日本的武士是大有差异的。日本武士道精神的自律和普遍遵守秩序是日本政治制度的产物，武士是在封建制度下听从于大名幕府的侍从和护卫，也帮助各地的大名维护社会秩序和收取租税等，在一定意义上类似于现今的警察和军队，但又各事其主，如果出现道德问题，则身败名裂，难以再寻找到其他主人。因此，道德律也是其职业和生存的基础。

关于武士道精神有诸多著述，本文不再赘述。需要理解的是，为何武士道精神成为社会的典范或精神基础，日本人的性格之中几乎无不渗透着武士道的精神因素。日本的道德精神形成不是借助宗教（如西方）也不是借助由官府推行的一套道德伦理（如中国的儒家学说），而是借助武士形成的道德准则（尽管其中也受到了禅宗和儒教的影响）。可能的理解，一是武士是士农工商之首，有着道德标准的社会期盼；二是武士的生活方式和道德精神必然被农工商所效仿；三是在封建社会，基本上是地域社会和熟人社会，道德律是社会治理首要的原则。农工商处于社会的底层，这几个阶层在严格意义上很难区分开来，他们所效仿学习的道德榜样大概就是武士阶层。日本无意之间发展出具有中古骑士精神的武士道，并以此作为治国与治理社会的道德和威慑力量，它不是统治者有意计划的结果。日本人的秩序、勤勉、忠诚和无我精神由此发轫，并深深地扎根于社会和商业活动之中，是日本政治制度、文化和社会自然发展的产物，并由此培育出一种重要的精神特质，成为后来的商业精神和企业文化的基础因素。

自马克斯·韦伯以来，商人精神包括文化传统（其中重要的是宗教文化）成为理解现代资本主义的重要因素，已成为研究资本主义和现代商业的出发点。韦伯也正是在新教伦理的意义上分析欧洲资本主义（或商人）精神的。我们将商人精神与资本主义精神混用的理由是资本主义的核心就在于商业资本的社会主导型价值，而商人就成为这个社会的核心阶层。日本在明治维新前后经历了这个过程，稍远一点的历史是荷兰与日本的贸易带来的西方文化渗透，其中有影响的是"兰学"和基督教的渗透，同时，也为日本植入了科学和自由、民主的近世价值观（詹姆斯·L. 麦克莱恩，2014）。

日本商人尽管在历史上有着深厚的传统，但近世则和日本的封建政治与将军大名幕府体系有关，不少直接来自为这些贵族和将军以及寺庙服务的工匠和商人，而农民也经常是亦商（工）亦农。如涩泽荣一出生在日本传统乡村，小时候以务农为本，同时也做过家族生意（如收购生丝的原料茧和做靛蓝生意）。日本的农村由虚拟家族组成，有完善的村镇组织代表政府组织生产、征税，同时，有村公所、教育、宗教、娱乐等，这是中国历史上的农村所无法比拟的（幸田露伴，2016）。我们的调研中，如月桂冠的清酒酿造师大多就是从特定乡镇招聘的，农闲季节来到作坊酿酒，带来了各自家族或家乡特殊的酿造技艺。日本的农村组织是另外一个理解日本商人精神的重要方面，原因在于商人群体中，尽管有一部分出身于武士或官僚阶层，但其中绝大多数来自之前的农民和城市底层，作为仆役、家臣以及工匠。农村是培育商人最为重要的场所。在东方社会的历史之中，多有亦商（工）亦农的传统，原因在于人口众多、土地少且贫瘠，加上高的租税和自然灾害的风险，农民的生存必须和商业（手工业）结合起来才是可行的。这也就成为商业发展的基础性社会形态。与日本不同的是，中国的农村是无政府的、自治的，受到宗族和地方豪强势力的控制。大多农村的状态是普通农民贫穷且严重缺乏教育、更缺少宗教和艺术文化的人文影响，只是在物质层面上寻求最低层次的生存。而至少从一些传记和历史记录来看，日本的农村是整合到各个封地之下的，受到大名等的保护，大多数农民因此受到一定的教育，有寺庙、宗教和艺术场所，行政管理直接到村庄。近代更是设立了村公所、警察署、邮电系统等（詹姆斯·L.麦克莱恩，2014）。

因此涌向城镇经商的农民其实是具有基本识字能力、对行政法律以及宗教有基本理解的商人，有些在家或寺庙的寺子屋等受到过一定的教育，因此对宗教、武士道以及日本的文化艺术有进一步的理解和学习能力。相比之下，中国历史上的大多数商人不具备这些能力，他们只是家庭道德培养出来的，大多不识字，在生意做大后，要雇用账房先生，自己主要是依靠经验和与江湖朋友的联系而开展经营。由此不难看出两者的巨大差异。而针对日本商业在近代的繁荣，一些历史文献给出的数据令人印象深刻，如詹姆斯·L.麦克莱恩所著的《日本史（1600～2000）》，对明治维新前后日本社会经济发生的巨大变化做了系统性分析。

二　日本商业精神的特征

受到马克斯·韦伯的启发，日本和其他国家的一些学者开始探讨日本资本主义精神，并试图与韦伯提出的清教徒的精神特质相比，进而给出有同有异的因素。自韦伯以来，这一分析传统的路径无非是分析商人精神气质中哪些关键性或独特的（区别于其他宗教文化的）因素是影响市场或资本主义发展的核心要素。韦伯将清教徒的视勤勉、节俭、守时、职业为天职等作为商业精神的关键因素，认为这些精神特质对欧洲资本主义的发展起到了重要的推动作用，也正是具有这一清教徒精神气质的商人成为主角推动了资本主义经济的发展。与之相比，所谓日本商人的资本主义精神或商道在江户时代以来就有了大的发展，由于各藩推动将军幕府和城下町的发展，商人推动了城市经济、贸易及商业的繁荣（速水融，2015）。而明治维新则将其直接与西方商业文明对接，商人成为社会经济发展的主体。日本的商业精神在一定意义上也同样具有韦伯新教伦理的精神特质，如勤勉、节俭、天职等，似乎这些是近代资本主义商人精神的一般性要素，除此之外，还有哪些是日本商人所具有的独特精神特质，则是非常有趣的问题。对这一问题的探讨无疑会给予近代日本经济奇迹和日本式管理一个重要的精神或文化性解释。

关于日本商人的勤勉和节俭，一般认为来自农民的职业和工作特质。农业耕作是艰苦的，必须日出而作日落而息，长期不懈。在人多地少的日本，必须农业与手工业、商业同时经营才能生存下去。而速水融的研究则表明，江户时代兵农分离、农业集约化和家庭经营促成了家庭人口的快速增长和农民勤勉的工作精神。在缺乏大型农具和牲畜的小块土地耕作情况下，农民必须靠人力完成主要的工作，勤勉自然是必须的。可能在中国、日本以及其他东南亚水稻种植区的传统农业经济下，勤勉的精神大概就是在恶劣的工作环境下养成的，节俭则是因为粮食和其他供给不足。因此必须对资源尽可能充分地利用、不浪费，尤其是在收成丰歉不均、经常存在灾害和战争等情况下，节俭成为基本的家庭经济生存之道。将这两个美德与农民联系起来，大概是不错的。

而把职业作为天职的概念则在农民那里很难找到根源，必须在日本的士农工商阶层划分制度中去寻找历史渊源。职业性来自匠人，他们将所制作的产品不断打磨、改良，打造成一流的产品。这种兢兢业业、坚守和专注的精神是职业化的，并且在家族世代以及师徒之间得以传承并不断发扬。在日本的历史上，这一职业化划分的社会阶层基本上是固化的或难以流动的，因此，作为匠人的后代还是匠人，作为商人的后代也基本上是商人。这同时和宗教的在世修行结合起来。实际上，基于传到日本的禅宗而发展起来的禅文化与世俗生活紧密地结合起来，形成日本独特的茶道和花道，武士道也同样受到禅宗的影响，追求其中独特的精神——忘我或与神合一，以达到一种至高的境地，使得造物犹如神助，这是长期坚持、专注、忘我（无私）和精神的升华。日本的造物和服务在诸多方面反映了这一精神，这与新教伦理中职业作为天职以荣耀上帝的思想有着异曲同工之效。

如果仅仅以勤勉、专注、节俭等概念来描述日本商人精神，似乎与其他工业文明国家的起源难以区分，实际上重大的差别在于精神气质，而不仅仅是行为表现。日本尤其是老铺企业传承的职业精神从根本上来说，大概可以用两个特别的概念来表达，一是"用心"，二是"款待"。所谓"用心"是尽心尽力或全心全意，在工作中忘记了利益和自我，而一心只想着如何做好工作，这可能是现代在所谓代理型组织中最难实现的。这里，无论是老板还是经理或者老板的家人，都会平等而勤劳地工作，他们还需要成为员工的榜样（如更早上班、更晚下班，穿着朴素和生活节俭）。员工以诚心对待职业或工作，而不是为了奖金、升迁或其他利益，尽管后者也在一定程度上会激励员工，但那更和长期努力工作的态度紧密相关。而所谓"款待"则是日本服务业的精神所在，它超越了现代意义上的"服务"，是一种无微不至的周到和体贴，以至诚之心款待客人。这大概同样是受到阳明心学和禅宗精神的影响吧。

而重要的问题则在于，日本近世商人如果从江户时代算起至今已有两三百年历史，其间经历了重大的政治、文化和经济的变化，但日本的商人精神基本上是一脉相承，并是传承最好的（甚至相对于欧美，如美国最初的商人精神值得赞美，但现今出现不少如各种造假和公司丑闻等问题）。如果说商业精神对资本主义发展或经济起飞是重要的，那么更为重要的问题则是将这种美德传承下去，在这一点上，大概只有日本做到了传统和现代的完美结合。至今，我们仍然可以感受到诸多日本商人勤勉、节俭和专注、忘我的精神无处不在，不因企业做大或者家族企业持续数百年而有很大变化，这样的情况即便不全如此（这也是不可能的），但绝大多数商人保持了这一精神特质（这将在后文的案例研究中体现出来）。不得不说，这是日本商人群体的文化特征和精神气质，可能正是这些特质，使得日本经济保持着独特性，尤其是表现为那些生存了百年以上的老铺企业，而这正是本书的研究主题所在。

因此可以说，日本蕴含着保存这些精神气质的社会环境或文化，这与诸多社会中在某些特定时期可能表现出来的商业精神不同，后者在更多情况下，表现出来的是与这些商业精神背道而驰的特质，如纵欲、贪婪、奢靡、道德沦丧等，这大概是在经济繁荣之后出现的奢靡腐败症，商人是利益的直接受益者，也是其后遗症的最大受害者，即金钱对其精神气质的腐蚀性破坏。这些变化可能发生在一两代人之间，也可能在某一代快速暴发起来的商人身上得以体现，但商人精神走向衰落或被引导向追逐利益和市场权力（规模与份额）的路径上，都是不归路。

三　日本商业精神的"理性因素"

日本商人在历史上就有了上述重要的特质，但为什么到明治维新之际才成就日本资本主义的发展呢？这就需要回到韦伯关于资本主义精神的另一个重要方面，就是"理性精神"。这一理性精神是基于近代的法律、民主和科学，跳出了传统经营的经验主义、家族主义和仅凭个人操守的道德约束，回到了科学管理和正式制度的框架下。因此，将企业主个人的企业家精神融入近代资本主义发展的创新和制度之中是日本近代化过程中所做出的正确选择。很幸运的是，日本在明治维新时期全面深入地吸收了西方的制度和技术，尤其是科学精神。追溯到早期，大概可以从"兰学"运动①时期算起，当时日本就对西方的医药、矿石等有浓厚的兴趣，在江户时代开始引入的毛利枪则成为日本现代机械加工的肇始。更为重要的是，明治维新引入了西方的行政、法律和教育等制度，并结合日本的国情加以改良和适应。这

---

① 这里不妨直接引用百度词条的解释："兰学指的是在江户时代，经荷兰人传入日本的学术、文化、技术的总称，字面意思为荷兰学术（Dutch learning），可引申为西洋学术（简称洋学，Western learning）。兰学是一种日本人通过与出岛的荷兰人交流而形成的学问。兰学让日本人在江户幕府锁国政策时期（1641～1853）得以了解西方的科技与医学等。"

里，日本又一次显示出卓越的学习者特征。日本的国民教育很多在江户时代就开始了，当时日本人的识字率已经是全球最高的，寺院、民间学校以及藩和幕府提供的教育都在开启民智，为日本在近代发展资本主义经济铺平了道路。

尤其从日本已传承数百年的老铺企业历史可以看到，日本近代的商人脱离了简单的经验主义和按照家传秘方生存的方式，在引进、学习和创新的基础上不断开发和改进产品与服务，陶瓷、制茶、制墨、酱油调味品、纺织印染等行业无不在开拓创新。近代成立的企业则大多建立在科学技术的基础之上，如安川电机、岛津制作所等，技术进步使其在很短时间内迅速成为世界领先企业。近世以来，日本商人向西方学习而不断注重科学和理性在商业中的价值，这在亚洲国家中是少见的。即便是在传统的老铺企业中，也有一定比例的企业逐渐走上股份制公司的经营管理之路，脱离了家族企业的家长制度和经验主义，而是依靠技术创新和现代管理，这大概是日本商人精神的另外一个重要方面。而理性精神同时还表现为注重科学和尊重法律，尽管人的精神和情感是重要的，但组织中更重要的是制度和文化，这种文化的理性主义大概是日本企业不同于其他东方国家的地方。历史上看，日本尽管吸收了中国大唐时期的政治制度和儒家文化，但尽可能地摒弃了家长制度中的非理性因素，如我国家长制形成的任人唯亲、一言堂（独裁制度）和尊卑盲从、内外有别等，这些可能是在中国历史上形成的不良习惯，而并非是儒家文化最初的精神所在。因此，日本保存了中国古代的良好道德风尚，而当时的精神伦理是健康的，也是具有理性精神的。此外，最为重要的是，日本的家族并非是纯粹血缘关系的男系传承，不少商人是通过养子或过继子嗣等方式实现任贤传承的，在一些情况下也有女儿传承，这无疑超越了中国强调男系血脉关系的原则（官文娜，2017）。而日本的虚拟家族则尽可能吸收外来的力量，将家族的裙带关系、内外有别尽可能地压制在不影响企业发展的范围之内，并不服从于家族业主个人的绝对权威。业主出现错误决策、不道德行为以及缺乏能力的情况，是很容易被家人或员工集体罢免权力的。这种制度的理性因此有其历史的渊源和基础。而在这一基础之上，近代明治维新以后，也就更容易接受来自西方的非人格化的法律制度文化（韦伯），这是很容易理解的。

中国的商人则与此形成强烈的对比，即便是今天，中国的血缘政治仍然在私人企业中盛行不衰，以家长为核心，以血缘为基础。这种非理性的力量无疑是中国家族企业"富不过三代"和缺乏专业专注精神的核心原因。商人的气质和精神不仅在于精于算计和把握机会（这是中国商人普遍具有的特质），而且更多在于一种理性精神，创新和制度理性基础之上的科学精神才是近代以来资本主义伦理的核心价值。

四　儒家文化和佛教的影响

日本文化基本上是儒家文化和佛教、本土神道教的历史混合物，并且在历史上这些道德价值体系和谐共处、相互融合，从上层社会的皇室、贵族、僧侣到大众世俗社会，文化渗透和民众接受并践行的程度是很少国家所能比拟的，甚至其文化制度借鉴学习最多的中国也难以达到这样的一种状态。D. P. 辛加尔（2019）在其著名的《印度与世界文明》中曾写道：

> 日本文化是神道教（Shinto）、儒家学说和佛教的混合体。奠定日本文明基础的圣德太子，将这三个体系比作日本文化之树的三个组成部分：神道教是栽种在民族传统和民族气质土壤里的根本，儒家学说是法律、教育制度和道德准则的主干和分支，佛教则是盛开的宗教感情的鲜花和精神生活的果实。日本人民可以信奉佛教、神道教或者儒家学说，或者这些教义的任何结合形式。（D. P. 辛加尔，2019：8）

日本社会受到儒家文化的影响至少有两个重要的阶段。第一个阶段是在隋唐时期，由遣隋使、遣唐使所带回来的儒家治国设计及理想，以及儒学经典《论语》《大学》《中庸》等在上层社会渗透，但这个时期，鉴于学习汉语的难度和大众识字率较低，只有贵族、武士和一些僧人可以更多地接触到儒学。但日本对儒学及其制度的学习是全面的，基本按照大唐律制设置政治制度和社会组织，平安城（京都）基本上是按照唐朝长安的布局来设计的。但也不是一味地模仿，而是同时保存了日本的历史和政治传统，天皇一统绵延不绝。仔细来看，日本的社会制度与中国有着诸多差异。而在第二阶段的近世，日本自战国时期以来，则大量吸收了宋明儒学或称为新儒学的思想和行动纲领，尤其是禅宗、朱子学和阳明心学在日本的影响广泛而深刻，不仅在上层社会的幕府将军、大名、武士和僧人中被传播研习，而且更多地通过一些官府和民间的机构、学校等被传播到社会各个阶层，包括商人阶层。这一过程可以认为是实现了儒学的新生和世俗化，与日用以及企业的经营结合起来，渗透到人们生活和工作的各个方面，这是日本社会走向近代文明的一个重要思想启蒙过程。但儒学在日本的精神文化发展中并非独立地发挥作用，更多的是与佛教以及本地传统的神道教等结合。在中国的一些时期，儒学与佛教、道教之间有着冲突，但更多的时候是并存、发展甚至相互借鉴和学习的，但很少像日本一样，将佛教、神道教与儒学作为哲学和伦理的思想结合起来，应用到政治和经商、日用之中。直到今天，当我们走访不少日本老铺企业时，还常常看到其经营理念、家训以及企业主起居室中悬挂的条幅为儒家和佛教的语录，并用心地落实到日常经营管理和做人做事之中，其诚恳和用心令人印象深刻。

近世以来，宗教、儒教或儒学思想在日本经过了一个世俗化的重要转化过程从而成为道德精神。就宗教来说，起始于 14～16 世纪室町时代通俗化的镰仓佛教是居于国教地位的临济宗的禅宗（梦窗疎石及其弟子建立的五山禅宗）与当时传入日本的朱子学结合，为大量的武士、贵族和商人所接受。这一葬礼佛教在后来幕府时期得到进一步发展，建立起所谓的"寺檀制度"或"檀家制度"，这是指，"所有的国民都必须以家为单位作为檀家在某个寺院（檀那寺、菩提寺）登记，以此来证明该人（家）并非基督徒。

当该人结婚或旅行时，必须持有寺院发行的'寺请证文'（寺请制度）"（末木文美士，2016：139）。同时，葬礼佛教也成为寺院的主要收入来源，而将大量民众皈依在檀家寺院。

近世主要的标志是神佛儒教的合一化，其世俗的倾向在于，期望在这一合一的过程中寻求近代伦理道德的价值和精神力量。"人们认为，古代、中世是佛教的时代，近世是儒教的时代。在儒教当中，朱子学是正统。"（末木文美士，2016：145）事实上，在近世，佛学的出世思想受到批判，而代之以入世修行的神道教和儒教思想，朱子学成为当时的官学或国学核心，阳明学和日本的古学（以神道思想为中心）兴盛起来，从而使得日本走上一条较为独特的近代化道路。末木文美士明确指出，"日本近世的儒教言说并不深入探讨宗教性和形而上学的东西，而是将其伦理摆在前面，或者向治世的政治论方向发展，这就是日本儒教的特征。有人认为，与其将其称为'儒教'，不如将其称为'儒学'。它象征着近世的世俗化和现实化"（末木文美士，2016：151）。由此，出现了一批具有儒学和神道佛教合一的思想家和实践家，如藤原惺窝（1561～1619）及其弟子林罗山，以及江户初期曹洞宗僧人铃木正三（1579～1655）、建立商人和市民伦理的石田梅岩等。而影响日本近代商人精神的还有神儒合一，即日本神道教与儒教的结合，这是经常被忽视的。在近世思想方面，传统的"神佛习合"理论受到排斥，而代之以神儒习合。这是因为佛教的出世思想对社会经济发展不利，而儒教的入世和治世思想与神道教有着共通之处，由此提出所谓的"儒教神道说"。其中最有影响的是山崎暗斋（1618～1682）的垂加神道，他尤其推崇朱子学说中的居敬。他指出，"云敬者，事无巨细，不散此心。平生以此相较者云敬"（《敬斋箴讲义》，转引自末木文美士《日本宗教史》，2016：167）。朱子学说一是强调居敬，二是致力于"穷理"。后者则是"理性主义"的思想基础。而同时，儒家文化中的君臣关系则为日本商人精神增加了"忠诚和服从"的道德要素，从幕府时期到明治维新乃至现代，发展为市民和商业精神的伦理基础，创造了日本近代化和现代化的独特精神力量，区别于西方的自由、民主、个人主义。将其作为日本商人精神的思想渊源，则不难看出日本社会与中国文化的联系和区别，而同样与西方工业文明的伦理道德基础有着不小的差异。其独特性大概在于近世以来，将佛教、神道教与儒学有机结合，不断探索和寻求其世俗化和治世的价值和精神意义，并在政治体系与佛教神道教的结合和利用过程中使得宗教得以世俗化，让民众普遍接受并加以践行，成为在世修行的俗世伦理。由此可以看出，儒学作为哲学和伦理在日本的历史过程中，不仅通过学习传播而吸收其理想和旨意，而且更为重要的是，日本强调对于这一哲学的践行。尤其是近世以来，日本吸收朱子学"格物致知"的理性主义和阳明心学的"知行合一"思想，并与日本神道教及禅宗结合，产生了全新的伦理道德体系和实践哲学，以"居敬穷理"和"君臣关系"而形成商人的职分、诚信、理性以及忠诚等道德因素，则是其践行的价值体系。

五 商人精神的启蒙和社会传播

不少人认为，日本社会近世的商人精神主要是明治维新时向西方学习的结果，其实不然。日本商人中的一些重要精神形塑过程至少可以追溯到德川时期或更早（山本七平，1995），山本直接挑战西方的管理思想，指出日本95%以上的中小企业的行动逻辑与西方管理理论完全无关，而这些经营方式和思想则可以上溯到德川时代。其中重要的两位商业启蒙思想家是铃木正三（出生于天正七年，即1579年）和石田梅岩。铃木正三是参加过关原之战和大阪之战的武士，最后出家成为禅宗僧人，但他并非出世离俗，而是"欲以佛法治世"，提出禅宗社会伦理规则，著述《四民日用》（山本七平，1995：114~130）。他曾明确提出，无论是士农还是工商（匠人），日常工作都是修行，"他将谋生视为高尚的行为，并从心底认为劳动本身就是修行"（山本七平，1995：115）。"任何职业皆为佛行，人人各守其业即可成佛，而佛行之外并无成佛之道，必信其所事之业皆于世界有益。……"（山本七平，1995：117）这与韦伯所论述的"新教伦理精神"极为相近。我国禅宗修行法门之中也较早就倡导"行住坐卧皆是修行"[①]，只不过在中国，禅学伦理很少渗透到百姓的日常生活和工作之中，这是很遗憾的。

铃木的思想通过其著述对后人影响巨大，尤其是影响了处于社会底层的农工商。只要做好本职工作，就是修行成佛之道，诚心做好所做的一切，就可以从贪欲、嗔恚、怨怼"三毒"中解脱出来。由此，建立了一种世俗的职业宗教伦理。铃木正三的著作为德川时代商人和工匠时代的到来奠定了道德伦理的基础，山本七平称为"一种关于生命的价值的学说"（山本七平，1995：130）。而后来者石田梅岩则继承和发扬了这一学说。1685 年（贞享二年）梅岩出生于京都附近的一个小山村，其家庭是被允许改姓作为虚拟血缘"石田"家族的"株内"旁支。他作为次子而进城当学徒。他通过大量阅读并遍寻名师学习，而成为小栗了云的弟子，小栗修习禅学（可能也受到阳明心学的影响）。但梅岩不是简单继承小栗的学问，而是广泛吸收了众多思想，他与铃木正三的思想更为接近。

梅岩在四十二三岁时退休（日本当时的工作是从十三四岁开始，工作30 年后退休）。45 岁时他在京都自己的住宅里开设了一个小型私塾，每天上午和隔天晚上授课，此外还举行每月三次的讨论会。他的弟子大多为商人，但他所传播的所谓"石门心学"更多是由其弟子或再传子弟结集形成的。他的学说被广泛传播至京都、江户、大阪等大城市，后来几乎传遍日本，甚至影响到幕府和宫廷（山本七平，1995：132）。山本指出，石门心学最初以关西为中心，其后不断被传播，由他的弟子建立的心学舍就有 21处之多（山本七平，1995：154）。

更为可贵之处在于，梅岩不仅仅停留在学习，还通过设立私塾和学馆传播这些思想，实现了日本商人伦理从"知"的认识层面转到"行"的层面，从而达成"知行合一"。正是通过学馆的知识传播，日本商人可能接受到了全球最早的商学教育。这一商学教育不是以现代商学院的"经营实用知识"为主，而是以商业道德伦理甚至文化精神的修学为主，其中包括儒家学说、

---

① 《六祖坛经》有偈云：佛法在世间，不离世间觉。离世觅菩提，恰如求兔角。

禅宗和心学等内容。①

　　梅岩的学说并无系统性，但他延续之前正三和了云的传统，从自我修行的角度出发。他的心学本质上就是按照"本心"去生活的方法之学，这大概与阳明心学的"至诚之心"有直接的联系，强调的是"热烈的、从心底的和反省"之义。而商人如何对待利润、节俭和贪欲是梅岩思想的核心。他认为，和武士的"俸禄"一样，商人的利润具有合理性，但必须以道德为前提。梅岩写的最后一本书是《节俭齐家论》，书中所提倡的节俭就是商人自制以齐家的秩序伦理："自我克制追求利润的贪欲，一心为消费者服务，这是对外的自制；它强制性地转变为对合理性的追求，这是对内的自

---

①　明诚馆现在依然存在，在大阪京都等多地设有分支机构，向企业家传授儒家学说、商业道德以及其他方面的知识，并进行讨论。以下是作者 2017 年 7 月 25 日下午调研怀德堂的记录：

石田梅岩的石门心学对于日本商道的发展起到关键作用，怀德堂现在的理事会会长说，在明治时期，大阪经济迅速发展，商人非富即贵，同时，也奢靡成风。石田正是在这个时候，站在大街上对行人游说，商人如果不能守持正道，事业不可能持续，财富不可能保持。于是，他开办商人文化讲座，最初只有一两个人，后来听众逐渐多起来，这就是怀德堂和明诚舍的由来。

明诚舍于 1785 年在大阪创立，创始人是井上宗浦，另外，还有六家心学讲舍，商人就近学习，经费由大商人捐献和少量的学费支持，教师和教材要经过三家机构（包括明伦舍、修正舍和时修舍）的认可（三舍印鉴）。大阪大学文学部的汤浅邦弘教授专门研究怀德堂的历史，著有《怀德堂事典》一书，对此历史有详细的记载和评论。怀德堂创建于江户时代的 1724 年，1869 年一度关闭。1910 年重建，二战期间被炸毁，仅剩下由混凝土修建的图书馆，1949 年后其藏书全部转至大阪大学文学部。

商人伦理教育在日本明治维新以来一直受到重视，很少有国家如日本一样重视商人的道德伦理和文化教育，其主要的思想来自中国的古典儒家哲学和宋明理学或心学（如明诚舍），大阪作为近代商人最为集中的地区，也是商人道德教育的发源地，因此有说法：京都有天皇，东京有将军（幕府），大阪有商人。在问到道德伦理学习是否有用、是否法律才是真正的约束时，汤浅说，当地人的说法是：大阪人不会轻易听信上面人的政令，而是要"悦服"，伦理和商道是让商人诚服的正道。当他们明白只有行正道才能长期生存发展、保持财富，就会追寻这一道路。

现代人尤其是在利益中打滚的商人如何遵循道德伦理？圣人之说很重要，但如何才能让商人明白并遵循（知行合一）这些伦理学说？日本的古法训练是有价值的，这不是功利性的商学院教育（案例分析企业如何竞争和逐利），而是进行哲学、伦理和文化的教育，即关于人文哲学和精神的教育，同时包括讲座、讨论、静坐、故事等［如明诚舍的课程有：道话，即故事；前训，和讲义组成，修养部分则由静坐和会辅（讨论）组成］。讨论的主题很实际也很有意思，如每个人如何在路上不妨碍他人。这是做人的原则，也是经商的大道。

制，即节俭"（山本七平，1995：146）。

从铃木正三、小栗了云到石田梅岩、涩泽荣一，乃至今天的出井伸之、松下幸之助和稻盛和夫，日本经营理念和精神一脉相承。更为重要的是，这些企业家或商人或武士或僧人，他们不仅做好企业，也著书立说，甚至建立学馆，广泛传播学说和思想，无疑是商业精神的启蒙者和传道者。这一传播的制度和组织有如此广泛的影响，是世界上少有的。因此可以说，日本的商人精神不是个别的、社会通过故事流传的学习榜样或停留于社会价值学说与商业实践相疏离的道德思想说教（如中国的商人与儒家学说之间的隔离），而是一种实践哲学，成为商人自我实践以及价值共识，这是十分难得的。我们在日本访问了石门心学的后继者明诚馆和怀德堂，日本大阪商人正在积极保护这一历史传统，让日本商业精神和文化重新焕发活力。大阪大学基于怀德堂未在二战中毁坏的数千册珍贵图书资料，成立了怀德堂研究中心。汤浅邦弘教授为此付出诸多努力，其著述《怀德堂事典》（大阪大学出版）是对这一传统和文化的深入挖掘和发扬。

在调研日本老铺企业时不难看到，众多的老店保存着良好的传统文化和精神，许多企业建立了创业纪念馆，到处悬挂着关于心学、儒家学说以及禅宗文化教义的匾额，传播其价值传统并时时警醒经营者和员工，这确实难能可贵，令人印象深刻。

第三章
百年老店：独特性与研究意义

一　企业的时间维度：历史和寿命

当今的企业研究主要是关于战略、组织和结构、财务投资以及具体的职能管理，如人力资源、市场营销、生产运作和信息系统等，很少涉及企业时间维度的展开和过程，考察几年乃至十几年的发展战略是很少见了，其中可能的原因：一方面，很少能对企业发展进行较长时期的跟踪研究；另一方面，企业较少关心长期的状态，未来的技术和市场状况难以预测，而历史则大多湮没在尘埃之中或被人们遗忘。此外，很多或绝大多数企业的寿命是相对短暂的，据不完全的统计表明，美国的企业大致平均寿命不超过8年，而中国的市场复杂性则使企业平均寿命进一步缩短（为6年多①），尽管缺乏对企业寿命系统的监测和统计，但直观的事实是很清楚的，绝大多数企业的寿命都在新创阶段（8年以内）消亡了。家族企业有着超出一般组织的寿命，一些企业甚至存续几百年到上千年，依靠的是代代相传的责任、使命等，如日本大量存在的老铺企业（存续百年以上）。但老铺企业占企业总数

---

① 有各种不同口径和来源的关于中国企业平均寿命的数据，它们之间相差较大。本文按照国家工商总局 2013 年《全国内资企业生存时间分析报告》中的数据："近五年退出市场企业的平均寿命为 6.09 年，寿命在 5 年以内的企业接近六成。"这里统计的是 2008 年初到 2012 年底所有工商登记全国累计退出市场的企业数量及其占比，是最权威的数据。

的比重无论在哪个经济体都是很小的，大量的家族企业受到"三代消亡率"或"富不过三代"的铁律控制。数据表明，家族企业成功延续到二代的约占30%，延续到三代的约占10%，到四代的仅占4%（弗兰克·霍伊、普拉莫蒂塔·夏尔马、李新春、朱沆，2010）。

将百年老店（老铺企业）理解为长寿企业是将企业历史与人类个体寿命比拟的"隐喻"，容易令人误解。实际上，企业的寿命意味深远，与人类个体寿命相比，有着更多的内涵和意义。首先，它是由多代传承而来，尽管时间上是连续的，却有着不同的领导人和时代的印迹。其中可能有着一些长期传承的东西，如技艺、文化或产品制作方法等，但绝大多数内容和形式都在不断演进（可能用"演进"这个生态学的概念更为合适）。其次，老铺企业超越时代的生存能力意味着，它可能经历了不同的政治和文化、经济和技术发展时期，并留下了深刻的历史烙印。人类很少有组织能这样跨越时代而存续，但百年老店显然是其中一种重要的、鲜活的历史遗存，不仅保存着历史和传统文化，而且在时代的更替中不断更新。在这一意义上，百年老店超越了作为企业的存在，在或长或短的时间演进中，已然成为一个历史或文化符号，并与特定的历史和地区形成了紧密的相互嵌入关系，代表着和消费者与社会（社区）之间密切的依存关系。因此，它也就成为社会生活和文化传统的一部分，是传统和文化的历史遗产和延续者。最后，老铺企业代表着社会尤其是商业道德和传统价值的维系者，在物欲横流的当今社会是弥足珍贵的，并且这些老铺企业大多处在传统产业或城市乡村的日常生活领域，因此，其道德水准也决定了一个社会基本的消费和幸福状态。这是因为其提供的产品或服务大多是社会日常生活的必需品，如餐饮酒店、零售贸易、传统酒食和调味品、各种点心以及传统药品等，这一切基本上决定了普通消费者的幸福水平。如果在街边的面馆或小酒馆失去了传统产品的美味和服务精神，而代之以假冒伪劣产品，又或者这些传统产品都被大工业的机器和漠然的现代厂商所替代，或者质量低劣且缺乏情趣，或者产生现代社会的消费疏离感和冷漠，这无疑将会使得普通民众的消费失去情感和文化的联系而变得空洞无物，但我们对这些传统和文化很少认真思考其价值和在现代社会存在的意义。

而当我们来到日本，随意在一间小酒馆、料理亭、旅馆、温泉接受温馨的服务或享受精美的食品之时，或者当我们随意走进一家具有几百年历史的零售店铺，购买清酒、酱油或熏香、抹茶、陶瓷或笔墨时，因为产品的精美和服务的周到细心，一种幸福感会油然而生。这一切都是日本上万家百年老店以及数不清的小店铺所给予的。很难想象日本没有这些百年老店，仅有日本战后成长起来的大型企业，尽管其家电、汽车、化妆品等各方面的成就令人赞叹，但在日本的消费又有多少幸福感可言。正是因为这些企业的存在和坚持，日本的传统商业精神和文化传统得以传承，并在当代商业社会中如樱花一样灿烂绽放。

二 百年老店：长寿的道德治理"基因"

致力于长寿企业研究的后藤俊夫从大量案例中似乎看到了百年老店生存的"长寿基因"。从企业经营方面来看，他归结为：立足于长期视野的企业经营理念；"量力经营"，重视持续成长；构筑和强化自身优势；长期重视保持与利益相关者的良好关系；确保企业自身的安全；以及让下一代传承下去的强烈意志（后藤俊夫，2018：10~11）。显然，不同的学者可能会得出不同的结论，但重要的是如何做到这些。即便有一两代家族经营者能坚持这些原则，也没人能保证家族企业在长期发展中能一直坚持这些经营理念和战略。但他进一步指出，"支撑以上六个要素的根源在于价值观"，而"日本的价值观是根源之所在"（后藤俊夫，2018：11）。实际上，对于长寿企业来说，重要的不在于一时的兴盛荣衰，而在于企业的可持续发展以及规避或抵御各种风险灾害的能力。从大量百年老店的案例不难看到，"长寿企业之所以能够存续100年甚至200年以上，至少要成功规避四种风险，那就是人事风险、业务风险、地震火灾等不可抗力风险和伦理风险"（后藤俊夫，2018：12）。能够在这些灾害、风险和不确定性的挑战下生存下来的企业，才有可能实现可持续发展。

这意味着，独特的企业价值观及治理体系可能是日本在全球拥有最多百年老店的重要"基因"，后藤俊夫称之为"日本文明或日本精神，具体内容包括：共同体意识、文化相对主义和进取心"（后藤俊夫，2018：11）。所谓"共同体意识"体现在对家族企业的认知和价值观导向上，超越血缘的虚拟化家族制度，视企业为社会的"公器"而非个人或家族谋利的工具，这在全球各地区文化中是极为少见的。在日本商业文明的发展中，形成了所谓买方、卖方和社会三方共赢的"三方良"文化，更是体现出一种强烈的社会价值共生导向。后藤俊夫给出的"文化相对主义"大概是指日本文化的包容性和对外来文化的借鉴、吸收，并结合自身实际予以灵活的调整。而"进取心"则来自"在世修行"的职业精神和儒家文化的"诚敬"之心。

因此不难看出，这一深深扎根于日本文化和历史传统的企业长寿"基因"不是商业上的"经营智慧或技巧"，本质上是一种文化或道德的基因，这一基因并非停留在企业意识形态的认知和理想层面，而是通过一系列的社会和企业制度安排及践行扎根于日常经营管理之中，主要有两种制度安排：一是通过正式的制度建构，如行业协会、商人团体的自律和规范；二是通过每个组织内部制定家训家规等来传承这些重要的商业伦理和经营准则。日本自江户时代以来，特别受到武士的帮助或武士直接经商，纷纷仿效武家制定家训。

　　家训过去主要在武士家族较为常见，等过了江户时代的繁荣期，社会一下进入大萧条时期，商人们无一不祈求家业永续、生意兴隆，纷纷仿效武家将自身理念以家训、店则的形式规定下来。据说擅长读书写字的武士曾像顾问一样帮助过商家制定家训，所以家训的内容可能受到武士道的影响。（前川洋一郎，2017：126）

这一阶段是很有意思的，正是这些来自武家的"武士道"精神和道德理念在近代与商业糅合，深深影响了日本近代的商业文明和商人精神。通过深入考察这些家训则不难看出，其中的关键不是经营谋利的智慧，而是道德伦理的遗训与原则。前川洋一郎基于日本其他学者的研究而总结出江户时代上方盯人和江户商人家训的七点特征，就很容易理解这一点。

（1）坚持以超越血缘、分家的同族、伙伴来经营店铺。

（2）禁止多元化、改行，坚实稳妥经营。

（3）坚持节俭、灵活、计算的西鹤商法。

（4）警诫独断专行，坚持共同商议的原则。

（5）坚持终身雇用、年功序列的家族主义经营。

（6）坚持先义后利、利己利人，满足顾客。

（7）警诫投机与一招决胜负，坚持专心于本业。

（前川洋一郎，2017：126）

即便在今天看来，这些家训也具有重要的社会价值。坚守的原则既有社会共同体意识、强烈的对商业贪欲和投机行为的警诫、对社会和利益相关者的高度关注（如先义后利、利己利人以及对员工的长期关爱），也包含对本业的专注和奉行节俭原则。这在今天看来可能显得有些保守，但对于长寿经营的目标来看，无疑是最重要的原则。这里，有意义的是第4条"警诫独断专行，坚持共同商议的原则"，似乎超越了我们一般所理解的"家族主义"，尤其是中国的"家长式领导"，日本近世较早将民主的决策管理带入百年老店是令人惊讶的。由此也看出，日本百年老店并非传统式的经验主义和权威控制，其道德和权威治理同时具有相当程度的现代公司民主和员工参与的历史基因。

三　百年老店：作为传统和地区嵌入的组织

我们一般将企业的长寿与单个企业的传统与文化关联起来，但很少考虑一个地区的文化影响。如果我们比较日本与其他国家的长寿企业数量和比例，就不难看到，日本既不是商业文化传统最为悠久的国家，也不是商业在历史与现代最为发达的国家，但在长寿企业的绝对数量和相对比例上却具有绝对的领先地位（后藤俊夫，2018）。令人困惑的问题是，为什么日本产生了如此之多的长寿企业？这恐怕是单个企业自身的特征难以解释的，这应该与区域的制度文化和精神特质有着密切的关系。我们对日本老铺企业的调研也指引着我们考察地区文化与长寿企业之间的关联。实际上，历史上形成的商人的重要价值体系不是个体的选择，更多的是地区制度文化之下的规范性行为和集体性约束的结果，即便没有政治权力直接来管制商家，商人共同体也以各种形式形成自我约束和规范来寻求商业的社会正当性和社会地位。也就是说，只有遵循这样的商道或原则，才可能获得政治和社会的认可，并在其经营中获得长期的利益或回报。可以理解为，社会的价值体系是培植商业基因的土壤，日本的长寿企业得益于这一社会价值体系，同时长寿企业本身也是这一价值体系的贡献者和强化者，这一制度逻辑大概可以解释日本长寿企业的文化独特性存在的事实。实际上，长寿企业基本上都是在特定地区环境和资源禀赋之下成长起来的，并深深扎根于地区的传统和文化。一方面，基于地区特定的资源要素环境，并形成马歇尔意义上的"地方性工业"①，即在一个地区形成特定产品或服务的产业链，长期稳定的供应商和客户，产业知识和文化在地区之间扩散，并在一代代人之间传承和发扬，同时在该地区形成了众多的同业厂商和行会组织，熟练的个人和工匠不断继承传统，师傅带徒弟的方式在历史上延续技艺和传统。关于"地方性工业"的形成与熟练工人劳动力市场和产业传统之间的关系、创业秘密和知识的传播、新思想的形成以及周围地区产业配套的建立，马歇尔有一段精彩的论述：

---

①　马歇尔（《经济学原理》，1991：280、281～282）将"地方性工业"定义为："在早期文明阶段中，各地对于它所消费的笨重货品的大部分，必须依靠它自己的资源……许多不同的原因引起了工业的地区分布，但主要原因是自然条件，如气候和土壤的性质、附近地方的矿山和石坑或是水陆交通的便利。"

当一种工业已这样选择了自己的地方时，它是会长久设在那里的，因此，从事同样的需要行业技能的人，从邻近的地方互相得到的利益是最大的。行业的秘密不再成为秘密，而似乎是公开的了，孩子们不知不觉地也学到许多秘密。优良的工作受到正确地赏识，机械上以及制造方法、企业一般组织上的发明和改良之成绩，得到迅速研究：如果一个人有了一种新的思想，就为别人所采纳，并与别人的意见结合起来，因此，它就成为更新思想之源泉。不久，辅助的行业就在附近的地方产生了，供给上述工业以工具和原料，为它组织运输，而在许多方面有助于它的原料的经济。（马歇尔，1991：284）

这就是所谓"产业区的聚集效应"或外部性效应，在这一动态发展的过程中，企业不断与地区、传统和文化深深嵌在一起，形成一个产业传承与发展的体系。而一个个企业在特定区域内比邻而居，形成市场和地区品牌，这些企业之间既有竞争，也有相互合作和分工。企业因参与和贡献于地区的发展而影响扩大，并通过捐赠等方式支持地区的教育、医疗、宗教文化和市镇建设等，既回报了社会，同时也使企业获得了声誉。这一产业聚集的组织形式在现代尽管受到市场全球化、物流和信息等技术发展的影响而有所改变（产业聚集一定意义上超出了特定地区的地理限制），但地区的嵌入无论在产业链还是在创业生态系统的意义上仍然都是重要的。

日本社会相对稳定，天皇制度保持一千多年不变，也基本上没有受到外来入侵和战争的破坏。因此在这一相对稳定的环境下，日本的百年老店可以专注于产业的继承和发展，并与地区经济社会紧密地嵌在一起。相比之下，中国历史上则有着更多不稳定性因素（政治和战争等），还有人口的多次大范围迁徙流动，导致商业活动不时地被中断和破坏，不难理解，相对于日本，中国缺乏一个百年老店长期发展生存的根基，与地区、传统产业链以及文化之间的相互嵌入更容易被历史上的各种不稳定性因素所干扰或破坏。因此，大量日本老铺企业存在的事实，一定意义上说明了政治和社会环境的稳定性对于商业活动和企业长期经营发展的重要性。而这种长期嵌入传统和地区中的老店，也就能较长时间维系经营的价值观和使命，日本企业所谓独特的价值体系和商业精神其实就是地区和传统嵌入的一种表现形式。

第四章
日本百年老店调研

一 案例调研与研究问题

2016～2017 年，我们先后对日本 20 多家老铺企业进行了访谈。在这之前，我们作为中山大学中国家族企业研究中心的研究人员和学生，① 对日本老铺企业产生了浓厚的兴趣。2015～2016 年，日本北九州市立大学产业界教授古田茂美来到中山大学中国家族企业研究中心访学。她曾在香港贸发局任职多年，对中国和日本的企业都很熟悉且联系较多，并讲授关于中国管理思想课程。她来到中心之后通过多次交流，激发了我多年来对日本企业经营秘诀的研究兴趣。近年来有不少学者到日本走访，也有一些在日本学习的学者向中国介绍日本老铺企业，但所介绍的故事或分析文章大多比较简单和零散，让人难以一窥究竟。加上近年来中国消费者在日本观光旅游时购买家电

① 第一次去日本调研的时间是 2016 年 10 月 30 日至 11 月 5 日，由李新春教授带队，成员有中山大学中国家族企业研究中心的朱沆教授、刘光友副教授以及博士生叶文平。日本调研企业的协调和安排由日本北九州市立大学工商管理研究院王效平教授（时任院长）和古田茂美教授负责。具体访问调查的企业有安川电机、香兰社、塚喜集团、宇佐美松鹤堂、京山城屋、松荣堂、半兵衛麸、怀德堂等。第二次调研的时间是 2017 年 7 月 17 日至 8 月 5 日，同样由李新春教授带队，成员基本一致，但此次博士生邹立凯和中心助理张琳参加调研，调研地区主要集中在京都、奈良和大阪。调研的企业有月桂冠、美浓吉、福寿园、大同生命、岛津制作所、川岛织物、泡泡玉、香雪轩、古梅园、石藏酒造等。

厨具、化妆品、日常药品等各种产品。这种消费崇拜有盲目的成分，但不容忽视的是，消费者的购买行为显然是对日本产品、服务及其背后的产业精神的肯定。这无疑更促使我国企业去深入了解和学习日本制造，对于学者来说更是值得深思和研究的问题。

如何理解日本这些有着上百年历史的老铺企业？过去有太多走马观花式的走访和报道，中国人似乎乐于听故事，但很少有人认真深入这些企业内部。显然有人会说，去一家企业待上几天，就能深入了解其情况吗？的确，语言和文化的障碍可能是我们理解日本企业精神和经营管理的最大障碍，但如果不能走进日本企业开展深入观察和研究，就很难把握日本制造尤其是传统与创新在其中的意义，因为涉及有着漫长历史的老铺企业，我们就同时还需要对日本的政治、经济、社会甚至历史和文化等有一定的理解，否则就无从理解这些有数百年历史的老铺企业。这是我们在访谈前的基本认知。

为了尽可能消除这一障碍，我们组织团队一起阅读日本史以及文化、制度、宗教等方面的著述。① 我们此次调研的出发点是基于这样的一个想法，即对日本企业的理解不能仅仅停留在考察企业的时代、产品或服务、家族传承等方面，还希望对其文化和历史传统实现一定程度上的观察和认知，并由此开拓商学院案例研究的一种新的视野，那就是在对他国或地区的企业案例进行观察分析时，我们时刻应该牢记——这是具有不同制度文化和精神气质的组织，因此在理解其经营管理的实践之前，需要对嵌入其中的文化制度情境给予充分的重视和认知，否则偏见和误读就难以避免。

尽管我们是为了案例研究进行的调研，但我们并不期望仅给大家呈现

---

① 我们阅读的主要是中文翻译作品，遗憾的是我们之中只有个别人会日语。但可喜的是，我们的研究团队不仅包括多年研究中国或华人家族企业的学者，而且包括北九州市立大学的王效平教授和古田茂美教授，还与在中山大学任教多年的滨下武治教授一直保持交流沟通，也包括香港中文大学文化研究所官文娜教授，她是研究日本文化人类学的学者，对日本的家族文化、茶道等有着深入的研究，她的博士论文系统地研究了日本家族的概念和内涵及其衍变，这是研究日本家族企业的人类文化学基础，对我们研究长寿老铺企业同样具有重要的意义。

一个个孤立的案例事实，而是希望通过对一些具体案例的深度调研访谈、对史料和其他文献的阅读学习以及对于特定时期和产业、地区发展历史的理解，来充实我们对于案例的情境性认识。只有如此，我们才可能真正把握住这些企业生动的、丰富的历史事实和意义。而整个调研的方向也会在我们对于案例和情境以及日本制度文化的不断深化理解后得以聚焦和清晰化。我们调研最初是因为一些好奇和困惑，如：为什么日本产生了如此之多的长寿企业？日本的老铺企业长寿的基因何在？而随着调研的深入，我们更关注的问题是，日本的制度文化中哪些独特性因素培育了如此之多的长寿企业？这些长寿企业克服了哪些诱惑、困难和障碍才能持续生存？在复杂多变的，跨时代、代际传承数代到数十代的历程中，企业如何将传统与创新融合起来从而实现了永续经营？这无疑是我们理解日本家族企业的一次知识学习之旅。

2016 年 10 月，我们组织 6 人团队对东京、北九州等地的 10 多家老铺企业进行调研，当时的调研主要涉及以下问题：①家族文化、传承与治理；②专注还是多元化、国际化；③传统与创新。除调研企业外，我们还组织了一次有 10 多家企业参与的座谈。这次访谈时间较短，属于较为表面化的探索式调研，主要是理解日本老铺企业的现状、发展历程、结构和问题。这之后，我们设计了老铺企业的调研问卷，在日本帝国数据银行（TDB）[①] 和京都商会推动下做了两轮调研，并对京都府回收的 130 多家企业的有效问卷进行了前期统计分析，这为 2017 年的第二次访谈奠定了基础。

在第一次访谈的基础上，2017 年 7 月 17 日至 8 月 3 日的访谈是一次目标更为具体、深入的扎根式调研，主要问题聚焦到日本老铺企业的传统与创新，这也是本书的主题。围绕这一问题，具体深化到几个方面：①家族文化、传承与道德精神；②家族企业传统：技艺、技能与文化传统；③地区嵌入与竞争优势；④家族企业创新：产品、服务和文化、组织创

---

① 日本帝国数据银行 100 年前作为较早建立的私人征信机构，先后对私人征信、企业征信做出了历史性贡献，它本身作为百年老店也见证了日本老铺企业的成长历程。目前，它对老铺企业的征信统计涉及百年以上的老铺企业有近 3 万家（2017 年的数据）。

新；⑤未来挑战与发展。而调研企业的选择以两个地区为主：一是京都地区，包括京都、大阪和奈良，古田茂美教授与京都政府、商会等都给予了大力支持；二是北九州市立大学王效平教授选择的几家具有特色的老铺企业。样本的选择标准如下：第一，企业年限在百年以上，同时有不同年代的样本，如有 300 年以上的，也有近 200 年以及 100 多年的企业；第二，行业分布，需要来自不同行业包括传统制造业、服务业以及现代制造业的样本，既有如传统的制笔、制墨、清酒和酱油酿造企业，也有如美浓吉这样的服务企业，还有如岛津和泡泡玉这样具有现代气息的老铺企业（岛津是以科技发明为基础的，而泡泡玉则从传统的化工合成肥皂制造商转化为纯天然无添加的肥皂制造商）；第三，企业规模相差较大，有家族作坊式的中小企业（如香雪轩），也有大型企业如岛津、龟甲万和月桂冠等。

尽管这次的调研主要是针对日本的老铺企业，但同时也包含了与此相关的对商会、商人学馆、征信机构以及政府机构等的调研，如京都、大阪、东京、奈良、北九州等的老铺企业商会，京都市政府，立命馆大学、京都大学、北九州大学等。日本帝国数据银行等给予了我们很大支持和帮助，并接受我们的调研和访问。此外，我们还专门访谈了有着历史传统的商人学馆如明诚舍、大阪大学的怀德堂研究中心，这极大地补充了我们对企业调研的不足，让我们更为全面地认识了解了日本老铺企业和企业家的传统和文化精神。调研显然不限于对企业的访谈，在日本接触的方方面面无疑都增进了我们对日本企业历史和文化、产业精神等的理解。①

---

① 比如，京都府为我们的调研提供了很大的支持和帮助，并且，每天安排一位课长来我们入住的酒店，看我们调研是否顺利，或询问是否需要帮助。他每天带着一位助理过来，穿着西服打着领带，无论是工作日还是周末，他都早晨 7 点准时坐在酒店大堂等我们，认真地就计划和材料一项项地与我们沟通。而他的助理们是京都中日友好大使的学生，从中国大陆或台湾过来，会陪同我们去调研，并做一些助理工作。日本人的细致认真令我们赞叹，而这些就是文化和精神的一部分。同时，我们在京都访问期间，正好赶上京都的祇园祭，在花车所经过的地方，夜晚的街道上会有一些商人将自己家族的传家宝或是珍贵的字画或是一些古董在临街的带有玻璃门的房间展示出来，供游客品赏。而周末我们游览了大荷稻神神庙，每个捐建的门上都刻着捐助企业的名字和祝愿。

二 理解地区的历史文化

这是一个对案例写作的新尝试，对于国外的案例，期望中国的读者对当地的制度文化有一个基本的了解，否则可能会从我们自己的立场来判断，很容易产生误读和偏见。我们这次走访的地区相对比较集中，主要是在日本关西地区的京都，也与周边的大阪、奈良有关。近代尤其是幕府时代以来，商业中心城市不外乎京都、大阪以及后来迅速崛起的江户城（即今天的东京）。京都则是有着上千年历史的京城，最初完全效仿大唐长安城的设计，建筑和道路围绕着皇宫御所以及后来的将军（幕府）二条城而不断延伸开来，按照皇族、将军、贵族、武士、商人居住工作的场所结构依次展开。其城市至今仍保持着古貌，一时让人有重回长安的感觉。

对于日本近代工业文明发展的历史，一般只会关注明治维新以来日本向西方学习和创新的历程。尽管其中相当重要的新的制度文化来自这个时期的开放和发展，但如果要追溯日本的传统文化和价值基础，或者要认识为何向西方学习的日本，却有着几乎完全不同的表现，都必须回到更早时期，尤其是长达300多年的幕府时期，这是日本一段和平和自我图强的历史，日本近代的城市、工商业以及文化传统的形成基本上都有这一时期的烙印。不少历史学家将日本近代从传统农村经济向城市经济的转型开端界定为幕府时期，是不无道理的。① 以下我们引用麦克莱恩的研究结论做一个简要的介绍。

德川幕府时期是将军执政经历从鼎盛到衰退的时期，从1603年皇室任命德川家康为将军，并将世俗政权委托给其家族，到1868年德川幕府最后一位将军退位，两个半世纪内是日本从古代社会转向近代社会的过

---

① 如麦克莱恩（《日本史（1600～2000）》，2014：40～106）就专门讨论了日本幕府时期以来的"城市、商业和生活方式"，内容生动丰富，可供参照。

程。按照麦克莱恩的报告，"在两个半世纪的时间里，农产品产量翻了几番，数百个城市在乡村崛起，新的社会阶层逐渐形成，商业兴旺发达，日本人民开始享受世界上最高水平的生活"（麦克莱恩，2014：10～11）。从16世纪末到17世纪初的较短时间内，日本出现了许多城堡小镇和商业城市。"如今日本的大城市中，几乎有一半在1580～1610年就作为城堡小镇存在"（麦克莱恩，2014：48～49），这些小镇大多是围绕着大名及其武士家臣还有寺庙等而建，因此成为商人和手工业者的聚居地。而京都、大阪和江户则是全国性居于顶端的大城市，京都更是皇室贵族聚居地和历史文化重镇。"一份1685年的人口登记文件反映了京都居民的多样性和富裕程度。除了内科和儿科医师、牙医、诗人、作家，以及茶道、插花和能剧表演的大师们之外，文件还罗列了数百家商店，其店主因为制作和销售精美的丝绸、瓷器、折扇、书写纸以及家用佛教祭坛的支架而享誉国内。截止到登记完毕的那天，京都的总人口超过了30万人，其中许多人靠在日本各地制造和出售高质量的手工艺品谋生。"（麦克莱恩，2014：49）这给出了一幅活生生的日本商业城市崛起的图景，而被麦克莱恩称为"城市革命"。

而作为幕府所在地的江户城则更是日本近代商业发展的奇迹。日本封建社会到这个时期达到了顶峰。当时以将军大名为核心，服务于其家族的旗本和御家人被称为直参，江户城大约2万个直参家庭雇用了随从和仆人，再加上1630年代固定化下来的参觐交代制度（大名需要定期到幕府之都江户城来述职，并将其部分家庭成员和随从留在江户），这使得江户城迅速成为政治和商业中心。"截至18世纪20年代，居住在江户的手工业者、商人和武士一样多，总人口远远超过100万。江户成为世界上最大的城市"（麦克莱恩，2014：51）。

从上文的简要回顾不难得到以下基本认知。

（1）日本近世以来的政治结构直接和间接刺激了商业和市场的发展，与封建政治的皇族、将军、大名、直参等系统相联系，还包括寺院和为其提供服务的商人、工匠，并围绕着城堡形成商业化城镇。数百年时间的稳定与和平为商业发展创造了良好的环境。因此，日本的商业传统和文化经历了相当长时间的稳定发展，对其传承发展和保护都起到了积极的作用。

（2）日本的近代化可以追溯到幕府时期，尽管这段闭国时期阻碍了与西方文化的交流，但也使得其独特的商业文化和道德体系得以稳定发展，而较少受到西方的影响。正因为如此，才使日本商业精神成为独立于西方的存在，形成具有鲜明特征的商业文明。直到今天，日本仍可以在中西文化融合下不断反省和寻找自我。这与日本独特的儒教、佛教和神道教融合的文化传统紧密相连。相比之下，中国因为在近代没有形成强有力的商业精神和文明，在被西方列强打开市场之后，商业很容易被西方所同化，难以形成独特的商业精神和文化内核。

（3）日本具有强烈共同体和集体意识，传统上是对封建领主、大名或幕府、直参的忠诚，血缘社会则是虚拟化的，很早就超越了血缘男系家族宗主制度，这大概是与中国最大的区别。这一虚拟的家族、对领主的忠诚，以及对封国、所在村镇和城市的"宗族"感（或许与西方还是不同的，其中重要的区别在于不是政治参与，而是如同家族成员一样地尽心尽责），使得日本的商业社会很容易达成共识，并在道德上为社会尽责。

（4）商人服务于社会的道德大概在日本是最为强烈和持久的，这不仅源自长期固守其士农工商的职业，还来自在近似于宗教的在职修行伦理的不断强化。同时，维系这一道德的是商业共同体，并且受到武士道精神和禅宗文化的深刻影响，还有近世以来朱子学和阳明心学在商业领域的影响。这种文化的自觉遵守至今仍然是有现实意义的，它没有随着西方金钱至上文化的冲击而消亡就是一个奇迹。

三 日本老铺企业的一般性情况及本书案例的选择

日本的老铺企业有29818家（日本帝国数据银行2016年的统计），其中大多是小微企业，雇用不超过 30 人，有些甚至是只有两个人的夫妻店（个人营业的占有 11.8%）。按照资本金计算，低于 5000 万日元①资本金的企业占比 88.2%（见图 4-1）。但不可忽视的是，其中也有着规模庞大的跨国企业。就创业历史来看，有上千年的企业、有数百年或刚满一百年的企业，年龄分布为：100～200 年的企业占 95.6%、200～300 年的企业占 2.2%、300 年以上的企业占 2.2%。从行业分布来说，尽管传统的餐饮酒店等服务业居多，但也几乎涉及所有的产业领域包括高新技术产业。因此可以说，老铺企业的范围很广，涵括了不同规模、行业、技术含量和不同历史时期创业的企业，而我们的调研只能是以管窥豹。我们通过与日本帝国数据银行合作的问卷调研获取老铺企业面上情况的数据，以此分析日本老铺企业的一般性状况，尤其关注在传统与创新、国际化战略方面的认知、价值观、战略理念、战略行为和绩效，有关的问卷及调研分析结果见第十四章。

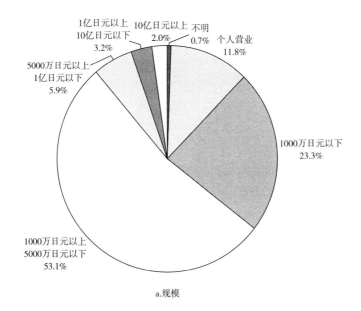

a.规模

———————————

① 2016 年 7 月 14 日银行间外汇市场人民币汇率中间价为：1 日元对人民币 0.0661 元，100 日元对人民币 6.61 元。按此计算，5000 万日元为人民币 330.5 万元。

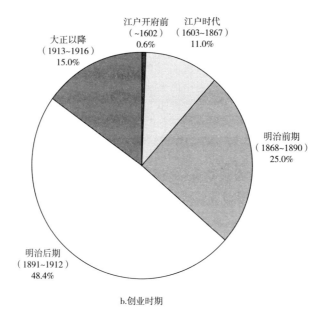

b.创业时期

图 4-1   日本老铺企业（百年以上）的分布：规模与创业时期

资料来源：日本帝国数据银行（2017 年）。

我们对老铺企业调研的案例选择有一定的代表性。一是我们有计划地选取企业规模、行业和创业时间不同并具有一定代表性的企业；二是我们与地方政府、商会或学校合作，如京都市政府、老铺企业商会、北九州大学、东京老铺企业商会等，由他们推荐一些适合的企业；三是考虑企业接受调研的方便性。在此前提之下，我们两次调研走访了近 20 家老铺企业，不少企业是多次（两至四次）访谈，并在之前对企业的有关资料进行收集整理和学习，于调研后的 24 小时之内整理出所有调研访谈的录音、录像等材料，以防止遗忘。调研结束后，我们将带回来的调研企业史料翻译成中文，分头写作调研企业事实性报告（主要是企业的历史、经营和组织、传承、治理以及文化等事实性整理）。

本书给出了调研的七家老铺企业的案例，选择这七家企业的主旨是本书关注的重点问题——长寿企业的传统与创新。这七家企业分属不同的创业时期，有的有 300 年以上的历史，有的刚超过百年；规模上有很小的古梅园，也有较大的跨国企业如月桂冠；既有传统制造业，如酿酒、制茶、制墨、纺织，也有典型的服务性企业，如日本料理，同时还考虑了现代技术创新导向的企业岛津制作所。期望通过对不同规模、创业时期和行业以及技术含量的老铺企业的展示和分析，呈现出日本老铺企业在传统与创新的融合和偏重上的丰富性，以及不同战略和价值理念下企业在数百年发展中的组织和文化演进及发展。因为这些案例的不同性质和形式，我们很难用一个一致性的或标准的框架来写作和分析每个案例，而是根据每个案例企业的特征和发展历史进行分析和提炼。但这一定只是作者基于自我认知的，有一定局限性，并非为了给出一个大家普遍接受的结论，而是期望从中展现出这些案例丰富的管理学和历史文化内涵，若能激发读者的思考，就已经超出作者的期盼了。日本老铺企业无疑是十分难得的历史与现代融合发展的案例宝库，为我们今天的管理和创新提供了无价的历史性经验，值得我们认真去思考和研究。

第五章
月桂冠：从传统走向现代

一　月桂冠：案例背景与研究意义

月桂冠是日本清酒业的翘楚，于 1637 年创业，至今传承到第 14 代，已有超过 380 年的历史。这间老铺最初艰难的创业历程既是日本伏见地区酿酒商的缩影，也是创业者大仓家族创业精神的体现。在明治之后，月桂冠从一个地方性的小酿酒商迅速成长为品质、规模和品牌有重要影响的清酒酿造商，并扩张到国际市场，将清酒推向世界。一个有着 300 多年历史的传统酿酒商如何在近代转型为现代跨国企业？这一切都与月桂冠的创新和科学管理有关。即便在现代转变为股份公司，家族仍然作为控制人和直接经营者将传统和创新结合起来，使得月桂冠成为一个具有现代意义的传统企业。我们在这一过程中看到日本老铺企业的学习和创新精神，坚守传统和文化传承的责任和担当，家族中一代代传承人对于清酒酿造和售卖事业执着坚守，同时将日本清酒推向世界，月桂冠成为日本文化的一个传播者。

一个地区的酿酒业是其历史和文化沉淀最为典型的代表，一般来说，百年老店正是与这些传统共存亡的。但传统在不同时期会随着环境变化而受到不同程度的影响，企业也如此。酿酒业是一个具有深厚传统而又随着环境变化而调整的行业，因为人们的生活习惯、偏好或时尚会改变，而新的产品或服务带来的竞争会使得行业发生改变。日本清酒行业在现代如何发展，同时也是传统的延续和创新问题。月桂冠是其中一个具有代表意义的老铺企业，在现代不断创新和扩大规模，并走向国际化，它的发展历程对我们产生了巨大的吸引力。一个家族经营了数百年的传统企业是如何走向现代化和国际化的？传统的继承和现代的创新、国际化之间是如何契合在一起的？其中，日本的商业精神和文化优势是如何发挥作用的？带着这些问题，我们走访了这家老铺企业。

月桂冠的重要发展历程如下。

1637 年（宽永 14 年）初代大仓治右卫门，从笠置的小村落（现在的京都府相乐郡笠置町）到伏见开始涉足酒造业，店名"笠置屋"，酒名"玉之泉"。

1868 年（庆应 4 年）鸟羽伏见一战大仓家本宅·酒窖免于灾害。

1901 年（明治 34 年）开始向夏威夷檀香山输出清酒。

1905 年（明治 38 年）以酒名"月桂冠"登记注册商标。

1909 年（明治 42 年）"大仓酒造研究所"创建（现在的月桂冠综合研究所）。

1911 年（明治 44 年）开业界之先，不使用防腐剂的瓶装清酒开始贩卖。

1961 年（昭和 36 年）日本最初的四季酿酒酒窖"大手藏"设立（现在的 1 号酒窖）。

1987 年（昭和 62 年）公司名从"大仓酒造株式会社"更名为"月桂冠株式会社"。

2012 年 1 月，在京都同志社大学举行了一次重要的研讨会，主题是"探寻日本企业的长寿秘诀——老铺大国日本的事业承袭"，邀请了京都老铺企业的三位掌门人，其中就包括月桂冠当时的总经理大仓治彦。他对月桂冠的简单介绍是——

　　月桂冠成立于 1637 年（宽永 14 年）德川三代将军家光时期。最初在伏见开始创业，直至现在本社也安置在那里。"月桂冠"这个名字想必大家都是比较熟悉的，但是它成为日本数一数二的大企业却是最近的事情。江户时代，它一直都作为伏见的一个小小的地方酒商经营着。今天，要说是危机或是转机，我想那就是月桂冠在江户时代接连不断的危险环境中仍能存续下来这一点了。据记载，1657 年，伏见的酒造厂家有 80 家之多，但是，到 100 年后的 1786 年只剩 30 余家。

　　酿酒业面临很多的生存危机，大仓治彦指出至少三种危机可能使其倒闭，这大概也就是从侧面说明其长寿的不易吧：一是酿造常需用火，由此很容易引发火灾，这使企业有严格的管理制度；二是酒很容易变质腐坏，因此，技术和品质问题成为企业生存发展的关键；三是外部原因，由于稻米歉收或其他经济原因导致对酿造的限制而被迫关闭。其实在漫长的岁月中，长寿企业需要的就是渡过一次次的危机。而月桂冠从江户时代伏见地区的小酒商到明治时期一跃成为伏见乃至日本的酿酒业之翘楚，则和其创新与国际化战略有关，也与家族历代传承下来的传统和文化精神密不可分。本案例正是期望探讨这一生存和发展的秘密。

　　公司在创立 360 年时出版了第一本公司史记《月桂冠三百六十年》，这是由多个大学教授通过专业性的资料收集和整理而成的。当时的第 12 代掌门人大仓治彦（董事长）在"前言"中致辞，向编著此书的作者表示感谢，他们是：同志社大学名誉教授安冈重明、教授岩下正弘、原教授斋藤尚久、教授藤田贞一郎，大阪学院大学教授濑冈诚、同志社大学教授石川健次郎、京都学园大学教授上川芳实、和歌山大学教授上村雅洋、阪南大学副教授千本晓子。显然，这不是一部企业功成名就之后的宣传册，不是捧场颂扬之作，而是这些在清酒酿造业有专业和历史知识的教授花费较长时间呈现出的一部历史，因此也可以看成是清酒酿造的一部重要商业史。大仓治彦对编辑这本公司史记的初衷是这样表述的——

> 本公司以平成 9 年——喜迎创业三百六十年之际为契机,制定了新的基本理念,强化了适应 21 世纪的组织结构,树立了朝新的发展前进的目标。近来,我们酿造业界所处的大环境正在经历超乎预想的变革,极其严苛的产业重组行动刻不容缓。
>
> 在此背景下,此次谨发行《月桂冠三百六十年》一书。本书就月桂冠由始至今为人所知的历程及志向,兼日本酒历史的变迁概观……(《月桂冠三百六十年》前言)

这之前则只有第 11 代掌门人大仓恒吉的《大仓恒吉手记》,那其实是他的回忆录,较翔实地记载了他传承家业和经营的几十年间公司的发展历程。同时,公司在 1909 年设立的月桂冠大仓纪念馆是关于公司历史和酿酒业发展的一个重要档案库和展览馆,向社会公众开放,成为伏见地区一个重要的参观景点。纪念馆无疑是一部看得见的、鲜活的清酒酿造历史,展现出完整的清酒酿造工艺流程和传统,公司几百年来几乎所有的技艺改进、产品创新、贩卖方式的变革以及匠人的传统等,都可以从中找到,让人印象深刻。日本老铺企业既是传统产品及服务的历史传承者,也是传统产业和文化的传播者,承担着传承和发扬传统的社会责任。后来我们看到,不少老铺企业都设立了这样的创业纪念馆或展览馆,以纪念和传承传统与文化。日本社会和企业对传统文化的保存做出了许多努力,企业是重要的传统产业和工艺的守护者,从这些史料整理、纪念馆建立并对外开放等举措中可略见一斑。下面我们基于这些史料以及访谈调研等来揭示月桂冠 300 多年创业发展的历程。

二 地区文化、资源与清酒酿造

清酒是日本的传统酿造酒,色泽清亮,芳香怡人,绵柔爽口。其酿造历史悠久，甚至可追溯至公元 1~2 世纪。人们普遍认为，开始酿酒的目的是敬神，如作为神道的典礼和节日之用，后来拓展到贵族享用，再逐渐向平民阶层扩展。酿酒具有浓郁的地域特色，因为每个地区的气候、出产的稻米和水以及在酿造工艺上的差异会形成不同的特色和文化。日本清酒在地域上就存在明显的风格差异，著名的产地有中神户与西宫，号称日本的第一酒乡，世称"滩五乡"。排在"滩五乡"之后的便是京都的伏见地区。今天的大致状况是，伏见和滩五乡占全国出货量的四成，关西地区占全国出货量的五成。著名的清酒企业有神户的白鹤、宝酒造、菊正宗，西宫的日本盛、大关，京都的月桂冠、黄樱等。

伏见是日本近世以来主要的历史名城，现在则与京都连为一体。文禄元年（1592），丰臣秀吉在此处修建居所，伏见逐渐成为政治中心，城邑、河港口、酒店以及村镇迅速发展，商业兴盛。据传，公元 1400 年左右，这里的酿酒业十分发达，有近 400 家酿酒店铺。依靠便利的交通运来优质的大米，辅之以"名水产名酒"——质地清软的伏水（铁、锰含量极低），酿出香醇淡雅的清酒。19 世纪，伏见清酒风行全国。伏见城在德川幕府时期及明治维新时期快速发展，而京都更是上千年的古都，商业发达、人口众多，长期的和平与繁荣为酿酒业创造了极佳的条件和市场。

月桂冠的前身"笠置屋"创立于 1637 年，当时日本已进入江户时代。一方面，城镇经济迅速崛起，以江户、大阪、京都为中心聚集了幕府、大名、直参和大量的贵族、武士，城镇商业发达，对酿酒业的需求很大，但同时又面临着幕府对米业的控制。酿酒业是日本的传统产业，但因为对米和酿造的限制、赋税等，酒还属于奢侈品，因此对酿酒的品质要求很高，来自不同地区、品质各异的清酒输往江户、京都、大阪，市场竞争激烈。在大米丰收的年份酿酒基本上是自由的，但在灾荒等年份则受到限制，有时会限制到原来酿酒量的 1/4 或更低（甚至达到 1/16 或 1/32）。幕府对酿酒商实行的是酿酒股的限制，其酿造和贩卖的规模限定在酿酒股的要求范围之内。同时也限制农村的农户自由酿造，1642 年起，幕府就限制了在其领地内的农村酿酒，从而只有在城镇有酒股酿造权（许可）的酒商在限制范围内进行酿造和贩卖。

有意思的是，这时期的酿造业呈现出明显的地区聚集特征，产业聚集在酿造资源较丰富和有酿造传统且接近消费人口集中的地区，如大阪、京都等，抑或是靠近大米产地和酿造特殊用水以及运输方便的地区，如大阪就成为向江户输送酒的重要产地和贩卖地。另外，这一时期酿造业的竞争主要不是单个酿造商之间的竞争，而是地区之间的竞争，如滩地、神户、大阪的酿酒商之间的竞争，涉及其中各具地方特色的工艺技术的竞争。当时的所谓"创新"很少是单个企业的诀窍，而更多的是在一个地区广泛传播和使用的公共知识，是酿造商地区集群共同的创新和工艺改进，通过相互学习和竞争而不断发展。《月桂冠三百六十年》中的一段记载大致反映了这一创新和竞争的状态——

> 江户中期起，滩地、西宫蓬勃发展。江户后期的天保 11 年（1840）在六甲山系发现了涌出的伏流水"宫水"。西宫西方广阔的滩地的伏流水质量很高。另外，利用六甲山系激流工作的水车被用于菜籽油的压榨，也用于米的精碾。在此之前使用的脚踏碾米一天一架车有能力制造六石左右的精米，但一架水车的碾压槽一天则可以制造四斗精米，一架水车具备四十个碾槽，一天可以生产出十六石的精米。脚踏最多可达到零点八成左右的精白度，经水车加工则可以达到一成五到二成五的程度。自此之后酿酒的精米无论是质还是量都取得了飞跃的提升，酒的质量也大大地提高了。(月桂冠三百六十年》第 11 页)

而滩地出产的"宫水"以及激流可采用水车碾米则是其他地区所难以实现的材料和工艺的改进。而后来伏见地区的"软水"以及河口码头运输的便利等条件，也同样为该地区酿造创造了"地区"竞争优势，这是其他地区无法模仿的独特优势。而伏见地区因为毗邻京都这座历史悠久的、幕府所在城市，更是有着得天独厚的条件。在当时以经验和传统为基础的酿造时代，相互之间的学习和借鉴可能是主要的，工艺传统基本上是一个公开的秘密，而不是某一家族所保有的所谓酿造诀窍。酿造商很重要的就是如何用心用好这些工艺。酿造师可能拥有家族酿造的传统诀窍，但也并非只能在某一家酿造商工作，酿造师和酿造商的关系是合作关系。而一个地区酿造的酒的特色则主要还在于其特定的资源（如水和米）以及加工工艺的差异，这似乎脱离了一家一户的商人之间为保守工艺诀窍而进行的"勾心斗角"，由此养成了日本清酒酿造商之间一种良好的竞争生态——相互之间的合作、扶持和工艺的共享，相互之间兼并和打压的现象很少看到，这可能是该地区竞争合作背景下形成的结果。

关于百年老店与所在地区之间的关系是一个很值得探讨的问题，日本大量的老铺企业集中在一些历史悠久、传统深厚的城镇，尤其是一些商业和政治中心城市如京都、大阪、东京（江户）以及一些古老的城镇如奈良、神户等。2012 年在同志社大学组织的关于"探寻日本企业的长寿秘诀"研讨会上，大仓治一谈道——

我们月桂冠是伏见的酿酒厂，原本并不是京都的企业。伏见区是在昭和初年并入京都的，之前都属于别的县，严格意义上，以 300～400 年为单位来看的话，我们并不算是京都的百年老店。但是，最近和京都百年老店的经营者或者京都大企业的社长们接触比较频繁，我也有了一点发现，和其他的城市不同，京都的人在看事物时习惯用长远的眼光看，不管是经营者还是普通的百姓。……我想京都人从中懂得了比起得到短期的利益，谦虚、坚实地工作才更值得学习。

我想到的第二点是消费者的眼光是非常挑剔的，如果能满足京都的消费者的话，那么去京都以外的任何城市，都可以放心，没问题的。以陶瓷品为例，伊万里烧、备前烧或者濑户物之类有名的陶瓷品产地，大体都是出产优质土壤之所在地。但是，只有出产清水烧的京都，并不是出产优质土壤之所在地。京都是一个消费大城市，并且有很多人眼光锐利。身边总是有眼光挑剔的顾客，企业在这里得到了锻炼，生产了在日本任何地方都能通用的非常棒的陶瓷品。

还有，与京都的经营者打交道后发现京都特有的人际关系，就是同行之间，即使是竞争对手关系也非常好。互相交换情报，什么话题都能轻松地交谈。……如果不考虑品质或是价格，只是因为是朋友就合作的话，是绝对不会长久的。只是生意不长久还不要紧，因为那种原因，连朋友都做不了的情况经常发生，所以我想他们都铭记在心了。所以像那样关系再好，也不做生意的独特的交往方法，对于京都的经营者们来说是非常有利的。（报告第 139～140 页）

月桂冠在毗邻京都的伏见地区创业发展三百多年，大概也深深地濡染了京都的文化和精神——一种贵族气质和文化：做人做事眼光长远，在挑剔和有品位的顾客需求中陶冶产品服务和产业精神，同时同行之间保持着一种互敬互助的友好关系，而不相互串谋苟且。这确实是难得的一种商业文化，即便相对于日本其他地区来说，也是一种难能可贵的地区文化。大概正是这些地区的独特商业文化传统使得京都保存了日本最多的百年老店，这可能是百年老店长寿基因中不可忽视的重要因素。

三　月桂冠：一个历史传说的形成

据留存下来的《大仓家系谱图》介绍，大仓家族是一个武士出身的家族，第 41 代大仓被授予"无足人"（没有领地的武士，允许有名字并带刀），既是武士又是公务人员。他回到故地笠置村从事农业，同时也从事商业和酿造业等。伏见大仓家初代的治右卫门，23 岁时（1637）离开家乡笠置村，前往伏见开始酒造事业。而选择毗邻京都的伏见地区作为创业初始之地，其眼光和对机会的把握是很独到的。从《月桂冠三百六十年》中介绍的当时伏见的情况可见一斑——

关于伏见这个地方，在治右卫门离乡的两年前，确立了参觐更替的制度，伏见作为交通要冲，重要性与日俱增，人流和物流日趋频繁。连接大阪和淀川，……伏见之地成为各种物资大量集散的港湾城市而繁荣一时。并且许多大名（超过一万石的武将家族）也在此设立宅邸，激增了一些新的工商业者和市民，因而强化了其作为消费地的重要性。洛中在当时属于王城之地，在政治上和经济上都有着诸多制约。幕府惧怕公卿和大名的接近，甚至将洛中从参观更替的路线中摒除。相比之下，伏见拥有着比较自由的城市氛围，外地的人和物品的流入都相对容易。在那个由和平社会带来的新的经济发展的时代，伏见对于有想法的商人来说是一个绝佳的活跃地。在这样的状况下，治右卫门实现了向伏见的进军。（《月桂冠三百六十年》第36～37页）

宽永14年，初代大仓六郎右卫门在伏见南浜町247番地创建了月桂冠的前身"笠置屋"，在山城笠置庄（今京都相乐郡笠置町伏见区）开始酿造清酒，最初创立的酒品名称为"玉之泉"，这被视作月桂冠的创始源头，至今伏见的酿酒地仍然作为公司的主宅和历史并存续下来。尽管后来业务扩展到滩地、大阪和东京以及全球，但伏见主宅则一直被视为其创业历史的源头和企业的总部，并在1909年设立大仓纪念馆，将企业历史和传统文化完整地保存起来。

公司的发展基本上可以分为两个阶段：一是创立到明治之前，笠置屋作为伏见地区一个中小酿酒店而存在，经过数代人的努力，不断拓展市场，在滩地建立酒藏，并将酒销往江户。二是明治之后，尤其在第11代"中兴之祖"的经营下，笠置屋迅速发展。更为重要的是，在向欧洲开放的背景下，日本将科学酿造、技术研发植入传统的酿造业，在酿造工艺技术和其他方面都大大推动了创新和现代酿造的发展。尤其是1906年笠置屋被改组为股份公司之后，开始了大规模、多产品和跨地区的高速发展，特别是20世纪以来，因酿造品质而获得社会赞誉，改名为月桂冠，成为清酒酿造业的翘楚。针对这两个阶段，我们将分别予以说明和分析。

四　传统作坊

笠置屋的创业初代继承了家系在笠置村时的酿造传统，在伏见酿造的酒主要出售给游客、运输商和土木工程业者。按照《月桂冠三百六十年》的记载，当时企业应该是小规模经营，在前面几代的经营中，除了个人的勤奋和尽心尽力之外，还得益于幕府时期伏见城日渐繁盛对清酒需求的不断增加，但期间不时受到减酿令的影响，酿造规模有波动性。

> 天明 3 年（1783）笠置屋的酿造量有一百四十八石八斗，比起伏见的平均酿造量的二百四十六石还要少，虽然在那以后笠置屋的酿酒量都呈现递减的趋向，但在文化 1 年（1804）和弘化 3 年（1846）酿造量增加到了二百四十石左右。明治 2 年（1869）中，虽说伏见酒造产业处于低迷状态，但仍有共五百八十石的酿造量，居酒造同业者的第三位。而在酒的购入中，享保 3 年（1718）笠置屋从洛中的酒造商家处买入了二石四斗的酒，这是最早的记录。而于庆应 4 年（1868）中，更是从滩区西宫市的酒商处买入了一百九十七石一斗九升五合的酒。虽说这大概是为了补充同年因鸟羽伏见之战而减少的酿酒量，但这购酒量之多仍处于伏见酒造酒商中的第二位，由此可以推测出笠置屋在这个时期在积极地开展经营。（《月桂冠三百六十年》第 42 页）

公司史料中对初创到第 10 代的记录都很简略，大概是因史料不多而且时间久远。尽管如此，还是有一些重要的事件被记录了下来。比如各代经营时间，前四代企业主基本上是长寿的，通过努力，到第 4 代企业主已经成为伏见酿酒业的行事（相当于商会会长），应该有了一定的社会影响。但第 5 代至第 8 代继承人则都中途早丧，或者兄弟接班，或者幼子继任。这个家族看上去还是很特别，一是子孙繁盛，很少有养子或女儿接班的，二是并非长子接班，长子或者因生病夭折，或者因年纪尚幼，而是选择前代的儿子继任。第 5 代和第 6 代继承人都中途早丧（分别于 33 岁和 30 岁离世），家业陷入停滞甚至衰退状态。但第 7 代继承人则开始振兴（13 岁继任），在 25 岁时就被推举为年行事，这奠定了之后家族事业复兴的基础。在此期间经历了继承人中途早丧，也有幕府减酿令的影响，但家业在一代代继承人的努力下得以不断发展，并得到了同行和社会的尊重，承担了不少社会职务（如行会的工作，见表5－1 中的"职务"一栏），这说明了继承人社会地位的上升状况。从表 5－1 可以看出，这是一个有着佛教信仰的家系（家主都有"戒名"），企业主承担的社会职务则是对其个人和家业的认可，也是承担社会责任的一种表现。

月桂冠创业三百余年来，企业主全系大仓家直系血亲，没有养子继任情况。前十代多是父死子继，但不遵守长子继承制度，有才能、有兴趣者任之。若是享年太短，则兄终弟及，其中第 4 代、第 5 代，第 9 代、第 10 代继任企业主为兄弟，但也有第 7 代、第 8 代，第 10 代、第 11 代企业主爷孙相继的情况。同时还可以看到，家族对企业有较多涉入，即除继任者外，家族其他成员也有不少在企业就职，即便在转变为股份公司之后依然如此，如第 13 代家族企业主大仓敬一有四子，现有三子在月桂冠，分别担任社长（长子）和信息部部长（次子）以及特别顾问（第三子，但不在公司从事固定工作，同时是大三产业的社长）。这些家族企业主大都受过良好的教育，第 12 代至第 14 代企业主都是经济学专业毕业，在进入家族企业之前在外面有过工作经历，有几位都在银行工作过。而现任社长——第 14 代企业主大仓治彦则是从一桥大学毕业，也是经济学专业毕业，目前养育着三个儿子。

据史料记载："江户后期，笠置屋承继御所御用酒牌（允许酿造者进行酒酿作业的许可证、执照等），成为皇宫御用商人。考虑到自元禄 11 年（1698）以来，其他地方的酒便不允许进入洛中，笠置屋的酒可以进出作为新市场的皇宫御所及太上天皇的御所，这便有了重大的意义。"由此可以看出，到江户后期，笠置屋的酿酒在品质和影响上都处于前列，否则是难以

表 5 - 1 月桂冠历代家主情况

代	姓名	幼名	戒名	出生时间	去世时间	职务
1 代	治右卫门		净保	元和 1 年(1615)	贞享 1 年(1684)8 月 15 日(70 岁)	
2 代	治右卫门 初代七子		圣圆	庆安 2 年(1649)	正德 6 年(1716)2 月 15 日(67 岁)	
3 代	治右卫门 2 代四子		圆智	贞享 1 年(1684)	宝历 8 年(1758)8 月 8 日(74 岁)	
4 代	治右卫门 3 代次子	又七	圆说	享保 7 年(1722)	天明 2 年(1782)7 月 11 日(61 岁)	行事安永 9 年(1780)59 岁
5 代	治右卫门 4 代次子	要助	圆贞	延享 3 年(1746)	安永 8 年(1779)1 月 17 日(33 岁)	
6 代	治右卫门 4 代三子	弥右卫门	圆实	宝历 6 年(1756)	天明 5 年(1785)8 月 6 日(30 岁)	
7 代	治右卫门 5 代长子	仙藏	圆德	安永 2 年(1773)	文政 4 年(1821)9 月 29 日(49 岁)	年行事享和 1 年(1801)29 岁
8 代	治右卫门 7 代次子	恒治郎	融圆	宽政 8 年(1796)	安政 3 年(1856)8 月 22 日(61 岁)	惣代文政 5 年(1822)27 岁 年寄天保 11 年(1840)44 岁
9 代	治右卫门 8 代次子	恒治郎	圆寿	天保 3 年(1832)	安政 5 年(1858)7 月 2 日(27 岁)	年行事弘化 3 年(1846)15 岁
10 代	治右卫门 8 代七子	菊松	圆通	天保 8 年(1837)	明治 19 年(1886)10 月 17 日(50 岁)	年番庆应 4 年(1868)32 岁 肝煎明治 2 年(1869)33 岁 取缔役明治 4 年(1871)35 岁

续表

代	姓名	幼名	戒名	出生时间	去世时间	职务
11代	大仓恒吉 10代次子		圆明	明治7年(1874) 1月28日	昭和25年(1950) 11月17日(77岁)	伏见造酒组组合组长明治44年(1911)38岁 全国造酒组合会会誉顾问大正5年(1916)43岁 全国造酒组合联合会会长大正13年(1924)51岁 日本造酒组合中央会会相谈役昭和4年(1927)56岁 伏见造酒组组合组长昭和8年(1933)60岁
12代	大仓治一 11代长子		圆治	明治32年(1899) 1月10日	平成4年(1992) 4月5日(93岁)	伏见造酒组组合组长昭和16年(1941)42岁 日本造酒组合中央会副会长(理事)昭和30年(1955)56岁 京都府造酒组合联合会会长昭和31年(1956)57岁 日本造酒组合中央会顾问昭和44年(1969)70岁
13代	大仓敬一 12代长子			昭和2年(1927) 3月25日		京都府造酒组合联合会会长昭和59年(1984)57岁 日本造酒组合中央会会长平成4年(1992)65岁

注："行事""年行事""惣中代""年寄""肝煎""年番""取缔役"均为在行会中的职务。如"惣中代""年寄"为同行中最高责任人，统领行会事务。"年番"为处理同行应议事项的职务。

资料来源：转引自《月桂冠三百六十年》第42页"表7 大仓家历代家主一览"。

进入御用商人的行列，这显然是行业最高荣誉。经过数代人的努力，笠置屋的"玉之泉"酒已成为伏见清酒的标志性产品。

在这一过程中，值得一提的是大仓家的账簿。1718 年，大仓家开始记录账簿并保存至今，据说是酿酒商中最早的账簿之一（和另外一家鸿池家的账簿几乎同时），账簿记录了经营和贩卖、合作等情况。后来第 11 代大仓恒吉学习了复式簿记法，也是较早采用这一会计制度的商人。日本商人对于会计的重视标志着现代管理的引入。遗憾的是，第 10 代之前，留下的除了大仓家的账簿之外，很少有先代具体创业的故事和对后代的"家训"。大概是因为每一代继承人都是在上一代继承人的熏陶下成长起来的，也就用不着"家训"来加以规范了。后来，第 14 代大仓治彦谈到家族继承中的"家训"时说道——

> 关于事业的继承，很多人都问过我，但我对那些问题很难回答。无法巧妙地解释，我一直用的一个词叫"意会认知"。父母传递给孩子的内容叫意会认知。那么说起意会认知是什么的话，因为它是意会认知，所以无法解释，正因为无法解释所以是意会认知。……我从父亲那里继承事业的时候更过分，一句交接的内容都没有。不过我当上社长后，父母从来没指指点点要求我"做这个、做那个"（同志社大学研讨会报道，2014 年第 65 期：127）。

传统作坊时期的一个最为重要的特征大概就是工匠传统，在清酒酿造业则是用外部的专业化服务的酿造师（杜氏），而不是雇用长期的酿造师。所谓"杜氏"也被称作掌柜、掌柜先生，是在酒造仓中掌管酿酒技术、一切劳务的最高负责人，社会上有来自不同地区的掌握酿造传统工艺的杜氏组织。企业与这些组织签订合约，杜氏在酿造时期来到企业负责酿造和有关事务，有时也会有来自某一地区的掌握酿造传统的杜氏家族的数代为某一酿造商服务。这一日本独特的工匠酿造传统的意义还有待探讨，可能的目的在于，一是酿造技艺（工艺）的专业化和地区传统的延续性，二是可以避免一家一户酿造商对于某一工艺或技能的垄断，由此使酿造工艺成为一种社会化的技艺，便于更好地扩散和传承。

> 一直以来，杜氏以播州、滩地人为中心，但天保时期以后中心变为了出身于丹波的人。丹波杜氏引进了"切酛"技术，为缩短酛①立期做出了贡献（《月桂冠三百六十年》第30页）。

在2011年之前，酿酒师又称为"杜氏"②。2011年，"杜氏"这一称谓在日本取消了。杜氏的起源很早，日本一直都有农民在农闲时期到酿酒厂打短工、进行酿酒的传统。每个地区不同的杜氏有着不同的酿酒工艺。但进入20世纪60~70年代的工业高速发展时期，匠人到各地区布局的企业和工厂就业，杜氏的继承人数量骤减。据企业相关资料，在月桂冠发展期间，不断地研发并导入新技术，广征伏见、滩区等地的优秀"杜氏"——如南部流、但马流、丹波流、越前流等互相切磋，因此才能在许多评鉴会中获得荣誉。从1960年开始，月桂冠在完成四季酿造系统的过程中，一边培养职员并将其转岗为酿酒工匠，一边雇用"杜氏"民工，这两派人互相竞争。结果月桂冠培养了很多技能高于"杜氏"的职员，同时还生产出了新酒的品种——无糖、酒精含量10%的日本酒。

五 "中兴之祖"——百年老店的超常规发展

第10代治右卫门执掌家族事业正处于日本幕府末期和明治维新初期，

---

① "酛"是日本汉字，表示酿酒的原料"酒曲"。
② "杜氏"一词的解释是：日本酒厂酿酒人员由藏人和杜氏组成。其中，藏人是指工厂内的工人，而杜氏为酿酒师傅。杜氏负责清酒生产、质量、税务、计划等，杜氏以组织的形式按地区集中在一起（杜氏网或杜氏学校），杜氏组织负责培训和发证，酒厂聘用杜氏负责清酒生产与管理，杜氏聘用是临时性的，如秋天至次年春天，杜氏需通过考评确认，目前也有一些酒厂员工充当杜氏的角色，全国有200多个杜氏组织。

社会动荡，但他以坚强意志守住家业。据记载，他积极把握这个时代的发展，大量订阅政府的官报，努力吸收明治维新的知识，并带领伏见酿造业同行大力拓展东京以及其他新市场（作为"年番"等职，大概相当于年度轮值会长，《月桂冠三百六十年》第41页）。然而他在经历寄予厚望（继承）的长子早夭（19岁）的打击之后，于50岁的壮年去世。不幸突然降临这个家族，改变了其原来的继承计划，而已分家的次子恒吉重新回归家族事业，在母亲的极力支持下，将13岁的二子恒吉立为第11代家主，作为家族事业的继承人。

有意思的是，最初并不被父亲看好的次子（曾被父亲称为"无法委以重托的人"）恒吉后来实现家业振兴，远远超出了人们的预期。可能正因为之前大家不看好他，又是因为长兄早夭而艰难地继任，他一直兢兢业业，也担心家族事业因自己而失败。按照记载，他13岁继任以来，事必躬亲，买米、酿酒、与工人同吃同住。正因为他亲身体验，充满危机意识，一直想着革新技术和把企业做大。月桂冠重要的发展时期是在明治维新之后，尤其是昭和2年（1927）5月15日，由个人经营形式的"笠置屋"商店改组设立"大仓恒吉株式会社"。1944年，更名为"大仓酒造株式会社"，这标志着传统的酿酒作坊变为现代公司。公司的产品创新明显加速了，明治38年（1905）日本时兴竞酒比赛，优胜者可以获得象征最高荣誉的桂冠。公司为了能赢得象征清酒的最高荣誉而注册"月桂冠"商标，1987年，公司正式改名为"月桂冠株式会社"。从此，月桂冠步入了快速发展时期。如果说之前的笠置屋只是伏见地区的有影响的清酒酿造企业，但自第11代继承家业以来，月桂冠则成为全国性的、不断向全球拓展业务的行业翘楚。在他作为家主和社长的时期，月桂冠的生产量增加了约100倍，达到年酿造和贩卖量约五万石。基于这些发展成果，第11代企业主——大仓恒吉（1874～1950）被月桂冠奉为"中兴之祖"。

恒吉作为"中兴之祖"大概是天时、地利、人和多方面因素所致，明治时期日本经济的快速发展，对清酒的需求拓展到大众化的工薪阶层；同时东京等城市的发展，也大大推进了清酒的消费增加。月桂冠正是抓住了这一难得的发展机遇，在滩地扩大酿造规模。另外，恒吉投身于酿造事业中，同"杜氏"一起改进清酒酿造技艺，在清酒的灭菌防腐等方面做出了特别的贡献。值得一提的是，他对提升酿造技艺和品质的科技很重视，不断引入酿造技术，建立大仓酒造研究所。因此，他既是企业主，又是创新者和酿造技术创新的积极推动者。对此，公司的历史记载中对恒吉的"非凡之处"还专门有一节予以阐述，归结起来大概有几点：一是他事必躬亲，直接参与购米、酿酒和销售等环节，这对于老店的主人来说是很少有的，不只是担负家族事业的责任心所在，更是担当家业、拓展未来的心愿体现；二是他在工作中的投入和勤勉十分难得："恒吉每天天未亮就起床，主动学习酿酒技术。恒吉的这种行为显然是下了很大的决心，可以说这便是其不平凡之处。……为了引进先进的科学技术而聘用技师、采用西式簿记法，这都展现了恒吉对于经营投入了十足的干劲儿"（《月桂冠三百六十年》第 371 页），而最为重要的"不平凡之处"还在于恒吉的大胆创新和善于接受新事物，其眼光和胆识、创新精神引领着月桂冠走向辉煌。

然而恒吉的这些生活信条中也有令人费解的一面。那就是他的大胆。实际上恒吉在经营过程中果断采取了各项措施，包括进军东京市场以及进行资金周转（向银行贷款和卖掉全部家当）、雇用技师、将账簿进行合理化改革、进军滩地区、包装瓶装化、开发不添加防腐剂的清酒、同明治屋进行合作等，在进入昭和时期后还建造了装有冷气设施的钢筋混凝土材质的酒库、引入全套的瓶装设备，以及建造圆顶（无柱）的工厂建筑等。

恒吉采用大胆的方案并不是一时的想法。酿造方法的改进、经营管理的改善和市场开拓等都是伏见的酒造业以及月桂冠必须解决的问题。恒吉并没有将这些问题搁置下来，而是积极采取措施，最终取得了各项成果。可以说虽然这些措施当时看起来都非常前卫，但对于恒吉来说，他只是在认真地解决这些问题，有了结论就要付诸实践，并非只是单纯地喜好新鲜事物（《月桂冠三百六十年》第 377 页）。

家族企业的发展不是匀速进行的，快速发展大概只是在几代人之间。月桂冠是在第 11 代家族领导人带领下开始高速发展的，比之前的规模扩大了近 100 倍，第 12 代家族企业实现了国际化，拓展到中国、朝鲜、美国、欧洲等，第 13 代家族企业则实现并购和多元化发展，目前公司处在第 14 代。第 11 代早期经历了磨难——父亲和兄弟早逝，企业主在母亲帮助下于 13 岁继任，但卓有成就，主要有：一是明治维新时期他找到了家族企业持续发展的重要路径——创新，设立研究所，靠技术和管理推动发展；二是不仅注重技术，而且拓展市场，他之后的几代继任者都是经济学专业毕业，为后来的市场拓展和新产品开发、并购、国际化奠定了基础。

六　传统与创新

创新是这家传统酿酒企业新生和发展的关键之所在，尤其表现在第 11 代之后的几代家族领导人身上，通过设立研究所以及在营销、环保等方面的创新，使得这家老铺企业一直走在时代的前面，不断扩大规模，并走上国际化扩张的道路，传承的创新精神是难能可贵的。

第 11 代家主恒吉积极创新的主要表现如下。

一是技术的革新。他在现场工作时，发现酒很容易腐坏，于是立志要通过引进科学技术来加以解决。1907 年，日本酒造研究所来企业交流。恒吉受其启发设立大仓酒造研究所，成为日本第一家成立研究所的酒造公司。后来，恒吉会社发明了灌瓶装酒，在全国的铁道车站出售"大仓式酒杯小瓶装清酒"。产品不使用防腐剂，而是以微生物及其他杀菌技术进行保鲜，当时正值大正时代，日本工薪阶层消费崛起，注重健康饮食的理念盛行，加上其所开创的户外便携外包装，使月桂冠的清酒广受欢迎。

二是运营的革新。1905 年，大仓恒吉注册了新颖的"月桂冠"商标，后来陆续注册"凤麟""大赏"等品牌商标。这些品牌得到了消费者的好评和认可。他主动邀请科研机构来检查与认定产品质量，积极参与各种酒类比赛，树立"品质第一"的经营理念。月桂冠的清酒在美国旧金山万国博览会上获奖，继而在日本全国新酒鉴评会上独占鳌头。

三是市场渠道扩展。除了扩展国内的渠道，将清酒推广到普通家庭，恒吉很早就开始部署海外事业。1901 年 1 月，月桂冠株式会社的清酒出口到美国夏威夷檀香山，而后陆续向新加坡及中国台湾、青岛、沈阳、抚顺、北京等国家或地区出口或在当地建厂。二战结束后，月桂冠也是最早重新开启出口事业的企业。

第 12 代家主的积极创新的主要表现如下。

第二次世界大战后随着经济高速发展，清酒的需求迅猛增长。月桂冠第 12 代家主在任时，1961 年在日本首次建设拥有四季酿造体系的酒厂，确立了全年雇用的职员制度，这为稳定酿造高品质清酒奠定了基础。

第 13 代家主在革新与地域方面的贡献如下。

第 13 代企业主——大仓敬一（1927～2016）年轻时在同治社大学（京都南部学校，关西四大私校）学习，毕业后进入银行工作四年，而后回到家族企业月桂冠。他于 1978 年成为社长，1997 年担任会长，2008 年退休。他有较为广阔的视野，带领企业不断开发新的产品。

他重视拓展市场。大约在 1975 年，他大力推广曾经用于品鉴会的吟酿酒，使其开始在普通民众市场销售。比如使用纸盒包装高档酒"凤麟"，以此来满足市场多样化的需求。同时他强调技术的革新——1980 年代，月桂冠在日本清酒业第一次完全停止添加酿造用糖类，并最早开始销售能够常温流通的"生酒"。

在月桂冠第 14 代企业主大仓治彦时期，月桂冠进一步拓展了国际市场。截至 2017 年 4 月 1 日，月桂冠有员工 407 名，2016 年度销售额约 274 亿日元。月桂冠国内市场主要依靠零售；海外市场较大，在美国设厂，产品出口至美国、德国、英国；在中国上海设立销售公司，产品出口到东亚部分地区，如韩国等。目前的月桂冠无论是技术、品牌知名度还是销售量，都稳居日本清酒企业的前五名行列。

七　月桂冠的家训与文化传统

大仓家族并无口头或文字上的家训与家法。父亲对儿子不会有太多的嘱托，但父亲担任会长、儿子担任社长会一起工作长达十余年，有潜移默化的影响，社员称之为"二人三脚"①。家族的核心价值可以用第 14 代家主在送别会上的发言总结。2016 年在第 13 代家主去世的送别会上，第 14 代家主说："关于父亲，我从经营上没有学到什么东西，但是在经营以外学到了许多。"所谓"学到许多"可以归结为以下四点：一是绝对不撒谎；二是别人拜托的事情要全力以赴；三是不要只考虑个人利益；四是不要只考虑到自己企业的利益。他学到了这四点，也希望以后运用到公司的经营当中来。

大仓家族一直坚守一些由祖辈传承下来的传统，一是"质素简约"，二是"谨慎"。家族一代代传承下来，质朴、节俭，第 10 代家主总是穿着棉质和服。为什么要坚持质朴呢？一是酿酒需要频繁用到火，有火灾的风险，需要谨慎；二是当时没有微生物技术，酒很容易腐败；三是可能发生米灾，米不够了，酒就受到了限制。这些可能的风险需要经营者保持节俭。"有节俭的智慧，才能渡过难关。"虽然现在业绩上去了，但经营者也不能忘记这个传统。而对待家族财产，就要采取"慎"的态度。自己要慎重，要把这种精神传递给后代。此外，大仓家也限制极端投资（投机）行为。

在《大仓家沿革史》中有关于家训问题的讨论——

大仓家历经三百年屹立不倒的原因的记录也流传了下来，上面记述了自先辈以来，恪守勤俭节约原则、在经营上勤奋上进、不忘报恩、不懈怠对祖先的供奉等事项。

（1）自先辈以来恪守勤俭节约原则并在经营上勤奋上进。

---

① 一种游戏，用绳子绑住两个人各一只脚，这样两人三脚一齐走，需要齐心协力才能前行。

（2）报恩。

（3）不懈怠对祖先的供奉及参拜。

（4）对僧侣的供奉。

而后代将第 11 代家主大仓恒吉的生活态度总结为以下五点。

（1）父亲平日的生活极其简朴，惩戒奢侈行为。

（2）棉布制衣，粗茶淡饭。

（3）对待子女极其严格，因为我是弟弟，所以和雇用工人一样被同等对待。

（4）在庭院里一个粗糙的木质四脚台子上吃饭。

（5）每天打扫厕所、烧火洗澡，过下等的生活。

（《月桂冠三百六十年》第 375~376 页）

为了对月桂冠的文化有进一步理解，我们还可以从家族的宗教信仰、员工政策和地区奉献等方面做简单介绍。

1. 宗教信仰和家族祭祀

大仓家族从第一代就信佛教净土宗。同时也信奉酿酒神，还有同属神道教的另外一位神。大仓家从初代治右卫门起，家族便供奉京都的净土宗松林寺。家主去世后，松林寺住持也会相应赐予其佛名，牌位便供奉在寺庙中享用香火。据《大仓恒吉手记》记载，松林寺与大仓家曾一度有经济往来，如松林寺向大仓家借款。

家族活动：家族进行的祭祀活动非常丰富，有祭拜神道，有怀念先人、优秀员工，包括：①每年的春分、秋分（3 月、10 月）将在总公司南部的松林院供奉家族成员和已故的职员，直至第 50 个忌日后才停止；②在酿造祈祷节时参拜酒神松尾大社和梅宫大社（11 月）；③酿造季节结束进行答谢；④历代继承人忌辰供奉；⑤去爱岩山参拜防火神等，会举行各种各样的祭祀活动；⑥现在当家的人，必须每天到家里的佛龛参拜后再上班，历代的主人都非常虔诚。

大仓治彦曾在"探寻日本企业的长寿秘诀"研讨会上谈道："我从父亲那里继承公司社长职位后，取消了公司很多传统仪式活动。特别是许多传统宗教活动。因为是酿酒厂，所以为了酒的安全、酿出好酒或者生意兴隆，会去参拜神明。我取消了这些活动的 2/3 左右，父亲因此大发雷霆。我丝毫不为所动，尽量不和父亲说话。"

2. 和酿良酒

月桂冠提倡"和酿良酒"。对于从事工作的人来说，与人为善、团队合作非常重要，致力于形成"和谐"的氛围。"和酿良酒"有两个意思，即"和"酿造了好酒，良酒酿成"和"。"和"指的是，种植大米的农民、酿酒厂、销售店等展现的"和谐"这一共荣的精神成为酿酒的传统。

自成立以来，大仓家的经营者一直重视员工。基于传统，现任社长提出"以人为本"的发展理念："努力提高员工的知识、能力，充分发挥每个员工的个性使其拥有充实的人生。"月桂冠的职员离职率很低，从员工方面来说，一是因为日本酒企业的技术大同小异，离开后对个人职业发展而言并无太多益处；二是酒企员工在一般情况下对企业品牌的认同度高，所以跳槽的并不多。

从企业方面来说，月桂冠重视企业一体感和员工职业培训。社长每个月会与员工交流，新年时将红包亲自发给每位社员。社员之间友好，前辈耐心地帮助后辈。同时，月桂冠重视员工的专业知识和远大视野，如酿酒部门会邀请专家在工作场所举行研讨会，或者在年轻人的聚会上体验其他部门的业务以及参观其他公司的仓库等，甚至把公司的优秀员工派到神户大学学习。

3. 地区奉献

至今，月桂冠仍然保持着每年对京都伏见地区神社、祇园祭以及其他重要历史活动的清酒奉献，还对能剧、茶道、花道以及艺伎表演一直给予赞助，也是稻荷神社的主要赞助者。月桂冠上一任社长大仓敬一担任了京都府酒造组合联合会会长与日本酒造组合中央会会长。这既有他个人的努力，也有从恒吉开始在这两个组织任职的社会声誉积累的结果。此外，月桂冠成为欧洲百年老店协会组织 Les Hénokiens 协会会员，通过与世界老字号经营者的网络交流获得新的知识和力量，同时也在国际上积极推介日本清酒文化和传统。

强调地域贡献是月桂冠一直以来坚持的社会共享原则，这似乎是从"中兴之祖"恒吉之时就确立的"报恩"思想，现在则在企业经营理念中明确提出"创造共享价值"（Creating Shared Value），即达成经济价值的同时实现社会价值。企业在为本地的事业不断做出贡献时（就业、税收和传承传统酿造文化），也成为京都伏见的历史地标，例如，"月桂冠大仓纪念馆"和"十石观光船"都成为伏见地区游客游览的标志性项目。

八　月桂冠的国际化

在《月桂冠三百六十年》的最后部分，有一段对于未来发展的思考——

> 每每看到其他酒类在日本的渗透性，便不得不认真思考日本酒对于世界范围内市场的开拓问题。相信随着日本文化和日本饮食的普及，有着悠久历史和高端技术的日本酒今后也会进一步扩展至全世界。包括月桂冠在内的企业如果继续把握世界各地市场状况，为销售做出不懈努力的话，那么成为世界级日本酒厂商也不是不可能的。（《月桂冠三百六十年》第 397 页）

日本清酒如何成为一种世界的酒，既是文化传统的全球化，也是日本百年老店走向全球，具有特别的意义。随着日本经济在二战后的崛起，日本的现代产品如汽车、家电、半导体等赢得了世界市场，但传统文化产品的全球化则因受到多方面因素的影响而进展迟缓。但即便如此，日本百年老店仍在不遗余力地推广、创新传统产品和服务，以将有着数百年传统的产品和文化推向全球，包括清酒、日本料理、酱油、汉方药、日本茶和茶道等。在全球化中发现百年老店新的机遇，进而带来革命性的影响。

月桂冠在二战后不断拓展国际市场，主要是通过出口来实现的，因为日本料理在全球的兴起，清酒也随之进入——

战后最早的出口是昭和24年（1948）9月，国分商店经手，出口至夏威夷，同年11月从第二次开始便是由山中商社股份有限公司（之后的京商事股份有限公司）向夏威夷的M大谷商会出口，昭和26年，开始向冲绳出口，从那时起海外出口逐渐频繁化。

昭和36年，也就是四季酿酿的大手藏制成那年，销售量突破十万石。这时在世界各地积极公关，开始在宴会上使用月桂冠，月桂冠在海外的知名度大幅攀升。为了将日本酒更大程度地推广到海外，需要与当地情报通的流通业者进行合作，首先，通过和京商事股份有限公司合作，分别与芝加哥的Sander Cole以及弗兰西斯科的Grossman建立交易关系，另外还通过洛杉矶的远文商会和关岛的The Enbun CO.出口。在欧洲西德还向贩卖东洋食品的Franz Honekopp KG.出口，在东南亚则向中国香港的Wang Kee&Co. LTD.出口，还向新加坡、西班牙、英国、阿根廷、比利时、菲律宾、哥伦比亚等国家出口商品，出口对象扩展至全世界。

昭和46年，除与远文商社的商圈进行贸易的美国总代理店，开始与纽约Sidney Frank Importing Co.进行贸易。第二年昭和47年，通过加拿大Featherstone&Co. LTD.，针对澳大利亚政府的LCBO，开展出口业务，并向加拿大各州拓展。为了开拓与Sidner Frank Importing Co. INC.以及Featherstone&Co. LTD.的出口业务，京商事股份有限公司羽津贞一所做贡献最大（《月桂冠三百六十年》第326页）。

国际化的发展主要是在第13代家主（社长）大仓敬一时期。他在同志社大学完成研究生学业之后，进入银行工作了4年，而后进入月桂冠，在

1978 年任社长一职，1997 年任会长一职，2008 年辞任公司顾问一职。大仓敬一让月桂冠快步迈向世界舞台，以全球化为营业目标进行了一系列的收购和合作。有几个重要的里程碑式发展阶段，以下是我们调研时，公司做的介绍——

（1）身为社长的大仓敬一在美国设立当地法人，借助味之素、Sirusyan 等食品企业的力量，创建拥有最新酿造技术的工厂，力图将清酒销向全世界。

（2）从德国和法国引入德国啤酒和法国红酒，并进行销售。

（3）上海月桂冠创立于 2011 年。作为月桂冠公司在中国的销售公司，通过委托中国当地酒坊酿造调制酒品，为中国供应清酒。

（4）通过 Les Hénokiens 协会形成国际化的交流网络。

第六章
美浓吉：传统与现代

　　美浓吉作为京都怀石料理的典范，至今已存续三百多年，完全由创业者家族经营管理至今，已传到第 10 代，第 11 代的两兄弟已经在企业参与经营管理。重要的是，由一个外地来京都创业的小店经过诸多的曲折起伏，到 1950 年代后不断发展，并向美国的快餐学习，最终重新回归为以传承日本怀石传统料理文化为己任的企业，其间，经历了诸多的创新和变革，以适应时代的发展和需求变化。

　　日本传统料理店属于典型的日本服务产业，蕴含着深厚的传统和文化，不仅是料理本身，还有茶道、插花、待客之道以及房间布置和挂轴等。而历史上的厨师制度（工匠）则是料理技艺传承发展的路径，与经营管理在历史上多是合一的。但现代二者之间实现了分离，饭店的管理者成为真正的经营者，将工匠制度和料理的技艺不断流程化和标准化、制度化，并引入更多的设备、物流和科学管理流程，使得美浓吉在现代管理的变革中实现了跨地区的扩张和业务多元化，由此成为日本大型餐饮企业的领先者。这一变化对于老铺企业的现代生存意义重大，也是日本料理走向全球的基础。

　　如果说日本老铺企业中众多的制造企业延续了传统的工匠和技艺，那么服务企业则是老铺企业的主流，其中餐饮服务企业又是典型，它既由具有料理技艺的厨师的匠心所打造，又通过具有服务精神的待客之道和蕴含其中的文化一起得以展现，《三百年企业美浓吉和京都商道的教诲》中将日式料理作为日本文化传承的重要内容。

> 料亭料理店并非是在饮食上多么独具一格的饭店，而是一个集结着"日本建筑""日本庭院""花道、茶道""日本艺术""和服""日式服务"等日本文化的地方。日式料亭为人们提供了一个能够充分感受日本文化的空间，甚至可以说是一个能够进一步了解日本人的场所。（《三百年企业美浓吉和京都商道的教诲》第 22 页）

京都政府推荐我们访问美浓吉，大概是认为美浓吉不仅代表了京都和日本料理文化和传统，而且是现代料理企业的典范。我们的访谈是企业最高端的料理亭竹茂楼，第一次是与企业第 10 代传承人佐竹力总访谈，他给我们简要讲述了美浓吉三百多年的发展历程，之后就在竹茂楼品尝怀石料理，其精湛的厨艺、美味的食品、厨师和招待讲解食谱的服务，加上房间的布置陈设、推拉门外青翠的竹林和潺潺流过的小溪，让人有置身世外桃源的感觉。之后，我们又非常有幸对"女将"老板娘（佐竹力总的夫人，她负责接待和服务）及其两个儿子（其中一个是负责经营的副社长，另一个儿子是董事，负责厨房和食材采购等）进行访谈。与他们四位的访谈交流，给我们留下了深刻的印象。遗憾的是美浓吉的企业史还在编撰中，我们只拿到一本由佐竹力总社长撰写的《三百年企业美浓吉和京都商道的教诲》，这本不太厚的书基本上可以看作是回忆录，简要记述了美浓吉三百多年的历程，对其父辈以来的发展给予的笔墨较多，故事性较强。本案例的展开也是基于这本回忆录和访谈资料，希望以后能进一步予以充实。

一　日本料理：料理与文化

日本料理其实是一个十分复杂和地方化的概念，这大概在每个有着悠久文化传统的国度都是如此。京料理又因为这个城市有着一千多年的传统和作为都城、幕府的历史，所以有着深厚的传统和文化。作为一个外国人，很难把握不同地区之间在饮食风尚上的细微差异，借助于佐竹力总对于京都和日式料理的介绍，我们大概能窥其一斑。

> 京料理到底是什么呢？我们可以把它理解为以下四类料理的统称。
>
> （1）"有职料理"——据说是一种宫廷贵族专享的料理形式。它源自代表着皇宫祭礼的"大飨料理"，随着"式庖丁"仪式（古时神道教祭祀仪式的一环，现为一种刀工表演，通常在寺庙或者神社的某些祭典上出现）一起流传下来。
>
> （2）"本膳料理"——以武士为中心发展形成的武士门第中的一种极讲究规矩礼法的"设宴料理"，为一人一份餐点的料理形式，是日本的一种非常正式的料理形式。
>
> （3）"精进料理"——由寺院中斋饭的做法演变而来的一种料理。禁止使用鱼贝类及肉类等荤腥材料，是一种素食料理。
>
> （4）"怀石料理（茶怀石料理）"——与茶道同步发展起来的一种料理。在安士桃山时代，伴随着茶道界的"一汁三菜"原则发展而来。
>
> （《三百年企业美浓吉和京都商道的教诲》第14页）

直到近代，日本人基本上不食用牛羊肉，包括鸡肉等。京都并不临海，因此，河鲜、蔬菜、豆制品就成为传统日式料理的主要食材。加上京都地区的软水和厨师的厨艺，要为皇家和贵族、武士等在食材匮乏的情况下制作"最美味的食品"，就需要工匠精神和不断改进的技艺，怀石料理就是其中代表之一，它是将河鱼料理和素食料理结合的典范。此外，京料理还与自然四季变迁融合，每个季节有着独特的食品和风格，让人在饮食中感受自然、调节身心。

这些厨师的精湛技巧是在京都的风俗以及皇家文化的影响下逐渐磨炼出来的。浓烈质感品味的高汤、专门为不需要体力劳动的贵族调制的口味略微清淡的高汤等，都可以体现出厨师技术之高超。

京料理中所谓的清淡，并不仅仅是指盐分、甜味方面的清淡。利用技巧充分提取高汤和素材的鲜美味道，让人回味无穷。可以说是一种"浓醇却又不失淡雅"的味道。

像这样的京料理，完全可以说是"精工细作"与"千锤百炼"的结晶。

（《三百年企业美浓吉和京都商道的教诲》第22页）

另外基于京都历史文化的服务精神，料理店不仅是品尝美食的处所，更是一种日本传统文化的精神汇集地。料亭基于饮食而又超越饮食，将精神和文化融为一体，这大概是日式料理发展的一个重要思路，也充分反映出日本料理经营理念。作为日本料理的经营者，佐竹力总对于其精神文化的理解是深刻的。这大概是日本传统经营者的普遍特征，不仅注重所在行业的实用（功利性）价值，而且让人看到其背后具有人文和社会含义的深刻价值。大概也只有如此，才能更深入地挖掘一个传统行业的社会意义。也因为如此，商业经营者才不至于陷入对财富的沉迷之中，而看到其工作的真正意义和价值所在。

料亭料理店中，料理只占50%的比例，其他因素，也就是装潢、氛围、服务等占据了剩下的50%。

让我们先来看一下这两种料理在硬件配置上的区别，割烹料理等即使只有一个柜台也是可以营业的，与此相对的料亭料理店必须设有铺着榻榻米的和室，而京都的料理店（日式料亭）几乎都会附带一个庭院。

这样的料理店（日式料亭）被称为"宅邸"，包括从玄关到和室门口的通道部分在内，整个建筑物本身都必须设计得十分有格调，并且，壁龛的挂轴、摆花、食器等无一不是精美绝伦的物品。

此外，一般来说，日式料亭的服务员都穿着和服，言谈举止文雅有礼。并且，无论是从料理中还是从装修环境中，都可以充分地感受到日本料理中最重要的部分——季节感。配置的不同造成了价格的不同，因此，价格的差异并非是指料理的价格差异。

（《三百年企业美浓吉和京都商道的教诲》第 21 页）

可以看到，在日本料理的市场竞争中，并非只是在延续和创新菜式、口味和品质，这些至多只占到一半，另一半"装潢、氛围和服务等因素"则更为重要，而这些又与日本的传统庭院设计、茶道花道、挂轴字画、精美的食器、穿着和服的古典式服务、招待的言谈举止等有关，这些传统文化的精神嵌入饮食之中才展现出日式料理的精髓，这些无疑都是日式料理的特质和意义所在。

此外，在过去日本料理亭还同时经营茶室，茶室一般由女将管理。茶室为客人引进舞伎和艺伎表演，同时也为客人推荐旅游路线和购物清单等，这些都是女将所做的事情。而在料理亭中，女将则将接待客人、安排就餐、布置房间等服务全部承担下来，因此女将在今天的料理亭仍然是一个特别的存在。

女将要做的工作很多，既要参与最基本的接待客人的工作，又要根据预约分配房间，还要照顾到艺伎舞伎们，有时甚至还需要根据客人的喜好和预算为其介绍观光路线及推荐合适的特产。也就是说，女将既充当着一个策划者的角色同时又要兼任接待员。更为重要的是，这些店铺几乎不会即时消费（即时结账付款），大多都是采取记账的方式，日后统一结算。（《三百年企业美浓吉和京都商道的教诲》第 27 页）

二　美浓吉——一个起步于地区饮食文化的传奇

美浓吉创立于享保元年（1716），秋田佐竹武士一族后裔的佐竹十郎是美浓吉的创始人。佐竹十郎从家乡美浓（现在日本岐阜）的大垣沿着日本的西海岸线到达京都。刚刚搬到京都的时候，在三条河原町三条大桥东侧的十字路口开设了一家江户时代常见的、小小的传统茶屋，在户外临时搭的棚子提供饭、豆腐等小吃和酒。因为创始人来自美浓①，所以餐厅被叫作"美浓屋"。佐竹十郎的后裔吉兵卫接管之后，他常常被叫作"美浓屋吉兵卫"，并被简称为"美浓吉"。久而久之，餐厅也被人称为"美浓吉"。

最早主要的客户都是下层武士。下层武士大多是独身一人，外食时经常光顾美浓吉这样的小吃店。美浓吉最初做一些简餐，逐渐变成饮茶店，而后发展为以河鱼料理为主的料理店。经过几代人的经营，店铺成为京都有名的怀石料理，并获得了京都所司代（认定的以加工河鱼为主体的料理店）发放的许可证，竹茂楼是当时获得此项认证的 8 家店中的一家，史称"川鱼生洲八轩"，并且现在留存下来的就只有美浓吉了。

> 元治元年（1864）出版的《花都饭店兴旺竞赛》这样的排行表在明治时期又被重新出版，其中就有美浓吉的名字。最终，美浓吉作为京都的名店而被大家广泛知晓。（《三百年企业美浓吉和京都商道的教诲》第 38 页）

大概到了 19 世纪后半期，美浓吉就已经成为京都有名的料理店了。这一方面得力于家族数代人的努力——将河鱼料理做到最好、品质和服务做到最好，另一方面则有赖于所在地区正是通往奈良的要道，武士、贵族和商贾云集，这成就了早期的美浓吉。明治时期以后，随着日本经济开放、交通建设和商贸发展，大量游客和城镇平民外食需求增加，美浓吉获得迅速发展。相关资料介绍道，这期间，甚至有一些美浓吉的亲戚和老员工纷纷创业，设立美浓吉的分店。这意味着美浓吉的名声进一步提升，也意味着食客的需求大幅提升。

> 由亲戚开设的美浓佐、职工独立出去开设的美浓庄等，一直到大正初期，都是在美浓吉附近的。

---

① 现为岐阜县南部。

　　因为美浓吉的店名知名度很高，为了让别人知晓是从美浓吉分出去的，所以把美浓两个字加到了分店的店名之中。

　　那些店铺现在都没有保留下来，但在八坂神社（东山区）附近的美浓幸其实是大正时代从美浓庄分离出来的店。

　　　　　　　　　（《三百年企业美浓吉和京都商道的教诲》第 43 页）

　　美浓吉的继承关系较复杂，《三百年企业美浓吉和京都商道的教诲》中介绍得不多，从其中给出的一个图表来看（见表 6 - 1），大多继承者是长子，但也有养子继任。第 8 代之后的情况比较清楚，第 8 代有子女一男三女，长男才治继任，成为第 9 代掌门，他育有一男两女，长男佐竹力总作为第 10 代传人，娶妻由纪子（淡路岛千年一酒造·武田邦夫之女），育有两男一女，长男佐竹洋吉（副社长），二男佐竹洋治（厨师长）（见表 6 - 2）。

表 6 - 1　美浓吉各代继承人

第 1 代	第 2 代	第 3 代	第 4 代	第 5 代
佐竹十郎兵卫	佐竹佐七	佐竹佐七（2 代的儿子）	佐竹加乃、聟吉右卫门	佐竹驹、聟吉兵卫（无子女）
第 6 代	第 7 代	第 8 代	第 9 代	第 10 代
佐竹卯兵卫（5 代外甥）	佐竹吉之助	佐竹吉兵卫	佐竹才治	佐竹力总

表 6 - 2　现在家族成员在美浓吉担任的职位

社长	老板娘（女将）	副社长	理事、厨师长
第 10 代佐竹力总	妻子（佐竹由纪子）	长男（佐竹洋吉）	次男（佐竹洋治）

三　转变成现代饭店

　　1920 年代末（昭和年代），美浓吉作为饭店的变化明显。为适应时代发展，料理亭做了重新装修，增加了宴会厅和会议厅及舞厅等。后来开始尝试外卖业务，竹茂楼也增加鳗鱼寿司和鳗鱼茶泡饭等业务。而美浓吉从一个传统的河鱼料亭转向现代饭店应该始于第 8 代传承人吉兵卫，而这个转变过程则经过了相当一段时间的学习和探索，到第 9 代和第 10 代才找到一条将日本传统料理与现代经营管理相结合的道路。

在第 10 代传人佐竹力总的眼中，（第 8 代）祖（祖父）吉兵卫是一个"富有上进心的人，进行了各种各样的改革和努力"。他不仅作为饭店的老板负责经营管理，也进厨房亲自做菜。大概正因为如此，他才能对厨房和烹饪流程等进行变革。他的想法是需要打通厨房与客房服务之间的间隔，能及时监督和协调控制烹饪和服务。同时，他引进了一系列的厨房和食材加工处理设备，如搅拌器、绞肉以及磨干制鲣鱼的机器、冰箱、锅炉、器具消毒和供水污水处理设备等，这是实现厨房机械化和现代化的重要举措，不仅节省人力而且更有力地保证了烹饪品质。有趣的是自 1923 年开始，美浓吉创办了自己的报纸《味觉时报》（每月发行一份），这大概可以看作最早的饭店营销媒体，实际上也有着为社会和文化服务的功能，这令人惊叹的。

> 报纸上有美浓吉饭店指南，有关于季节性味觉、厨房参观学习的报道，以及关于家庭料理讲座等信息。（按照）现在这个时代的概念，应该和电子杂志差不多。（《三百年企业美浓吉和京都商道的教诲》第 53 页）

但在 1944～1950 年期间（第 8 代执掌时期），日本战败之后由美军接管，美军实行的是食品配给制，料理店没法继续营业，一直处于关门歇业的状态。美浓吉关店 7 年多，其间主要是做配食工作以维持生存。

1958 年，美浓吉变为股份公司，并由此进入了重要的发展阶段。其中经历了中兴的第 9 代和走向现代公司的第 10 代。第 9 代佐竹才治头脑聪明，先是在京都大学学习食品工程专业，以期将来继承家族事业。但他毕业时饭店关门了，于是去东京大学进修，之后去了通产省做了政府官员，又去了阪神百货工作。第 9 代当时一直工作和生活在东京，直到他父亲突然过世（59 岁），母亲要求他回来承担长子的责任。他并不愿意，希望出售店铺。但母亲说："这样，暖帘①会哭的。" 不能丢弃传统，这样才让这个企业才传承下来。

1958 年，美浓吉在百货商场开设店铺，首次在大阪、梅田、阪神百货店内部开设分店，经营理念就是让任何人都可以方便地吃到日本料理，百货店的料理主要是盖浇饭或鳗鱼饭便当，价格便宜。70 年代开始，兴起一股面向 "安安族"② 和 "哝哝族"③ 的便当热，因而到了 1976 年，美浓吉开设了一些家庭餐馆，像美国麦当劳、肯德基这样的快餐厅。第 9 代传承人在父亲突然过世的情况下，从东京通产省官员的行政道路上退出，一边在阪神百货从事企业策划部经理工作，一边照顾家里的生意。而他早前的工作经验无意间助推了美浓吉之后进入全国市场和产品线的拓展。实际上，美浓吉最初也是通过进驻阪神百货食品街而打启了新的发展之路。进入阪神百货使美浓吉开始了全国布局，进入东京等城市，重要的是，也实现了从传统料理向家庭餐馆和外食业务的转型。同时，通过建立民艺食堂而使美浓吉迎合了大众化消费。六七十年代外食成为潮流，为此，美浓吉走出了传统料理食客减少的困境。

第 9 代佐竹才治另一个重要贡献在于变革厨师制度，使得饭店脱离传统依靠厨师个人技艺以及师傅带徒弟的状态。过去是有专门的厨师派遣组织，饭店需要与厨师签约，厨艺是以师傅带徒弟的方式传授，这取决于厨师个人的态度。因此，饭店雇用厨师质量不稳定成为很令人头痛的问题。佐竹才治在民艺食堂建立厨师培训制度，开设了系统的教育课程，称为 "厨师培育 8 年课程"，这使过去的 "依靠人缘维持生意" 的状况得以彻底改变，也为后来业务的规模化扩张铺平了道路。

第 10 代社长佐竹力总则让美浓吉重新回到传统日式料理为主导的道路

---

① 暖帘：日本店铺门前悬挂的布帘，上面印制有店名招牌，相当于中国店铺的牌匾。
② 指 20 世纪 70~80 年代的喜爱时尚、热衷旅游的年轻女性。
③ 同上。

上，进一步凸显了美浓吉的传统品牌和文化优势。佐竹力总于 1946 年出生，1970 年 3 月从立命馆大学法学部毕业，1970～1974 年在美国留学，进入美国弗兰西斯科城市学院的酒店管理学部学习，对美国新兴的麦当劳标准化快餐印象深刻。他 1976 年任美浓吉常务理事，1981 年任美浓吉专务理事，1985 年任美浓吉副社长，1995 年至今任美浓吉常务理事社长。因为第 10 代企业主为家族唯一的儿子且为长男，所以从很小的时候就知道要继承家业，并在大学毕业后就进入家族企业工作。

1985 年，第 10 代社长到欧洲旅行两周，去了德国、英国和瑞士，旅行过程中考察了很多餐饮企业，包括欧洲很多有全球影响力的百年老店，感到非常震惊，觉得美浓吉的经营模式需要改变。1986 年是美浓吉企业经营的一个转折点，适逢日本泡沫经济时代初期，餐饮业面临严重的衰退和危机。企业于 1986 年做了经营战略转变的决定——从美国式标准化服务经营模式转为欧洲注重产品附加值的特色经营模式，即从开设一些分店、家庭餐馆回归到日本传统料亭经营上。对于经营理念的转变，佐竹力总社长有以下解释——

> 在了解欧洲的这些企业之前，我只关注了美国的企业。既然开了店，决定了自己的事业方向，那就一定要把它发展起来。也正因为如此，我总认为美式产业链的发展是十分重要的。
>
> 然而，看了欧洲老字号的经营方式之后，我对在饮食业界中是否真的有必要扩大规模、延长产业链产生了疑问。……所以，对于当时有着 270 年传统的"美浓吉"的衰落，我认为总得采取些措施来阻止它继续衰落下去。随之我们便公开了"成为改良升级后的美浓吉"（Grade up 美浓吉）的宣言。
>
> （《三百年企业美浓吉和京都商道的教诲》第 109～110 页）

平成 6 年（1992），企业投资 2.5 亿日元对美浓吉本店进行翻新改造，建成现在的京都怀石料理店，并取名竹茂楼。1994 年，竹茂楼还获得了京

都府景观奖。企业的经营理念也做了改变：通过食物来创造日本文化。在第
10 代传承人佐竹力总的带领下，终于找到了一条既要传承三百多年怀石料
理传统文化又要在时代变革中不断创新发展的道路，美浓吉也因此重新找到
了定位和目标，这可能是美浓吉不断发展壮大而后成为日本料理的代表性企
业的重要里程碑，在《三百年企业美浓吉和京都商道的教诲》中，佐竹力
总社长对公司的价值理念和使命做了如下说明——

　　美浓吉以传统的京料理为基础，开展从高级酒家"竹茂楼"到简
便餐馆"和食 JOY 美浓吉"的外食业务、家常菜或便当贩卖的中食业
务、京料理的高端内食业务等满足消费者多样化的需求。也就是说不单
是外食产业，美浓吉向着日本最美的文化产业的目标前进。因此，公司
方针要求美浓吉的全员都带着自己是"京料理继承者"这样的荣耀来
工作。（《三百年企业美浓吉和京都商道的教诲》第 214 页）

　　……美浓吉店铺运营的基本方针和理念是——

　　通过京料理使所有与本公司关联的人们都获得幸福。
　　追求高质量、高附加值、高级感（从讲究中看见坚韧）。
　　向日本第一的料理店（美的文化产业）前进。
　　我们旨在通过饮食以保存和发展日本文化。

　　　　　（《三百年企业美浓吉和京都商道的教诲》第 216 页）

　　家族传统料理亭在这一过程中逐渐成长为一家多样化的饭店集团。集
团目前有三大经营板块，分外食、中食和内食①，共45 家店铺，其中有 20
家外食店（料亭、料理餐厅），分布在京都、大阪和东京等地区；有 25 家

——————
　　① "外食"是在餐馆购买并食用，"中食"是在外面购买后在家里或者工作地点食用，"内食"
　　是在家里制作并食用。

内食店铺，分布在各个大百货商场的地下一层超市。美浓吉三百多年的经营历史在日本料理老店企业中不能算是最长的，[①] 但是按规模算，美浓吉在全日本餐饮业排第二位。基于美浓吉在日本料理业的地位，在 2015 年意大利米兰国际博览会上，美浓吉作为日本料理的代表，在日本馆展出怀石料理（美浓店）。在美浓吉第 10 代店主佐竹力总所总结的企业史《三百年企业美浓吉和京都商道的教诲》中说道——

> "美浓吉"创建于江户时代享保元年（公元 1716 年），距今已有 290 余年（见表 6-3）。……长久以来，在京都这片土地上，美浓吉虽然一直都坚持着料理店（日式料亭）的营生，但它并不是那种专门为了"保护"传统而保守经营的店铺。在横跨数百年历史的经营之路上，我们总是能够随时捕捉到时代的需求，勇于挑战，不断创新，时常走在时代的前面。（三百年企业美浓吉和京都商道的教诲》第 17 页）

表 6-3 美浓吉基本经营信息

公司名称	社长	创建年份	株式会社设立	年收入（亿日元）	员工人数	业务简介
美浓吉有限公司	佐竹力总	1716	1958	90	约 1000	高端和食餐厅、简餐餐厅

注：调研获得资料，数据统计时间截至 2017 年。
资料来源：美浓吉公司概要（平成 29 年至 2017 年）。

四 传统与创新

料理是一个有着传统的行业，如何传承传统和经验，即便在今天依然是很

---

① 日本料理企业中 300 年以上的有 10 家左右，其中还有 600 年以上的。

重要的。现代管理中，我们是尽可能排斥或去除经验在产品和服务中的影响，以使得产品或服务更为标准化，如麦当劳就是典型之一。但在历史上，传统和经验则是企业生存和发展的关键因素，不可忽视。同时，鉴于餐饮行业的特征，经验和传统成为企业吸引顾客的主要内容，并表现为不同的菜式和特色。

美浓吉三百多年的历史中，料理特色大致在前几代就逐渐形成，一直传承至今，不断创新发展。并没有历史资料记录下这一传承的内容和过程，通过我们的访谈和挖掘公司史料，大致看到以下几点。

（1）美浓吉河鲜鱼生料理为主导的特色定位与当地的食材紧密相关，怀石料理成为地区的特色与这个地区的饮食文化相关。因此，这一经验和传统不可能全部是一家料理店的创新，更重要的是与当地社会以及同行业相互学习借鉴的结果。如果我们再看看具体料理师的情况就不难明白，他们才是怀石料理技艺的真正传承者，美浓吉家族成员或者直接作为料理师（如第10代次子成为厨师长），但大多情况下则是外面聘任或在料亭做学徒成长起来的厨师担当传承菜系的任务。因此，加工料理的经验和传统是在他们之中代代相传的。据现任厨师长的介绍，虽然家族历史上留有一个菜谱记录，后人会从中研习揣摩，但其中可言传或文字记录的东西是不多的，大多需要在无数次练习实践中摸索和再发现。因此，一方面是师徒相传的学习、观察和体会过程，往往需要较长的时间（5～8年）才可能成长为具有独立能力和技艺的厨师；另一方面则需要心灵和精神的训练，这一工作的精神气质往往被现代人所忽视。在传统行业基于经验、传统的加工和服务中，高度依赖于个人的技能和服务，其精神和心理因素则是影响产品或服务质量的关键。在与美浓吉次子厨师长的访谈中，他特别谈到选择具有温和性格、热爱日本料理行业的学徒的必要性和重要性，更为重要的是要让他们在日常工作中得到磨炼。比如，越是年轻的学徒，就越要更早的来到工作场所，帮助做好各种准备，并最晚离开。并且他们还可能经常受到长辈或师傅的训斥，要求不断地磨炼技能和心性，这大概就是培养厨师的诀窍。

（2）如果将家族长寿的历史仅仅理解为后代对祖上创造的产品或服

务的继承，则是完全错误的。每一代人都会面对特定的时代环境变化，尤其在政治、军事以及社会、经济剧变的时代，环境可能带来大的冲击，但也可能创造出新的需求和机会。因此，即便是作为料理这种受到原料和食材、饮食文化以及当地资源和气候影响很大的行业，其变化一般来说也是缓慢的。但在历史演进中也有着或快或慢的变革和创新，否则会被时代淘汰。在竞争中取胜是一种创新和适应的结果，留存下来的是适应变化并不断创新以引领潮流的企业。另外，作为料理厨师，学徒期5～10年不等，在人生职业的近三十年历程中（一般60岁之前就退休了，而在古代，50岁就差不多退休了），至少有着近二十年的发扬和创新时间。这样对于料理的不断体悟和观察学习，就会在一代代人之中积累并创造出新的产品和服务。美浓吉的创新历程已经很难被清晰地回顾，但至少近几代人的经营发展历程还是历历在目的。在我们与董事长、女将、长子和次子（作为副社长和厨师长）的几次深度访谈中，他们无不透露出一种信息，即不断学习和创新。董事长明确说，即便是对于料理师的培育，也不是仅仅看他的认真工作精神和严守传统，还是要考虑其创造性。他们指出，具有一些"反叛性格气质"的年轻人有可能成为优秀的料理师，因为具有这样特征的人往往不满足于现状。厨师长喜欢旅游——尤其是到中国和俄罗斯，到各地品尝美食，因此不断学习和开发新的菜式也成为他的职责和爱好之所在。美浓吉至今大概80%的菜式是祖上传下来的，而另外20%则是不断推出的新菜式，保持这样的比例就是"两条腿走路"，既继承传统，又适应时代变化。而美浓吉更多的创新则在经营方面，包括运用现代公司制度建立流程和电子化管理、连锁经营，拓展新的、不同价位和地段特色的分店和产品线，以及在人员、服务和营销方面的创新，这大概是更多吸收了西方管理学理念的结果。对于创新的重要性，第10代社长在《三百年企业美浓吉和京都商道的教诲》中谈道——

比如，对餐饮店来说，每过一年顾客就会自然而然减少两成。就算不断提升料理和服务质量也会如此。因此如果不经常吸引两成新顾客，店铺就经营不下去。就像在不断下行的手扶电梯上拼命往上走一样。为了克服这一困难，要不断与时俱进，挑战新事物。如果自己是经营者的话，有很多想要做的事。（《三百年企业美浓吉和京都商道的教诲》第153页）

（3）家族经营如何保持创新和创业精神？这大概是家族企业长寿的主要原因。美浓吉的近几代家族领导人都在日本或欧美受过良好的大学教育，第9代在京都大学和东京学习，而第10代则直接到美国学习酒店管理，第10代的两个儿子均在日本著名的大学学习经济管理。这为传统的家族料亭走上现代经营管理之路奠定了基础。有意思的是，料亭在第9代社长的带领下，曾经想走美国快餐业的路子，即标准化和规模化经营。1980年代曾尝试用这种方式改造传统的日本料理，以适应大众化消费和现代都市生活节奏的快捷化，这种方式尽管使规模扩张很快，但遭到家族长辈以及家庭其他成员如女将等的反对。第9代社长在欧洲旅行期间，走访了欧洲的传统饭店，对其保持传统的经营风格和文化品位印象深刻，回来后即开始反思，并重新调整战略回归日本传统料理店的经营之路。学习现代饭店管理绝不意味着简单模仿西方的做法，日本人餐饮文化的底蕴尤其是传统料理文化是不能轻言放弃的。也正是在这之后，美浓吉明确定位于日本高端料理，同时适当考虑时代的需求变化，引入不同价位和特色的料理分店，并延伸至食材配送上，发展为现代餐饮酒店集团。这是最近几代人为适应时代变化而进行的大胆探索和创新，既保护了传统，也结合时代变化进行了创新发展。而认识到外食的发展契机并适时予以发展，既拓展了公司的传统业务产品线，使得公司的规模和影响力迅速提升，也在这一发展过程中，通过学习美国等现代家庭餐馆和外食业务的流程化、制度化、设备和人员培养现代化等方面的科学管理举措，将传统老店转型为现代化餐饮企业，这一历程的意义是不可小视的。

五　服务业的"款待精神"与料理文化

在今天的意义上，需要重新对服务业进行阐释。近代尤其是美国的现代服务业快速发展并成为引领之后，服务主要的价值来自产品本身，如酒店、餐饮、旅游和金融等，其产品和供应链的创新成为核心要素，如麦当劳提供标准化的汉堡包和薯条，还有工业化的可口可乐等产品。而服务则同时也标准化了，通过层层培训和工作流程手册，将服务予以标准化和流程化，简单易行，排除个人的情感和经验的不确定性，这为服务业在全球范围的连锁化、网络化扩张创造了工业基础，是具有重大意义的。但同时也抛弃了个人或服务者的精神和地区文化所带来的传统服务价值。在历史传统中，服务业是以特定地区的文化、组织和个人的精神气质为核心的，尤为重要的是，服务业是服务者（企业）与顾客之间的一种直接的、具有精神文化气质的交流，由此带来愉悦和满足，同时还包括一种用心（全心全意）、诚挚的、无微不至或宾至如归的所谓对顾客的"款待"，顾客如同来到主人家中的客人，需要受到用心的款待，而不是简单的服务（标准化产品和流程），这大概就是在日本服务业中普遍强调的"款待精神"，与工业或制造业中的"工匠精神"具有异曲同工之妙。

让我们来看看日本料理中的款待精神。日本的料亭在服务顾客方面有一个重要的管理者就是"女将"，这不是一般的前台经理的角色，而是全方位的顾客款待领导者。她的任务不仅是穿着得体而优雅的日本和服迎送顾客、给客人介绍饭店特色和菜系，更为重要的是与顾客沟通。在顾客订位之际，就要了解客人的身份、要求和喜好，然后按照这一要求对预订的房间进行布局，包括插花、挂轴字画、餐桌座椅的摆放等，并根据季节和客人的要求设计用餐的菜系和摆放。而接待等还只是其工作的一部分，更重要的是平时需要对服务生进行培养，如茶道和花道等。不仅培养服务生外在的仪态，更要训练其淡定优雅的精神气质，为顾客带来一种特别的愉悦和满足的体验。而这些又和日本有着悠久文化的茶道、花道相联系，传递的是一种精神文化。美浓吉的女将尽管大学是学习其他专业的，但多年以"款待顾客"和传承美浓吉文化为宗旨，不仅学习日本传统料理的款待文化和程序，更是加以创新，总结出诸多的服务创新之处。如我们此次访谈的女将对料理款待的总结有：一是"残心"（意思是要让客人不是吃完饭就想走，而是有恋恋不舍地感觉，希望下次再来）。残心在日本料理界有特殊的意思，指客户身已走但是心还留，相当于中文中有点遗憾加留恋的意思，比较微妙。二是料亭的服务，有三个日语的第一字母キ（ki）"3キ"①来描述其特征，代表日本料理文化中的三个重要因素，即机会（与客人见面交流的机会）、季节性（日本料理的传统是根据季节的变化而改变）、器具（装食物的器皿）。季节性是过去的传统，如夏天要用银的盘子，抹茶在夏天用小碗，这样，不会喝不完变热。不仅盛器如此，随春夏秋冬季节不同，菜式也会不同，如：一月吃七草粥，三月女儿节，五月吃青鱼，六月吃煎鱼，七月祇园祭吃海鳗，九月吃芋头，十二月吃冬南瓜等。通过料理让人们感知季节变化、调节身心。美浓吉三百多年历史，在她看来，有三个关键的因素：一是传承历史和文化；二是技艺不断优化；三是累积。每一代都在一边保护传统，一边接纳新的事物，这就是发展。对于款待文化，女将的理解是，如果仅仅满足客人提出的要求，或者客人要什么就做什么，那只是服务。只有用心去为客人着想，做到体贴和无微不至（日本语"感性"），才能让客人感动。这不是体现在表面的，而是发自内心的"款待"之道，超越服务。《三百年企业美浓吉和京都商道的教诲》将公司的服务精神表述为对于高品质和高附加值的追求。

追求高质量、高附加值、高级感（非日常感）：

（1）以实际形态表达四季迁移的"京料理"。

（2）蕴含深远趣味的"装饰"。

---

① 这里，"残心"和"3キ"的日语概念都请教了日本京都大学博士生赵海鹏先生，本文引用的是他给出的解释，特此致谢！

（3）京料理当家的"款待之心"。

款待之心指——

（1）款待（站在对方的立场上思考）。

（2）与娱乐（演出、京料理的说明等）相辅相成。

（3）我们作为日本饮食文化的当家人，应时刻怀有以此为荣的自觉心。

（《三百年企业美浓吉和京都商道的教诲》第 217 页）

六 简朴、勤奋、职业化与平常心

美浓吉三百多年的基因何在？当带着这个问题进行访谈时，给我们带来冲击的是，并没有听到多少历史上伟大的家族领导人的故事，或者一些战略上重大的创新或变革，也没有我们通常所认为的约束后代的家规家训。我们听到更多的是一些关于勤勉工作、职业精神、对家业的责任和勤俭质朴的生活等。确实，一个家族企业长寿的基因就可能蕴含在这些看似平常却最难以坚守的要素之中。

（一）家业：暖帘和责任

美浓吉传承至今已经十代，其间经历了不同的时代变化，但家业的坚守是没有变化的。每代人都只不过是将这个需要传承和发展的"业"看得最为重要，并努力保持家业的"暖帘"（招牌）不在自己手上被终止，否则将无法面对祖先。这种责任和担当可能是日本家业延续的最为重要的因素，而并非产权和利益分配。这对于现代人或现代公司而言似乎难以理解，因为目标已超越了单纯的追逐利润而变成延续和传承家业。美浓吉历史上有两三代最初都是长子不愿意继承，但最终还是出于责任，认识到家业和"暖帘"的重要性而重新回到料亭，以传承这个家业"暖帘"的传统和责任为重。因此，父辈一般对长子的要求尤其严格，培养后继者不仅仅是依靠家业责任的说教，更多的是以身作则，让后辈看着其"背影"来主动肩负起家族事业传承的责任。

不仅是传承家业的长子，而且其余儿子也基本上要在料亭工作。如第10代的次子作为厨师长，只要家业需要，就会义无反顾，他将这看成是对父辈的"报恩"，同时对家业的经营和股权分配等不持有任何的欲念，听从父辈社长的安排，认为那不是其应该考虑的问题。有意思的是，这个家族的传承不仅限于男性，也包括加入这个家族作为女将和儿媳的女性成员，基本上都在料亭工作，全力支持家业。她们穿着日本传统和服，作为咨客或服务生，以便将来哪一天担当女将的角色。而女将则是日本服务业的重要特色之一，她的责任不仅是照顾顾客，做好款待服务，还要对员工进行培训和指导。她们也是料亭文化和传统的继承和发扬者，保护着家业的"暖帘"和精神家园。《三百年企业美浓吉和京都商道的教诲》中记载，第9代女将同样来自清酒酿造商的家庭，当她嫁入美浓吉之后，就视传承这个家业为己任。

有意义的是，每位家族成员在料亭工作，都是一份职业。每个人主要关心的是做好自己职业，而不能超越职业之外干预企业的经营管理，更没有什么特权可言。这大概是日本人将家业和作为家族成员股东的身份截然分开的缘故：家业是公共的，于私，在这里只是一份职业和工作而已。

（二）勤勉工作才是正常的

料理行业是非常辛苦的，从早到晚工作且没有节假日，要求的是勤勉、心无旁骛地工作。美浓吉的口头家训是：从早到晚工作是正常的。这意味着，游手好闲、追求安逸的生活是不正常的，这可能就是日本人的"工作就是修行"的理念吧。传统的酒店和作坊并没有严格的八小时工作制度，而是吃住、生活在店里，除了偶尔的外出和睡眠休息外，基本的常态就是工作。美浓吉在今天已经脱离了工作、生活地点不分的传统——住在外面，每天上下班，但工作时间还是超出了一般的每周五天、每天八小时，尤其是社长和家族成员基本上都在饭店。长子副社长和次子厨师长告诉我们，他们每天的工作时间大约为15小时，每周为了陪孩子，可以在家休息一天，其余时间基本上都在店里工作。

（三）保持简朴才能长久

在日本，生活简朴是受人尊敬的，而奢侈则被人轻视。大概是因为日本作为岛国，资源有限，奢侈不得，在以农业为主的古代大概就保留下了这一传统。而商人一直遵循这一理念，以简朴作为家业长久的根本。而这也是最难保持的品德，一般来说商人富裕了，就很难再保持简朴的生活。大多会追求奢侈，这也是诸多家族企业"富不过三代"的根本原因。因此保持简朴生活这一看似简单的原则却是最难长期保持的。奢侈带来的危害很多：一是可能使得后代丧失企业家精神，而将宝贵的财务资源和时间浪费在奢靡的生活中；二是奢侈生活必然追求物质财富，个人利益最大化就会成为其目标，欲望是一个永远无法满足的"无底洞"，最终人性和精神、意志都会在这一沉沦中消散；三是不能坚守家业，坚守是需要耐心和意志力的，更需要抵挡很多来自金钱和利益的诱惑，否则投机、追逐暴利、失去底线就可能成为家业失败的导火索。

首先，料理行业并不是一个暴利行业，只是在日常经营中获取适当的利润，并且要将收益大量投资到饭店的装饰文化（如插花和茶道）、细心的款待、食材的质量、精益求精的加工等方面。美浓吉还有意限制饭店规模，客人吃饭一般要提前几周时间预订，这样能避免因过度投资而引起竞争和资源浪费。其次，在此工作，无论是社长、副社长还是员工，工资差异都不是很大。家族成员在饭店也只是领取与其岗位相当的工资，据次子介绍，他是按照厨师长岗位领取工资，他是依靠自己和夫人的薪水来生活的，在京都买了一小套住宅来安置他一家四口（夫妻和两个孩子）。尽管未来可能有一些股份，但并没有很多分红。最后，日本的遗产税高达50%，因此，将来留给长子、次子的股份和收益都将收取一半左右的遗产税才能转移到他们手上，如果不能继续经营并创新发展，每一代想仅仅依靠继承财产来生活，那么大约过了两代以后，高额遗产税就会使家族传承下来的财富所剩无几。

七　由日本料理老铺所想到的

餐饮业无疑是中小企业集中的行业，也是传统和地方特色文化展现的地方。传统与历史风俗和饮食时尚融合为一体，因此在不同历史时期，食材（包括酒和饮料的选择和加工）、器皿、酒店、茶肆等的布置和环境等，无不具有典型的时代印迹，它是社会生活和民风世俗的集中体现。而地方特色则是因餐饮的食材、加工方法以及当地人的饮食嗜好与其他地区的不同而形成的。

如此丰富多样的历史和地方文化，造就了极具多样化、高度细分的餐饮市场，在古代可能更是如此。围绕着一种地方菜式，经营的饭店酒肆不胜枚举，大多是小商人或厨师（工匠）的小店铺而已，偶尔有一些较大的酒庄，但很少能生存较长时间。在中国，大量食客仅在城镇化的近代才形成，而古代到近代的城镇，食客大致有两类：一类是过往的客商旅人，另一类是一些本地熟客。饭馆主要提供小吃和特色食品饮料，因为大多数人，包括官僚富豪，一般是在自己的庭园里设置酒宴招待客人，而自己和家人也很少到饭馆吃饭。

日本大致自幕府时期以来，大量武士、商人以及游人聚集在不断发展的城镇，城镇人口占比越来越大，尤其是在三都（京都、东京和大阪）。酒店餐饮业大概是随着商业发达和城镇化而迅速发展起来的，尤其是当料理店将不同的地方和历史特色餐饮带给居民的时候，就会吸引大量的居民。日本因此较早出现了餐饮业，这种餐饮业跳出了作为小吃店和饭馆的经营范畴，饮食只是作为其产品，而服务和管理才是核心。在现代公司成立之前（钱德勒意义上的），餐饮、酒店管理大概是最为重要的经营管理服务了，这在日本和食料理店的历史上是不难看到的，表现如下。

第一，料理在传统的基础上推陈出新。传统是依赖于厨师的手艺、秘诀，还有各地各具特色的食材、加工方式和口味，这些在中国餐饮业中也基本上是最重要的因素，阻止了其向更大区域和更长时间的扩张和传承。近世以来，日本餐饮业逐渐摆脱了只依赖于厨师的局面：一方面，将餐饮对食材加工和菜式创新的依赖度降下来，而是提供相对标准化的菜式，如近世以来创新的刺生、味噌汤、日式火锅等，同时配以日本的各种清酒等。这种料亭基本上标准化的菜式，使得对厨师和烹饪技能的要求相对降低，而主要的区别是食材新鲜度和加工流程等；另一方面，料理的服务管理成为更为重要的特色，将日本的文化和传统融入其中，如茶道、花道在料理服务中的应用，也包括服务精神和气质——餐厅房间的布置、房间里的挂轴，以及身着和服、统领餐饮文化和服务的"女将"（老板娘）等，无不体现着日本料理的文化和精神气质。

第二，适应时代变化，加以创新和调整。日本料理最初主要是供较高阶层如武士、贵族等食用的，因此定位是较高的。工业化以来，城市一般居民和游客成为料理的主要客户，既要保存料理的传统，又要创新以适应大众化趋势。日本料理开始产品线多样化，推出不同价位和品质的餐饮和服务，面向不同消费层次的客户。而其中低价位的重点不是降低餐饮食材及加工的质量，而是服务的调整。现在的日本料理店基本上是根据所在区域的客户来定位的，不同的分店有不同的风格和产品，但基本内容是一样的。

第三，料理作为服务业，奠定了其基本的经营管理风格——以服务为核心、"款待"顾客。日本对服务的理解超越了西方的服务（service）概念，这可能是日本服务业最大的贡献。"用心款待"带有敬诚、完全站在客人的角度着想、无微不至、宾至如归等意义，这是一种淳朴的带有古风的待客之道，而非仅仅是契约意义上的服务。在日本餐饮酒店以及温泉、商场等各种场所，无不感受到这种款待之情。餐饮业做到这一点不容易，因为它不仅是服务，还是包含高品质和文化精神气质的饮食产品，是工匠精神与服务精神完美的结合——将厨师的工匠精神和招待客人的款待精神融合一体，做到新鲜、健康、适应不同的气候季节、满足不同人群的口味偏好，这无疑是一件十分复杂的工作。美浓吉在这样的要求下一代代人兢兢业业，延续三百多年而不绝，值得我们学习。

　　第四，食材的供应、保质保鲜可能是最早被预见的供应链问题。在小规模和地区化经营时期，这或许不是一个大问题，一般来说是就地取材——在看得见或控制得住的地方进货——无论是蔬菜还是肉类及其他食材、油和调味品等。但在今天化学品和污染无处不在的时代，要保持食材和调料的质量安全和新鲜是一件十分困难的事情。日本供应链的高质量和高信用大概是日本料理得以保存传统和特色，同时也使得一些料亭如美浓吉可以在日本以及海外一些地区开设分店的主要原因。在现代，麦当劳开创了廉价快餐店的全球化连锁经营和标准化生产，而日本料理亭也在这一道路上进行创新，但采取的是不同的路径。他们既保持传统，又不拘泥于传统，对现代规模化和跨地域甚至国际化经营做了成功的尝试。

　　第五，日本料理的品牌化经营在亚洲是很少见的，中国的餐饮文化非常发达，且历史悠久，但基本上是以地区品牌为特色，很少有家族企业品牌延续超过几百年的。在中国，服务业家族企业为什么很少有长寿的？这大概与我们对于服务业的理解和组织有关，我们缺乏对于服务的标准化和可延续的要素，如日本在服务精神上的训练与花道、茶道密切联系，不仅训练出一种服务技能，更多的是培养了一种服务精神和气质。再加上日本和服与传统文化的熏陶，使得日本的服务独具特色且传承久远。中国的服务业则更多的是强调餐馆的菜式和地点及装修，还有就是厨师的手艺和特色，这些尽管是其核心价值中重要的一部分，但不是服务的全部，甚至还没有抵达服务的核心价值，只是一种生产或制造而已。日本服务的地区性精神气质是值得服务业管理者深思的，这是全日本的历史和传统的凝聚和传承，也有不断创新和文化的渗透。这一标准化的服务和款待基本上是通过文化和仪式（如花道、茶道）来传递和学习的，在这一基础上保持企业的长期经营和品牌就是可能的。因此，日本的服务业是在这一大的文化背景下继承传统和创新发展的，理解这一过程对于分析本文美浓吉料理文化案例是非常有价值的，对于理解日本的服务或款待也意义深远。

附录：对美浓吉的四次调研访谈记录

第一次访谈记录

2017年7月20日10：00～12：00、12：00～13：00社长宴请

创业三百多年来的京怀石料理亭。接受访谈的是第10代社长佐竹力总先生。

（1）社长佐竹力总接待了我们，他是家族企业第10代，他的夫人是他在美国弗兰西斯科市立大学读书时的同学，他们学习的是餐饮管理专业。他于1974年大学毕业后进入家族企业，1995年接手餐馆，之前作为副社长与父亲共治。他有三个孩子，两个儿子都在日本读大学（同志社和立命馆），如今一个是副社长，另一个是总厨师长。他将来会将土地给女儿，两个儿子分享公司股份，没有外人。他强调家族控制权。日本的税收尤其是遗产税很高，因此需要计划。两代半之后，因为遗产税，家族财产将全部用于上缴税收了。日本企业家因此很少购买不动产等，生活很简朴，大概与遗产税及财产制度有关系，赚很多钱也不是自己和后代的，而是社会的，这是很现实的。但他们都期望将家族事业传承下去，对事业的追求远远超过对财富的追求。家族的第8代原来在东京进入政府部门，政治前途很好，他自己也很愿意在外面发展。但后来父亲早逝，他一度想让外人接手家业或是出售，但其母亲坚决不同意。说了一句话："暖帘"（家业品牌）会哭的。

（2）佐竹力总在美国学习期间，接触了美国现代快餐业的经营模式，追求标准化和规模化，一度按照美国模式建立家庭餐馆，强调快捷和连锁经营等（1960年被称为日本的外食元年，1970年麦当劳进入日本市场）。这种批量生产方式最初不错，但他们很快意识到了问题，客户也对此提出意见，认为要保持日本和食的特色。他们到欧洲走访了不少餐饮业（德国和英国），颇受启发，对美国大批量生产模式进行反省。他们1986年开始进行战略调整，家族一致同意转向品质化经营，向特色高端转型。1992年投入25亿日元建设新竹茂楼（用土地担保获得银行贷款），经过25年的发展已

有45家下属企业，其中有20家饭店，有25家经营食材，成为著名餐饮品牌（全日本规模第二，排名第一的被一个财团并购了）。而一些学习美国批量经营的餐馆不少已经破产了。

（3）企业没有家规家训，在京都的企业大概一半都是没有家训的。他认为，家训是死的条文，重要在于人的行为，父辈以身作则是最为重要的。他现在最重要的任务不是指导儿子的经营管理，而是培养和选拔孙子，他有六个孙子，期望从中选择贤者继任，这是关键的。

（4）服务业的好客、款待是如何实现的？服务精神的训练基于茶道，每周三次，公司请专门的茶道师来培训，每个员工每月4000日元培训费，社长本人也是茶道师。

（5）厨师或一流的料理师是重要的资源，现在越来越少的年轻人愿意当厨师。公司每年从全国80家专业料理学校招收约50名学员，三年后大约仅剩下一半。5年时间内就可以判断学员是否可以成为优秀的料理师，一般需要10多年的学徒期，但公司可以将培训时间缩短至8年。一是招收人才，提高待遇；二是注重品德，如领导能力、与人相处、让别人信服、有上进心、为人实在、一心一意、有胆识甚至还有一些玩世不恭的人。选拔出优秀的人并加以培养，而不仅仅是工匠的流程和规则。这就是选拔机制。

第二次访谈记录

7月26日上午9~12：00

访问次子，即厨师长佐竹洋治①

（1）教育、工作简历：在立命馆大学进修经济学，之后到一家日本料理的料亭做学徒三年，每天工作18小时。后来进入家族企业，是父亲让他

---

① 只有第一次与社长佐竹力总的访谈是来日本之前正式确认的，而第一次访谈之后激起了我们进一步的兴趣，因此，通过协调，又分三次分别与美浓吉的厨师长（第10代社长的二儿子）、副社长（第10代的长子）以及美浓吉的女将（第10代社长的夫人）访谈，每次均超过2个小时。这在高度强调时间观念和计划性的日本实在是难得的，也让我们体会到日本料理服务的待客之道和诚心。

来的，来此工作是对父亲的报恩。让其兄作为副社长，他作为厨师长，各司其职，不得相互干涉，并且他们之间签有相关协议。

（2）厨房基本上是由长辈主导，新来者作为学徒和员工是要不断挨骂或被批评的，要更努力、花更多时间来学习。不喜爱日本料理、不愿意成为好的厨师的人不会进入这一行，也不会长期坚持下去的。

（3）家族很团结，父亲与他们定期开会，电话沟通或叫出来一起吃饭。每年召开三次"动员会"，全家所有人都参加——找个地方一起吃饭，要住一晚，不谈经营，是亲睦会性质的。

（4）所有支出要自己去挣，父母不会给钱买房子。对孙子，爷爷也只有过年时给压岁钱。他也就拿着正常的工资生活，妻子在美浓吉作餐馆领班，穿和服上班。三个小孩（一个儿子两个女儿）基本上很少见到父母，有一个钟点工人来做饭，其余是小孩们独立自理。

（5）他们也并不想从父母那里拿到东西，好好工作是对父母的报恩。长兄为父，要与兄长和睦。自己的生活很简朴，妻子也没有对财富过高的追求，只是爱好中国文化和饮食，不时到中国旅行和品尝美食，回来改进自己的菜品。

（6）家族文化传承：没有书面的家训，但口头流传下来的有几条——

①家族和睦。

②无论何时都不要说家人坏话。

③必须学习茶道：作为料理人，一定要会茶道。

④从早到晚工作是很正常的。

他每天早晨8点工作到晚上11点，但没什么事情时，就尽量休息一下。

第三次访谈记录

2017年7月1日下午4：00~6：00

访问长子，即美浓吉副社长佐竹洋吉

（1）不能双腿离地：日本的饮食业强调品牌和特色，连锁化、标准化很难被认同。现有的17家店分布在不同地区，如横滨有两家，一家在商场，一家在写字楼，两家定位不一样，特色菜式也不同。因此，美浓吉基本上强调传统价值和客户需求变化，约占 20% 的是创新的菜品，以更好地适应需求变化。这就是祖上所强调的：不能两只脚同时离地，但两只脚都不动，也会脱离时代的。

（2）公司的食材部分涉及 20 多家店，多年前曾经营不善，后来由一位表兄弟入股并接手经营，现在基本上是对内提供食材，同时也经营外食，即提供食材和加工带走与外卖服务，这些需求增长很快。亲戚经营也有问题，当时副社长还未进入公司，现在要处理起来就有难度了。

（3）公司这几年也在努力培养职业化的经营人才，尤其分店经营需要人才，现在不时请人来讲座或送员工出去培训，人数翻倍，培训投入增加了 3 倍，公司很重视。

（4）副社长是同志社大学经济学专业毕业，之后进入伊藤社工作 8 年，被派驻一些国家工作，当时对父母亲要求其承担长子的责任回来接手很反感，甚至要与父亲绝交，但母亲也给了他很大压力。后来，派驻越南工作，与越南同事一起去吃日本料理，感觉好吃，有自豪感，才对料理亭有了重新的认识。现在的认识是，作为家族第 11 代，更多的是怀着对祖上父辈的感恩的心情，有很强的责任感，要保护好这个家族品牌。

（5）回到家族公司，之前餐饮的经验只是在一家便利店打工的经历，因此算是从头做起。从洗盘子开始，各种工种轮岗，初始向客人说谢谢都很难，做了两年基层工作。之后做一些经营管理工作，开始父亲帮助他很多，现在十五年了，尽管父亲是社长，但 80% 的工作由他做，父亲越来越放心。

（6）曾经的工作尤其是在伊藤商社的工作让他学习到了很多，如强调品牌经营的意识、对质量成本的控制，包括出门乘坐经济舱等。但现在的工作与以前的工作差别较大，在商社时个人努力就可以了，要冲在前面。但现在餐饮业是团队作业，自己作为管理者其实是在后面为大家做好服务。

（7）企业没有成文的家训，爷爷说，不能两条腿同时离地；奶奶则教导他要善待员工。有一次奶奶打了一条围巾，他以为是给自己的，结果是给负责打扫的一位老员工的。对此，幼时他表示非常不理解，奶奶却说，你又没有为大家做什么，为什么要给你？关于未来公司发展的愿景或使命，他做了一个卡片进行总结。比如，美浓吉要做让人感动的料理——不是规模，美浓吉要做别人做不到的事情。

（8）过去十多年来，很多经营理念在变化，但更强调日本式管理，不是美国式的注重结果，而是强调情感和心灵。在管理技术层面上日本和美国类似，但在营销、人力资源管理方面，相同点只有差不多 20%。日本的传统和价值是重要的，比如，茶道训练对餐饮服务业来说是很有意义的，"一期一会"的茶道理念很适合餐饮服务业。

（9）他现在意识到培养后代并与其交流的重要，他当时与父母对抗不愿意回到家族企业，大概是与其小时候和父母交流少，对家族企业缺乏理解有关。因此，他现在每周要花一两天时间陪女儿。妻子之前也在竹茂楼上班（服务领班），生女儿后在家休产假三年。他们全家都是佛教徒，是净土宗，每周要去祭拜烧香，他认为这很重要，也带着女儿一起去。

第四次访谈记录

2017 年 8 月 2 日下午 2：00 ~ 4：00

访问美浓吉老板娘佐竹由纪子

（1）由纪子在本店工作 25 年了，与社长结婚后，生育有两儿一女，之后进入本店工作。最初，从插花开始（之前学过），之后主要是负责店面咨客和接待、服务工作。竹茂楼高级料理的服务、布置、与客人沟通、文化主要是由她负责。她是儋州岛的商家子弟，父亲是一个有着 200 多年清酒酿造厂厂主的养子，他的哥哥成为酒业的第六代。她从小受到父亲的影响，以父亲为榜样，一直说，父辈的背影（表率或以身作则而不是多说话）对下一代是重要的。美浓吉在她之前的三代老板娘都是商家女，上一代老板娘是西镇织锦商家的女儿，奶奶是纺织老板的女儿，她们有商人的传统。因此，在美浓吉不用过多教导，她们就深知商道。但现在这一代两个儿媳都是医生家庭出身，这给她带来困扰，如何教育她们适应料理的工作，需要努力。

（2）她为这次访谈做了认真准备，手写的纸（大概是废纸利用，正反面都写满了）有 3~4 页，基本上按照她的准备讲，很有条理。之后我们稍加提问，就成就了一个很好的访谈调研。她身穿和服，优雅庄重。在接待我们的日式亭里，摆着一张长桌、几张椅子，墙壁是落地玻璃窗，外面有着竹林和小溪，流水无声，透着清凉和禅意。室内一面墙挂着一幅字画，写着一个大大的日式汉字（解释为瀑布的意思），旁边是一盆插花。她给我们解释，每个房间会按照预订客人的身份和接待要求专门进行布置，包括字画、插花以及桌椅的安排。她的工作就是让客人舒心，营造出一种平和、安详的气氛。

（3）她认为日本料理不仅是餐饮，更是一种传统和文化。她对料理的总结有两点：一是"残心"（意思是要让客人不是吃完饭就想走，而是有恋恋不舍的感觉，希望下次再来），这是她自己的总结和提出的服务概念。二是料亭的服务。用三个日语的第一个字母キ（ki）来描述其特征，即机会（与客人见面交流的机会）、季节性（日本料理的传统是根据季节的变化而改变）、盛器（装食物的器皿）。季节性是过去的传统，如夏天要用银的盘子，抹茶在夏天用小碗，这样，不会喝不完变热，春夏秋冬季节不同，菜式、盛器等都会不同，如一月吃七草粥，三月女儿节，五月吃青鱼，六月吃煎鱼，七月祇园祭吃海鳗，九月吃芋头，十二月吃冬南瓜等。通过料理让人们感知季节变化，调节身心。

（4）美浓吉三百多年的历史、十代传承，有三个主要的因素：一是传承历史和文化；二是技艺不断优化；三是累积。每一代都在一边守护传统，一边接纳新的事物，这就是发展。

（5）如果仅仅是满足客人提出的要求，或者客人要什么就做什么，那只是服务；只有用心去为客人着想，做到体贴和无微不至（用日本语即"感性"），才能让客人感动。这不是体现在表面的，而是发自内心的"款待"之道，这才是日本料理的服务精神。她举例说，法国料理尽管很美观可口，但是将食材做了很大改变，而日本料理基本上保持食材的原汁原味（自然状态），同时考虑到健康，如现在对发酵产品的重视（日本的纳豆等），因为对人体健康有好处。

（6）还有就是装盘，要考虑色香味俱全；同时，日本料理服务时的敬语、感恩和友善使得客人感到舒心。此外，日本料理也是一种文化，不仅是食品，还包括茶道/花道、建筑和房间环境、书画等装饰、穿着和服的服务等。2013 年，社长任会长期间大力推动使日本料理成为世界文化遗产。

第七章
古梅园：古代工匠传统的现代生存

　　古梅园是一个传奇式的、有着四百多年历史的家族企业，这一传奇不是其规模和财富如何傲人，而是祖传工艺和传统一脉相承，历经近代几百年的动荡不定和时代巨变，一直坚持制造历史上御用（皇家僧侣使用）的高品质古墨，即便在当今对墨的需求已经大大萎缩（历史上从寺庙、皇室和文人用墨到普通信众抄经书写，如今天人们大多采用钢笔、圆珠笔和电脑来书写），但古梅园不为利益或其他机会所诱惑，十六代人一直秉持传统，保持工艺和品质不变。传承这一份几百年来的事业，这是很少见的，更是很难做到的。

　　我们在《天工开物》中看到对古人的工场作坊和那些匠人的工艺描述，现实中很少见到。但有一点似乎是明确的，就是历史上的器物制造似乎和今天的大批量生产（人与生产的对立关系）有着截然不同的精神气质，那些人与材料、器物以及自然气候之间的关系，全然是在匠人的忘我、投入和多年的经验积累以及和谐的氛围下而成。我们不禁要追问的是，那时的工作和场景的关系为何如此和谐？宁静的心灵和虔诚的态度，对工作的执着专注、心无旁骛，金钱和利益很少沾染的工作场所，这些都或多或少可以在今天的古梅园中观察到或至少还能看到其昔日的余晖。正因为如此，才会有那份对于古墨几百年工艺传统和文化的坚守和延续，才有那每一道工序的一丝不苟，才能让我们有机会感受那如同"鸭绒一样感觉"的古墨（凤凰卫视王鲁湘采访古梅园的话语）。古梅园案例无疑为我们保存了一份难得的、一脉相承的古代工匠文化和制作传统，这一人与工作、人与自然的和谐关系的古风相承，给我们当今的大机器时代工作与人的冲突和异化带来了很多思考。

古梅园显然不是一个简单的工匠型企业，它最初作为皇家用墨的指定制作者，有其工艺和品质的独到之处。而几百年历史中，它从中国吸收制墨的技艺，同时也在不断探索创新，古梅园的历史是一个专注于行业又不断改良创新的过程。其优良的技艺、对品质的改进提升、不断推陈出新的产品以及对文化和传统的关注，谱写了一部古代制作坊在历史迷雾中前行的史册。

一　器物与精神

古梅园最初的创业史已湮没在历史的尘雾之中。人们所知道的是，日本的制墨大约起始于公元 610 年，由高句丽的僧人昙朝将制墨法传入日本。到奈良时代①，随着日本佛教的兴盛而抄经盛行，墨的需求由此不断增大。各地都兴起制墨作坊，但最初的制墨基本上是寺庙的专利，后来才逐渐传入民间。奈良佛教文化兴盛、寺院林立，是鉴真和尚东渡日本的居留之地。当时建有招提寺，在寺院周围就有许多工匠作坊，包括制墨工艺也就这样从寺庙转向民间，成为奈良的传统产业。

在古梅园今天的网页资料中，有这样一段介绍——

> 古梅园创立于 1577 年，是日本江户时代最负盛名的御墨作。它始于日本室町末期，盛行于江户时代，不仅在日本，而且在中国、朝鲜等都颇有影响。由于其墨名重一时，而成为日本国的官工，被当时的王朝三次赐封为"掾"。据日本宇野雪村所著《文房清玩》载：古梅园第 1 代制墨人为松井道珍，被封为"土佐掾"（1528 ~ 1590），第 2 代道庆，第 3 代道寿，第 4 代道悦（1641 ~ 1711）任"和泉掾"，第 5 代元规任

---

① 奈良时代（710 ~ 794 年）。

"越后掾"，第6代元泰（1689～1743），第7代元汇，第8代以后有元孝、元谊、元长、元淳、贞太郎、元慎。其中"和泉掾"统治奈良墨业时间最久。

　　这些初期创业者的历史已少有资料可以查考，但从这些事实来看，古梅园在奈良众多的制墨作坊之中能很快成为最负盛名的"御墨作"，即为皇家提供墨作，并历代被赐封为"掾"，这不仅是一种最高的荣誉，更是一份对于品质和责任的担当。可见，在这一赐封之下，古梅园具有了一种崇高的"使命感"，代表了日本制墨的最高水准和文化。日本皇家金库有限，很少设置专用的制作坊（如我国古代设置的宫廷专门制作坊），而是在民间"采办"或将最为优秀的作坊指定为"官工"（这意味着对其制造器物的至高品质和文化品位的官方认可），赐封为"掾"也是一种至高的荣誉。从以上介绍看出，作为"掾"的荣誉和品质担当往往是数代人代代相传的，"和泉掾"统治奈良墨业时间最久，所列出的大概就有八代家族传承者，这一事业的持续发展由此可见一斑。

　　在这十六代传承之中，有多少是养子或继子不得而知。但有一点是明确的，这些不同的继承人都将墨作和"官工"作为家族坚守的职业和事业，在我们对第16代继承人松井晶子（女）的采访中，她表示，家族事业是祖训中一直要求的——

　　　　口口相传的家训包括：无论如何必须保持传统、做江户时期一样的墨。我们坚守高品质油烟固体墨，没有发展墨水、墨水笔等其他产品，尽管规模收缩（原来雇用20名工匠，每位工匠配两位学徒，现在减到一半左右，学徒也有减少），但我们一直坚持要做好墨，延续传统。

　　大概是日本老铺企业的传统，不少生存下来的老店至今还保留着最初创业的原貌，古梅园就是其中的一例。其店面位于奈良市椿井町七番地，自创业以来一直在此。这是一个前店后厂式的古老作坊，老宅子里尚存一条铁轨，穿堂越室，是当年运输用的专门铺设轨道。而在通往工坊的道边有一株古老的梅树，据说是由第 2 代传人（家主）亲手栽植的，已有几百年的历史。梅树在古梅园有着特别的意义，可以说它是古梅园的精神象征，也融入工匠传统和品牌标识中。在墨作的传统中，尤其是燃烧菜油收集煤烟的灯芯就是一个类似梅花多花瓣型的，以控制燃烧后煤烟的细密程度，灯芯从三瓣到五瓣，煤烟细密程度越来越高。而五瓣正好是梅花的形状，因为如此，"在古梅园制作的各类墨品上大多有梅花图案，特别是著名的红花墨上，花瓣是辨识品级的标志"（凤凰卫视采访文字实录）。

这是看似很平淡的十六代人薪火相传的墨作故事。古梅园位于奈良古都，几百年来孜孜以求的无非是做出一块好墨——一块类似于唐风的古墨。十六代就在这块地方，后面作坊的面积可能有稍许扩大，也铺设了近代的铁轨类设备，但前面的店铺、品牌和一道道严谨不苟的工艺在历史进程中不断被改良和优化。十六代人就做一件事，制作一件器物，这个家族、这个店铺以及在这里劳作的师傅学徒就这样日复一日地工作，这就是他们的天职和生活。这里，没有看到家族的其他后代出去做官或去从事其他行业，家族也没有任何时候超越这块古墨而有他想。不难想象，这个家族、这个作坊、这个品牌连同那棵梅树一起成为一种器物和精神的融合体——一个承载着家族事业不断延续的精神和文化的载体，这个作坊也就成为一代代人修炼的道场。

今天，我们谈论商道和社会责任，古代社会多将人群固化在职业之中，如士农工商的划分（这也是一种阶级划分）。日本古代到近世，职业化的固定角色承担大概是很少能逾越的，正因为如此，商人就世代坚守作为商人的职业，直到近世，才有下层武士和很少的官员开始经商。商人的稳定性无疑是其坚守和平常心的制度基础或约束，同时也使得其器物制作行为超越了短期谋利和投机动机，并阻止了商人在获取财富之后而转向其他社会阶层攀升或"攀缘"。中国的情况与之相差甚远，商人转向在中国近代是较为普遍的，商人家族大多将经商或器物制作作为一种低等职业，一有机会和财富就期望自己或其亲属及后代成为官员和士者，或者就置地和营造豪宅庄园。可以想见，在中国历史上，商人很少会有长期的恒心和资本一直坚守某个事业，而这一事业是以某种器物的制作和服务为核心的。这里的长期是指数代人为之努力且坚守的，不受其他机会和诱惑的吸引而偏离方向，可以想见，这是多么地难能可贵。

二　工匠的传统、技艺与精神

有必要对古墨的制作方式及其工艺流程有一个初步的了解，否则我们很难理解古代工匠的传统和精神气质，因为距离我们的时代越来越久远，逐渐淡出我们的生活和日常经验，我们今天的工作场景和文化已经对过去的工匠精神有认知的隔膜甚至难以理解了。

在过去，成为匠人之前需要做长时间的学徒。一般情况下，学徒需要跟师傅学习10年左右才能成为合格的制墨匠人。制墨工作很艰苦，为了保证质量，匠人必须在早晨4时开始工作，一个工匠在制墨的时候需要专心，周边至少会有两三个人帮他，并且必须在低温环境下工作，因为墨锭只有在寒冷季节才能生产；而收集煤烟则要在高温下工作，夏天最热时达到五六十摄氏度。

传统制墨工艺。制墨取的煤烟一般分为"松烟"和"油烟"。将松脂燃烧而制成的墨称为"松烟墨"，它在日本出现的时间大约是藤原时代（801～1068）以后，但到镰仓时代（1185～1333）就销声匿迹了。而将菜籽或芝麻、桐油燃烧而制成的则为"油烟墨"，这一技艺据说是在大同元年（806）作为遣唐使出使唐朝的僧人空海从中国带来的。这样说来，这两种取烟方式都有着一千多年的历史。古梅园的公司网页如此介绍其制墨技艺的历史，显然是与奈良的墨作历史密不可分的——

> 　　最初的"奈良墨"（油烟墨）由兴福寺二谛坊制作。公元1400年左右，兴福寺用油燃烧产生的炭制作油烟墨，相比过去用松脂燃烧产生的炭制作出的松烟墨，颗粒更细腻，色泽更浓郁，深受人们喜爱，成为

奈良代表性的产品。到了天正年间（1573～1592），松井道珍创办古梅园，使奈良墨的名声大振，奈良的制墨业也在这个时候发展为民间产业，制墨所相继诞生，各地优秀的技术工人集结于奈良，形成了奈良制墨业在日本一枝独秀的局面。时至今日，奈良墨仍占据着日本90%的国内市场。（公司网页介绍）

过去的工匠传统和技艺中不可忽视的是所在地区的独特文化和传统的影响。作为一种文化的汇集地和产业集聚地，奈良墨能占有"日本90%左右的国内市场"，有着垄断的地位，因此必然吸引了一流的工匠。古梅园直到第11代之前，都是家族成员直接制墨，并掌握着其中的技艺和诀窍，由此也阻止了技艺诀窍的外传。而古梅园家族世代不仅孜孜以求，而且对技艺不断加以改良和创新，在一定程度上引领了制墨技艺的发展。

制墨的具体工序大致如下。①

（1）采烟

将纯植物性的油放入陶器，并用灯芯点燃，用盖子将陶器覆盖，然后取上面的煤烟。在"采烟藏"的仓库里，一共有两个房间，每个房间里都有100盏的碟子，两个房间里共有200盏。同样，房间排放着200个盛满了植物油（以菜籽油为主）的容器，点燃其中的灯芯，火焰的上方是用来收集炭粉的素烧陶器。

因为火焰的大小和油的种类决定了炭的质量，所以200抹摇曳的火焰通常由熟练的手艺人统一管理，每天时间长达10个小时，必须不断地保证灯芯的细致，烧出火焰的均匀。火焰越细，制出来的墨等级越高。匠人每隔20分钟都要转一下陶盖，检查烟灰积攒的情况，确认可以收集后，用工具把烟灰刮下来。

（2）胶溶解

将原料胶放入两层锅内，放在开水中长时间烫，以制作胶的溶液（融

---

① 以下的古墨制作流程方法转引自公司介绍材料以及日文的《墨之道：古梅园》一书。

化的液体），接下来要与用黑灰和动物骨头及皮革熬制的胶进行混合，加入香料，同时必须根据每天的温度和湿度调整比例，否则造出的墨就容易断裂。混合之后，要揉搓，然后成型。

（3）定型

和墨这道工序只在冬天进行，因为微妙之处在于，旁观者永远无法感知匠人对墨泥温度的控制。和墨需要用到全身的力气——脚、手、膝盖乃至整个身体的重量，随着匠人体温的升高，热度经由手心、脚心传到墨泥中。和墨的要诀在于匀、紧两字，墨泥有没有达到理想效果全凭匠人用身体来感知。和好的墨泥放到墨模中压制成型，墨锭生成。

墨锭脱模后，先要放置在草木灰中，根据墨锭大小需干燥数日或者数周。在墨的晾房中，存放着几百年来积累下的散发着奇特味道的木头屑，根据不同的湿度需不同时长来给墨吸水。

（4）灰干燥

从墨型取出的墨，首先在水分较多的草木灰埋两天后再埋入水分少的草木灰。这样的灰干燥，小型的需要一周左右，大型的需要持续 30 ~ 40 天。在用草木灰来晾墨、吸墨的过程中，需要匠人充分地注意到天气变化，特别是温度、湿度。晾墨的师傅要根据天气情况的不同，灵活控制所有这些细节。

（5）干晾

墨锭在草木灰中干燥后，还要在通风的晾房中自然风干。在晾房中，墨块被打结后系成长长的一溜儿，从松木房梁上稳稳地垂挂下来，成千上万的墨块排列成整齐的阵列，散发出油烟特有的味道，一般需要半个月至三个月时间。但古梅园不会把风干好的成品立刻拿到市场上销售，而是让它缓慢地继续风干，有的放一年，有的放两年，有的放五年甚至十年。

（6）打磨、上色

自然干燥后，用水将表面附着灰的墨一点点地清洗，清洗后涂上釉彩，放在炭火上烘焙，等表面变软后，用蛤的贝壳用心打磨。打磨好的墨放在空气中干燥 3 ~ 7 天的时间，使用金粉、银粉和其他绘具为其上色。

三 传承与创新

在我们的想象中，古代的作坊大概就是依靠经验和传统而运作，很少改变。而实际上，这一印象是不准确的。古梅园的历史正好说明，优秀的工匠传统和技艺与品质改良以及创新是相伴而行的，工匠精神只是其中的一个侧面而已。历史上的不同时期，古梅园都在致力于学习、改进和创新以及进行适应时代的变化，这正是一个百年老店长期生存的智慧。

在古老的工匠作坊中，工匠与企业家几乎是不加区分的，尤其是家族工艺和诀窍的传承人，他本身就是传统的担当者和发扬光大者。事实上，在奈良诸多的作坊之间一定存在竞争，各家作坊为了改善品质和创新工艺、产品而不懈努力，技术诀窍是作坊生存的核心。可见，古梅园作为"官工"和皇家幕府赐封的"掾"，必须要有持续的领先工艺和高超品质，还需要有一种精神气质以及高雅的文化和艺术性，这是一般的民间产品难以达到的。因为这些要求，古梅园的传人就必须是企业家、匠人与品格、文化和高尚的气质等多方面的结合，古梅园的历史也因此充满了故事性。

在留存的故事中，第 6 代和第 7 代的创新精神成为典范。古梅园第 6 代传人松井元泰生于元禄时代①，他执掌古梅园的时期大致是我国清朝康熙年间②。日本当时闭关锁国，但松井元泰排除各种困难和障碍，一方面在日本长崎向从清朝来贸易的人请教制墨技术，另一方面不仅把自己提炼的煤烟带到长崎，请清朝人制作成墨，而且身体力行、远涉重洋到中国，向詹子云等徽墨名家请教制墨秘籍。

元泰不仅是匠人、企业家，还是作家。他总结了古梅园长期积累的制墨经验，著有《古梅园墨谱》《古梅园墨谈》《太墨鸿壶集》等。接任松井元泰的第 7 代当家人松井元汇则继承了这一传统，著有《古梅园墨谱续编》

---

① 日本元禄年间（1688～1703）。
② 康熙年间（1661～1722）。

［刊行于日本明和 2 年（1765）］。猜测来看，他身上有着日本"兰学"的影子，他开启了对制作墨胶原料的试验。据介绍，他"不仅从牛、鹿身上，甚至从鱼和草木中提炼胶质，研究其效果。享保年间，从越南带来的大象病死后，幕府还把大象的皮赏赐给了古梅园"（公司网页介绍）。这种对制作工艺传统的总结、试验和著书立说，不仅对古梅园制墨技艺的保存和流传起到至关重要的作用，也为后代乃至今天的制墨工艺传承奠定了基础。今天古梅园的古墨制作基本上还是严格按照"墨谱"的流程和标准进行，这让人感到惊讶。大约三百年前，古梅园就已经超越了古代的工匠经验和传统，将学习、改良和创新融入其中。可能正是这一创新和继承传统的基因使得古梅园超越了很多当时的作坊，而成为皇家幕府的"官工"，成为市场和技艺发展的领先者。

古梅园主要的墨有如下几种。

（1）漆墨：使用极微粒子的油烟墨，由该园墨匠依照古梅园家传的制法，融入精神和力量制出来的墨，被认为是最好的墨。

（2）极上油烟墨：这是最适合雁皮纸、鸟子纸、绘画等的极品油烟墨，可以说是制墨秘传的结晶。

（3）极上青墨：用该园采集的极上油烟作为原材料，用奈良春日山的草木中提取的最适合青墨的色素制造出来的。

（4）青墨、茶墨：以纪州松烟为主，青墨用印度产的纯蓝，茶墨用颜料，其特长是表现各异的薄淡色。

（5）红花墨：用从红花中萃取的红，加入油墨中进行混合，是复原史实的秘传名墨。

在古梅园制作的各类墨品上大多有梅花图案，有刻着四瓣、五瓣不等的梅花，主要按墨的浓度进行分类。这是根据灯芯的粗细，墨的细腻程度不一样，墨色也不同。五朵花瓣的标记就是古梅园最细腻的、最高等级的墨。用全手工制作的"油烟墨"粒子最小、颜色最黑、光泽感最强。

当时中国的墨是松烟墨，燃烧松脂。据传说，最早从中国传过来的是松烟墨，写字、绘画会留有毛笔痕迹，不是纯正的漆黑。因此，古梅园一直思考如何改进它的品质。第 6 代传人松井元泰于江户时期在长崎与中国人一起交流墨的制法，探讨掺入胶的种类、提取煤烟以及黏着剂等问题。通过交流，他研究出了流传至今的红花墨的配方，并且第 7 代将这个配方加以完善，至此红花墨成为古梅园非常重要的产品之一。

到了江户末期，古梅园传承到第 8 代、第 9 代。当时的制墨技艺诀窍等并不完全是由家族成员守护，也会将这些工艺与工匠分享，这大概是为了奈良能够做出更好的墨。从明治到大正时代①，古梅园逐渐转型为株式会社，从第 11 代之后，家族成员已经不参与制墨了。目前传到第 16 代，松井晶子还不到 30 岁，但进入企业已经 7 年了。她是现任古梅园社长，也是古梅园第 16 代传人。

四　坚守传统

古梅园如今仍然坚守其创立时的古老作坊工场，老的建筑和传统基本上没有改变。凤凰卫视王鲁湘的采访中描述道——

古梅园最令人称道的地方在于它将四百年前的制墨方式保留至今，在这个称为"采烟藏"的仓库里，排放着 200 个倒满了植物油的素烧容器。容器中燃烧着灯芯。火焰上是收集炭粉的陶器。因为火焰的大小和油的种类决定着炭粉的质量，所以这 200 抹摇曳的火焰，通常由熟练的匠人统一管理，每天燃烧长达 10 个小时。

而第 16 代传人松井晶子也意识到时代的变化和生存的压力，但继承传统是她首要的职责和使命。

现在使用墨水的人越来越少，但是因为有大家的支持，古梅园才走

---

① 日本大正时代（1912～1926）。

到了今天。虽然其他公司都实现了自动化，我们仍然是把胶和煤灰混合在一起，定型之后风干。像这样把墨锭一个一个地做出来。我还是希望能够坚持古梅园的这种传统制法。

古梅园本质上是一个企业，如您所说，如果不盈利的话，员工的收入就会有问题。守护传统制作工艺的同时，我还想创制出新的墨品，平时我都在思考这个事情。我希望我们这种古老的制墨方法能够适应这个时代并且传承下去。

这一份对于家业的认同、责任感以及传承的坚持，似乎与今天的商业逐利原则不完全契合，也在威胁着企业的生存。但这种优秀的产业传统技艺和工匠精神确实令人钦佩。同时，古梅园在尝试创新发展，开发新的墨品，适应时代的需求变化，也是保存传统所必需的。古梅园除在奈良的工场外，在京都也设有门店，除自己的产品外，还销售有其他公司制作的现代墨笔和文房四宝，这大概也可以在一定程度地补充其财务上的不足吧。

第八章
泡泡玉：绿色创新的战略坚守

一　家族企业与绿色创新

　　家族企业可能不是一种在环境丰裕、友好的情况下最为有效的组织，因为在外部环境有利于企业成长时期，家族企业难以凸显出其独特优势，比如，它的成本节俭、决策效率、家族社会资本与创业的意义也并不比其他类型的非家族企业（重要是其获取人才和资源的能力可能更强）优越。同时，家族企业也不是在处于经营绩效较好时期的最优治理结构，原因在于，家族治理更为复杂和脆弱（非正式治理和情感因素的影响）决定了其家族成员之间可以共患难但难以共分享的特征。好的分享治理是正式契约较为清晰的组织，如上市的公众公司的契约安排。但家族企业有诸多建立在信任和家族关系之上的隐性契约，在公司利益凸显并面临分享时，经常也就是家族内部冲突爆发之时，这已经被不少案例所证实。

　　但家族企业确实是一种在面对风险、危机和压力时具有超出一般生存力的组织，原因是家族治理将企业与组织相互嵌入，家族内部在面对外部竞争、经营危机和其他压力情况下，反而会形成内部的团结一致。另外，家族可以牺牲一时的利益而维系企业的生存并渡过难关，这是缺乏组织凝聚力的公众公司所难以比拟的。

　　还有一个有趣的现象正是本案例泡泡玉公司所揭示的，当企业面对伟大而一时难以企及的雄心或战略目标时，公众公司可能会因股东利益而被迫放弃，经理人会因受制于股东和其他利益相关者的压力而选择短期化的目标和战略。与此相反，家族企业恰恰能在这种恶劣的环境中凸显出了其独特的价值，在具有长远眼光和企图心、责任感的家族领导人带领下，可以放弃一时的利益甚或用过去的财富来补偿因战略坚守或新发展而带来的相当一段时间的财务亏损，日本不少长寿企业是这一特性的最好证明。无论是上一个案例古梅园，还是这里将要研究的案例泡泡玉，都是家族坚守的典范，也给我们揭示出家族企业的一个独特存在意义。而在创新时代，在充斥着机会主义、投机行为的市场上，这一战略坚守无疑凸显了家族企业现代性的一个重要社会价值。正是这一战略坚守，使得家族企业超越了一时的利益陷阱或危机，而强化了其长期生存能力和竞争优势，其竞争力蕴含着具有跨越产业、市场周期或其他危机的能力。而在新产品开发或创新能力上，家族企业这种超越一时利益的战略坚守对短期预算硬约束或股东制约的组织而言，会因难以进行跨期投资或战略考虑而陷入短期机会主义生存困境。

　　日本的一些长寿企业表现出的战略坚守超越了一般的经济理论逻辑，大多企业因生存压力而被迫采取放弃或折中方案，所谓折中方案就是在短期利益和长期发展之间进行权衡，并试图获取多方面的利益（多期讨巧策略），这可能是中国企业最为常见的战略机会主义行为模式。但在日本不少长寿企业案例中则看到这种战略坚守的不折不扣，以牺牲一时的利益为代价，保持住所要坚守的战略目标。实际上，这世界不存在可以同时踏上的两条歧路，战略讨巧很少有成功的案例。但战略坚守显然不仅需要勇气，更需要接受现实的困境和压力。

　　泡泡玉公司不是一个非常具有现代特征的家族企业，也不是一个非常具有市场竞争力的企业，甚至在传承、家族治理和创新等方面也并无独特性，其无添加肥皂的制作技艺据说是古老的公开配方，最为重要的是其对绿色无添加理念的坚持和执着，并在十多年时间内能在企业严重亏损、大量裁员的情况下仍坚持这一战略，这是非家族企业或者一般家族企业所难以想象的。这大概是由家族两代人的决心和意志所致，但能得到家族成员的宽容、认可并最终齐心协力，则体现了日本老铺企业独特的一面——对善的价值的追求超过了对利润的追逐，这从短期来看是不理性的，但从长期来看则是企业长寿和发展的重要力量。

二　泡泡玉公司的创业和转型历程

（一）家族创业百年

1910 年，Shabondama Soap（泡泡玉）株式会社的前身——"森田范次郎商店"在福冈县北九州市若松区成立，主要销售各类日用品。当时若松区附近有一个很大的煤矿堆场，聚居了许多搬运煤炭的工人。煤炭工人干的活比较脏，对肥皂和洗涤剂有很大的需求，因此商店也逐步转向销售肥皂和洗涤剂，并从一开始只是单一的商店销售转向后来的自主生产和商店销售并行。1949 年，公司实现了法人化。随着煤炭业的没落，若松区附近的生意也受到影响，为此，公司把业务重心逐渐扩大到整个北九州市。1964 年，创始人森田范次郎把家业传给了他的儿子森田光德（见表 8 – 1）。当时公司主要生产的是由化学原料制成的肥皂和洗涤剂。当企业在 1970 年代转型为专业生产纯天然肥皂时，社长森田光德认为应该为公司和产品取一个新的名字。当时日本流行一首儿歌，里面有一句歌词"七色的彩虹出来就像肥皂泡"，森田光德社长在哼唱的时候，觉得 shabondama 这个词非常好，于是就将产品名称和企业名称改为 shabondama（泡泡玉）。

企业一直坚持"维护健康的身体和干净的水"的理念，无论是无添加肥皂这一核心产品，还是近年来开发的肥皂型灭火剂等，均基于这一企业理念。

表 8 - 1　泡泡玉（Shabondama Soap）公司各代继承人

第 1 代	第 2 代	第 3 代
森田范次郎	森田光德(初代的三儿子)	森田隼人(第 2 代的小儿子)

表 8 - 2　泡泡玉（Shabondama Soap）公司基本经营信息

公司名称	社长	创建年份	株式会社设立	年收入（日元）	工人数量	业务简介
泡泡玉株式会社	森田隼人	1910	1949	60 亿	40	无添加洗涤、洗浴用品

资料来源：一手调研资料，数据统计时间截至 2017 年。

（二）二代的使命及企业转型

随着 20 世纪六七十年代日本经济的发展、国外合成洗涤剂的进口以及洗衣机的普及，第二代传承人即森田光德社长意识到了新的发展机遇，对产品进行转型升级，比其他企业更早地进入合成洗涤剂领域，为此企业销售额大幅提高，员工数量达到了 100 多人。

1971 年，公司接受了国铁（现 JR）无添加粉末肥皂的订货，这成为公司发展的一个决定性转机。当时国铁一直使用合成洗涤剂来清洗火车车厢，这容易导致车厢生锈。为此，国铁部门的人员向光德社长建议能否生产不会导致铁皮生锈的洗涤剂。光德社长想，基于国铁这么大的公司，即使难度再大，也要把产品研制成功。于是，他继以日夜地进行研发，甚至很少回家，吃住都在车间里面。历时一个多月，光德社长终于制成了超出当时日本工业标准（JIS）的无添加肥皂（肥皂成分 96%、水分 5%）。为了验证这一产品是否有效，他亲自试用制成的无添加肥皂，没想到这一试验得到了意外的收获：使用无添加肥皂一周左右后，多年来一直困扰自己的皮肤湿疹完全消失了，而当再次使用合成洗涤剂时，湿疹又复发了。

光德社长认为，合成洗涤剂中含有对人体和环境不友好的成分，如果改用纯天然无添加的洗涤剂，会对人的身体健康和环境非常有益。但鉴于当时合成洗涤剂良好的销售业绩，光德社长在北九州市进行了一项消费者调查，想看看人们对纯天然无添加洗涤剂的反应。市民们对纯天然的洗涤剂反响非常不错，这在一定程度上增加了光德社长的信心。为此，他制作了许多关于新产品的介绍手册，并在超市进行了大量的宣传。但是，当时有许多销售商纷纷表示反对，认为肥皂属于很传统的商品，现在流行的都是合成的、新的东西，纯天然的产品肯定是卖不掉的。因此，光德社长暂时放弃了大规模生产和销售纯天然洗涤剂的想法，因为即使消费者接受，但若渠道客户不接受，还是很难取得成功的。光德社长决定继续生产合成洗涤剂。

光德社长身体一直不好，40 多岁时因过度劳累而生病住院了。住院期间，他进行了人生思考，觉得应该在有限的时间内做自己喜欢的事情。出院以后，光德社长做了一个重大决策，他对员工说："既然知道是对身体不好的商品，自然不能销售！"1974 年，公司全面停止业绩一直在增长中的合成洗涤剂的生产和销售业务，转向只生产和销售无添加的肥皂。当时这一决定遭到很多员工反对，甚至光德社长的父亲也表示反对，但是光德社长非常坚持。光德社长的这一重大决策，在经营方面几乎将公司毁灭。在七八十年代的日本，国民的环保意识还没有那么强，对产业界的环保产品缺乏认知，公司销售额受到严重冲击，销售额降到以前销售额的 1% 不到，从月销售额8000 万日元下降到 78 万日元。随着销售额的下降，许多员工也失去了信心，公司员工数量大幅下降，在最困难的时候，100 个员工中只有 5 个员工留了下来。虽然公司经营进入了十分困难的时期，但光德社长依然坚持不恢复合成洗涤剂的生产和销售业务。当时，有许多客户写信感谢他的产品治好了自己的湿疹，还有许多孩子的母亲写信感谢他的产品治好了孩子身体发痒的问题，这让光德社长产生一种经营的使命感，并促使他坚持了下去。从1974 年开始一直到 1991 年，公司经历了连续 17 年的亏损，依靠着原材料延期付款、之前生产合成洗涤剂期间的资金积累和银行贷款，还有员工自愿减少工薪等来勉强维持经营。①

进入 1990 年代之后，公司的发展终于出现了转机。1991 年，光德社长

---

① 有关事实和数据均基于公司介绍和我们的调研访谈。

编制了《自然流肥皂读本》，详细介绍了合成肥皂和纯天然肥皂的不同。这本书成为当时的畅销书，一下子就卖掉了 10 万册。许多读者阅读了这本书后，了解到无添加肥皂的优点，无添加肥皂的订购量随之直线上升，公司的业绩逐渐恢复。另外，当时的日本正面临着高速增长时期的环境公害问题，如大气污染、工厂废水排放引起的水质污染、土壤污染，以及随之而来的各种各样、大大小小的疾病等。尤其是东京琵琶湖公害事件的发生，使公民的环保意识大大提高，为此对光德社长的《自然流肥皂读本》及其无添加产品也十分关注。无添加洗涤剂作为一款对人类和环境以及对水没有危害的环保产品终于被人们广泛接受。1992 年，公司开始实现盈利。1999～2001 年期间，日本相继出现了食品安全事件，产品质量安全越来越受到人们的关心，日用品也不例外。无添加肥皂的销量因此稳步上升，当时的销售方式主要是通过口碑或者团购邮寄，但到 2005～2006 年，商场也开始向公司订货。光德社长终于坚持到了无添加产品被市场普遍接受的时候，公司业绩大幅上升。

公司目前年销售额达 60 亿日元，出口额占销售总额的 4%，其中超过 60% 的销往中国，其余销往马来西亚、新加坡、韩国、俄罗斯、美国等国。公司正式员工 95 人，加上临时工共 140 个人，泡泡玉是日本无添加洗涤洗浴用品的先驱和引领品牌。产品不仅在日本家喻户晓，而且销往世界各地。近年来，Shabondama Soap 株式会社在以无添加洗涤洗浴用品为核心产品的基础上，积极进行新产品研发，开发减小环境影响的肥皂型灭火剂等新产品。

三　第三代的继承

2007 年，第三代森田光德的儿子森田隼人接任社长。半年后，森田光德去世。隼人社长与父亲光德社长在企业里共事的时间只有七八年，但父亲对产品的质量和安全具有很强的责任意识，这给隼人社长留下了深刻的印象。同时因为在经营过程中经历过员工的大量离职，所以光德社长常对他说，员工是我们最大的财富。在继任准备方面，原本的设想是父亲担任董事长，他担任社长，用 3~5 年时间来实现过渡。但是隼人社长接任不到半年，父亲就去世了。虽然隼人社长从小就意识到要子承父业，但父亲的突然生病使得他仓促接班，因此并没有做好充足的接任准备，在经营过程中也遇到了不少挑战。隼人社长接班以后，感觉到这是一个有历史的公司，要坚持公司一贯的风格，对于他这个刚接手的社长来说有很大的压力。另外，父亲的突然离世导致公司员工的较大变动，不少老工人都选择离职，这导致当隼人社长觉得工艺流程存在不太合理的地方时，找不到经验丰富的可以商量的工人，由于不熟悉工艺的来龙去脉，要想理解并做出改进就显得十分困难。

据森田隼人社长回忆，他出生时爷爷已经去世，因此并没有传授给他一些具体的商业技巧，但是从爷爷到父亲再到他自己，一直保留着只喝纯米酒的习惯。另外，在企业理念和文化方面，从爷爷那一代就开始坚持"维护健康的身体和干净的水"，这是一直传承下来的企业理念。隼人社长回忆，父亲出生在昭和时代，毕业于东京的学习院大学文政学部政治学科。父亲沉默寡言，宗教观跟普通的日本人一样，家里有神坛，也有佛坛。但是他非常喜爱古典文学，包括中国的《大学》等经典。另外，虽然母亲没有接受过高等教育，但在父亲很艰难的时期非常支持父亲。森田隼人社长在关东读的大学，大学专业是经济学。他还有一个姐姐，但不在家族公司工作。

四 绿色的保证：创新与全价值链的控制

绿色环保和无添加不只是一个理念，更重要的是如何在原料供应、生产和销售等环节予以实施。这不仅需要流程和品质控制，更需要渗透到血液之中的文化和价值观来支撑——甚至必要时需要牺牲眼前利益和加大投入。领导人和员工为此行动一致，这种工匠精神与过去一般意义上的产品质量控制相比，更多了一份精神和道德力量的诉求和坚持。

实际上，为了生产无添加肥皂。第二任社长森田光德几乎付出了毕生的精力，不仅带领员工进行创新和尝试，而且主动成为实验对象，"既然知道是对身体不好的商品自然不能销售"在巨大的利益和亏损之间，他选择了即使公司的业务受到巨大打击，也要关停之前的合成洗涤剂业务，坚持做无添加肥皂。但无添加肥皂作为新产品，要保证其纯天然并对人体和环境没有伤害或污染，则需要从原料供应、生产到销售实现全过程控制。企业还将这一过程向消费者开放，通过写作和媒体宣传纯天然洗涤剂的好处，让消费者更多的理解并增强对产品的信心。而这一切不仅仅是为了公司业务的扩大和盈利，更多是一份社会责任和价值观的体现。传统老铺企业的工匠精神和现代的绿色环保理念在这里找到了结合点，向世人展现了商业改变世界的"善"的力量。这和现代社会不少商人的利欲熏心、投机取巧之风气形成了鲜明的对照。有意义的是，这一"善行"和坚持最终得到了社会的认可，百年家族企业得以在这一绿色战略的道路上兴旺发达。

下面，我们看看绿色价值链控制的工匠精神。

1. 产品原材料品质控制

泡泡玉公司的无添加肥皂以牛油、米糠油、向日葵油、橄榄油和棕榈油等天然的动植物油脂为原料，不含任何石化合成的活性剂及有害人体健康和环境生态的成分，不含任何防腐剂、人工香精、荧光增白剂和起泡剂等。产品由纯天然材料制成，使用后的废水可自然降解。为了控制原材料质量，公司要求供应商不添加任何防腐剂，并予以严格控制和检查。例如，为了保证牛油的新鲜和质量，公司在九州本地选择优质供应商（就近供应便于公司派人经常去现场跟踪和监督质量），每周三次供货而不是每周一次供货（时间短，保证新鲜使用），根据生产计划小批量进货，避免氧化问题。而原料棕榈油由公司在马来西亚长期合作的工厂提供，从农场到炼油厂都由日本的一个商社全权负责品质控制，只有合格的油料才能出口到日本，在油的运输过程中要尽量避免接触到空气，进厂前还会对棕榈油的品质再次进行检测和监控。此外，本公司也定期派工作人员（每年两到三次）去农场进行现场指导。

2. 制作工艺

泡泡玉公司的无添加肥皂采用传统工艺——碱化法（蒸煮法，或称釜制法），经过长达一周时间的慢工蒸煮精制而成。这种传统工艺源于地中海一带古老的天然肥皂制作技艺，很早之前就已经传到日本，但其他厂家都是同时生产合成洗涤剂和纯天然洗涤剂，而泡泡玉公司只专注生产纯天然洗涤剂。另外，制作方法虽然是古法，但公司匠人的技术十分重要，并且需要匠人通过看、闻、听、触，甚至舔尝的方式来感知皂液的火候。这样的匠人需要花费约 10 年的时间才能够培养出来，公司因此对匠人的培养和工作给予了高度的重视。

五　传统与创新

泡泡玉公司除了以无添加洗涤、洗浴用品为核心产品外，还积极进行新产品的研发。2001 年，公司接受北九州消防局的委托研发新型灭火剂。这项委托缘起于 1995 年的阪神大地震引发了 285 件起火事故，导致 559 人被烧死，其中的重要原因是在地震中消防栓及地下水槽、水管被破损，无法确保灭火用水，由此催生了灭火器的大量进口。但是，北九州消防局发现从北美进口的灭火器产生的泡沫会导致环境的二次污染。经历了战后经济高速增长带来的负面影响（如环境公害）后，北九州决定寻找能够提高灭火效率、对土壤及河流环境负担小的灭火剂。由此消防局将目光投向了泡泡玉公司这一在当地专业生产无添加肥皂的领军企业。泡泡玉公司运用固体肥皂及肥皂粉的开发和生产技术，开始了适合于灭火的泡沫制法以及用液化肥皂生产灭火剂的技术研发，并在 2003 年与北九州市立大学等进行产学研联合，于2007 年在全球率先生产出高度生物可降解的低环境毒性肥皂系列灭火剂"奇迹泡沫"。这一灭火剂与用水灭火相比，不仅使用量大大减少，而且通过用天然系列（肥皂系列）的表面活性剂代替过去的表面活性剂，将环境毒素大幅降低，并且将灭火剂的生物分解耗时从过去的平均 2 周大幅度缩短至 1~2 天。基于产学研积累的合作经验，公司又进一步同北九州市立大学合作开发了非合成型森林火灾专用灭火剂，在防止复燃的危险性、建立防火地带和阻止火势蔓延方面的效果均超出预期，于 2012 年在美国申请专利，并进一步在世界范围内推广使用。

　　另外，2009 年，公司和其他机构合作成立了一个传染病研究中心，研究肥皂在预防传染病方面的作用。2010 年成立了另外一个机构，主要是对肥皂在其他领域的应用进行研究，比如研发能够防止榻榻米产生螨虫的肥皂。公司还成功开发了用于太阳能电池板的清洁剂，并于 2012 年投向市场。

　　这一系列的产品开发均立足于"维护健康的身体和干净的水"这一企业理念，在运用开发无添加肥皂技术及经验基础上衍生出的新产品，与公司的传统业务产生了良好的协同效应。例如，灭火剂产品大大提高了公司研发人员的研发意识和能力。灭火剂的成功研发和生产增强了企业的品牌效应，并且大量媒体对于泡泡玉公司将传统工艺应用到新领域——研发灭火剂——的关注，形成了巨大的公众效应，创造了社会价值。

六　传播绿色环保的价值观

　　泡泡玉公司一直用产品传达"维护健康的身体和干净的水"的企业价值观。一方面，它通过电视和广告来介绍产品，尤其是提醒消费者购买产品时要看标签，留意标注的成分，唤醒大家的环保意识。另一方面，它欢迎消费者和业界人士等到工厂参观，领他们到匠人工作的地方，看匠人们如何用舌头直接品尝天然皂液，让大家意识到无添加肥皂产品对人体是无害的。另外，泡泡玉公司积极参加妇女集会等活动，宣传环保并推介其产品。光德社长在世时公司每年会做大约 100 次演讲，现在公司每年也会做 40 次演讲，其中隼人社长本人会做 20 次演讲。在演讲的过程中会告诉大家天然洗涤剂和合成洗涤剂的区别，教会大家如何识别。此外，还会通过脸书（facebook）等互联网平台发布一些产品信息并进行知识普及。2017 年，通过脸书互动点赞的约有 55000 人次。泡泡玉公司还参加一些社会活动，特别是在一些环保活动中作为主办方或者协办方。同时，还与一些皮肤病专家进行合作，包括大学的教授等，通过数据化和可视化，从学术研究的角度向社会传播公司的产品和环保理念。

　　目前，尽管公司的经营范围有所扩张，但组织架构和人力资源管理维持不变，没有进行相应调整。灭火器的销售方面，虽然客户从个人消费者变成政府，但企业并未直接参与销售，而是由一个专门经营消防类产品和设备的公司作为经销商。公司正在致力于打开马来西亚的灭火器市场，并得到了北九州政府的大力支持，但是迄今为止公司还未形成一支能够单独面对市场的团队。泡泡玉通往产品多元化和国际化的征途还有很大发展空间。

第九章
川岛织物：从御制织坊到现代纺织企业

一　川岛织物：案例基本情况

川岛织物是由创始人川岛甚兵卫于 1843 年创立，至今已有 176 年的历史。企业传承到家族第 5 代后，家族不再对企业持股和经营。2006 年株式会社 SELKON 与株式会社川岛织物合并，变更为现社名——川岛织物 SELKON 株式会社，2011 年被 LIXIL 公司①收购，成为 LIXIL 的全资子公司。

川岛织物从 1910 年（明治 43 年）开始进入室内装饰领域，是做明治、昭和的宫殿内装的名门。俄皇尼古拉二世访日时，公司被授予皇家徽章。之后，公司还成为罗曼诺夫王朝的御用制作商。室内装饰部门在窗帘市场有很高的占有率，垂直式百叶窗也是公司的特色。同时公司还制造和服布料和祭祀布幕、和服的织机。祇园祭的幕布大多数使用的是公司的产品。

川岛织物 SELKON 主要业务从和服衣料发展到室内装饰，现在是以制造室内装饰商品和内装材料纤维为主的公司。总公司位于京都市左京区。公司目前 90% 的产品由机器生产，但依旧保留了 10% 的产品由手工纺织。所

---

① 骊住集团（Lixil Group）是一家日本建材和住宅设备厂商，总部位于东京。该公司创建于 1923 年。

生产产品精于设计、注重质量，主要瞄准中高端市场。公司总股本约为94亿日元，从业员工（包括生产人员、行政人员和销售人员）共计961名（截至2017年3月31日），其中销售人员占比约为2/3。公司在日本仅设一家工厂，内设两条生产线。工厂和办公室设在同一地，此外还有一些销售商店。

在产业材料方面，公司主要是提供汽车座椅的表面材料，国内市场占有率约为70%（汽车等座椅的表面材料业务始于2010年7月丰田纺织、丰田通商集团合并后的TB川岛株式会社）。2006年4月1日和神户的室内装饰企划制品公司"SELKON"合并，形成了川岛织物SELKON。另外，两家公司原本就在窗帘上有很强的能力，合并后，窗帘业务的销售额达到150亿日元，跃居国内市场占有率首位。企业的宗旨是：致力于古代纺织物的研究、复原和技术传承的同时，积极开发功能性纺织物和环保型商品等符合时代工艺的产品，从而引领行业发展。

川岛织物企业发展历程及重要事件如下。

（1）第1、第2代：精进技术，为皇家生产织品

1843年，在企业刚刚创立时，主要业务为出售和服及和服腰带。

第2代川岛在1886年西欧访问时发现，西欧的宫廷及其他建筑内会挂纺织品作为装饰，而当时日本并没有这种文化和风俗。于是他基于西洋文化迟早会传入日本的判断，开始运用日本传统的和服纺织技艺，对欧洲的织布方法进行了改良，生产室内装饰品。1888年，川岛开始向明治皇宫提供装饰面料，成为日本第一家生产室内装饰织物的企业。为了传播这一技术，第2代川岛于1889年在京都建立了产业博物馆，这是日本最早的民间企业博物馆，展示了很多初代创始人制作的纺织品，也收集了不同地区和国家的纺织品，包括中国明末的织品、从比利时进口的织品等，用于学习各种纺织技术。1890年之后，公司开始在世界博览会参展，展示其高品质产品。

1891年，企业成为日本首个宫内厅承办商。同年，俄国尼古拉皇太子来公司参观后的第二天被日本警察砍伤住院，因此公司带着一幅织物去探望他。这幅织品在当时可以说是拯救了日本，至今仍被俄国保存。

（2）第 3、第 4 代：拓宽产品范围，扩大生产规模

1910 年，随着第 3 代川岛上位，公司开始转向生产室内装饰用的挂毯。

1918 年，公司兴建工厂，安装了用于生产室内装饰纺织品的织布机，开始大规模生产，这是一个转折点。

1956 年，公司再次扩大业务领域，开始生产汽车内饰。

1957 年，正式更名为"川岛织物株式会社"，并延续至今。

（3）第 5 代以后：家族退出企业，国际化步伐加速

1970~1990 年，第 4 代选出的管家做了 20 年社长，在他做社长的后期进行了一些不良的投资，包括酒店和海外项目投资等，导致公司财务绩效变差。

1994 年，公司在菲律宾建立第一个海外基地。

1995 年，川岛织物在中国上海成立中日合资企业"上海福海龙纺织有限公司"。

2002 年，公司在中国成立"川岛纺织品制造（上海）有限公司"。同年，公司进入美国，成立 KAWASHIMA TEXTILE USA, INC.。

2004 年，公司进驻泰国。同年，公司在中国上海建立了合资企业。

2006 年，公司和 SELKON 合并，更名为川岛织物 SELKON，主攻家装行业。

2010 年，公司放弃并出售了自动车业务。2011 年，公司被 LIXIL 公司收购，成为其全资子公司，并私有化，退出了上市公司。

二　学习与创新：案例的研究意义

纺织业大概可以算是工业革命之前最具技术和艺术含量的产业，古代家庭作坊式的纺织制作限制了技术的进步，但皇家制作坊则是重要的工场式作业。而日本偏向于在民间的织坊中选择品质卓越者成为"御家"制作，这既是荣誉更是一种责任，也代表了日本织造的最高水平和技艺。川岛织物作为西阵地区最高水平的织造工场而被御家选中，引领着技艺的发展。

2007 年，川岛织物公司在创业 163 年之际，编制了《川岛织物创立 145 年至 163 年（企业合并）间的历史》（以下简称《川岛织物创业史》）一

书，系统回顾了公司创业历程。书中史料详实，还有许多珍贵的历史照片及记载，是一本难得的公司创业史记。而就在 2006 年，作为家族企业的川岛织物与日本另一家 SELKON 株式会社合并，家族基本上退出了企业，公司因此成为一家上市的公众公司。但公司的历史还在延续，新接任的社长青户纮则在创业史的发刊词中有如下一段总结——

川岛株式会社自 1843 年 2 月 26 日起，由初代川岛甚兵卫开始经营布匹印染业以来，去年 4 月 1 日与 SELKON 株式会社合并，而后演变成川岛织物 SELKON 株式会社，已有 163 年的历史。

在此期间，关于公司的记录，最近的是在 1989 年（平成元年）11 月发行的《145 年的历史（练技抄）》，在过去进行了四次编写。

第二代甚兵卫作为日本室内装饰的先驱，如文字所记载，他全力进行织物的创作和技术的改良。这样努力的结果是，他的制品、作品以明治宫殿、东宫御所（现迎宾馆赤坂离宫）为开端，逐渐用于日本各地的代表性建筑物和船舶等内部，并在 1900 年前后在欧美举办的世界万国博览会上得到了很多大奖甚至金奖，这为川岛品牌的建立做出了巨大的贡献。

第 3 代、第 4 代、冈部正、南庄郎等历代的经营阵营传承了这种企业精神，从制作传统领域的西阵地区的高级布和织锦等工艺品和定制室内装饰物，扩大到担任日本新经济命脉的房地产业的室内纺织物和汽车、飞机、火车等移动空间中使用的纺织物。

在 1949 年（昭和 24 年）快速进入证券市场，力图完成从家业到企业的转换的同时，1964 年（昭和 39 年）9 月为了企业的进一步发展，从西阵地区搬到最合适的地址，把公司命运压在市原建设的现代工厂上，在经营方面也进行了各种抢占先机的动作。

如此一来，川岛品牌在明治之后，可以说是由以"日本乃至世界第一的织物"为目标而进行不懈努力的前辈们创建而成，他们精心打磨并逐步强化而形成了现在的品牌。另外，随着公司的扩大，以"美"的表现为理念的美术工艺部门和旨在以"材质"为追求的汽车部门，同时兼具这两个部门特点的室内装饰部门的业务边界不清，因此对这一类的特点的理解就相对变弱，再加上由于卷入了价格竞争的旋涡，业绩持续走低，现在仍在再次重振途中。

（《川岛织物创业史》，川岛织物 SELKON 株式会社，2007）

川岛织物的历史不算很长，并且公司创业者和几代人都有日记，还有就是公司在 1989 年编制的《145 年的历史（练技抄）》，这是对公司 145 年历史的总结，之后历经四次重新整理和补充，成为一部详细的创业史和业务、产品的记录大全，对于了解日本近代企业的发展历史无疑是一份十分难得的史料。川岛从第 1 代创始人开始就注重收集不同地区的织物和工艺材料，并在 1889 年就建立了企业织物展览馆，是日本企业展览馆的肇始。而公司在织物工艺设计、织染方法创新，以及技艺、设备、材料等革新上，一直走在时代的前列，是技术和设计、工艺领先的家族企业，几代家族领导人孜孜以求，创造了"真善美"的产品和艺术。经过不同的时代，需求和市场、技术都发生了巨大的变化，公司经营有起伏，但对创新和品质的追求一直没变。其中，在明治维新时期，第 2 代还通过出访欧洲，引进和吸收西方的工艺、织染方法，创造了日本传统的西阵织之外的独特的川岛织，日本企业的学习和创新精神得以充分体现。

三 企业家精神与家族传承

川岛织物的创业史体现了典型的日本企业家精神。川岛织物的创始人文次郎出生于 1819 年（1 代川岛甚兵卫），祖上是武士，后代逃难成为渔民。直至文次郎的祖父才开始经商，做木棉生意，父亲经营绢织物，但不到 31 岁便离世。当时文次郎虚岁才 3 岁，9 岁时母亲去世了，由祖母抚养长大，13 岁立志继承父业，离开家乡到京都绸缎庄大铺"红粉屋"做学徒，孜孜不倦地工作，得到店家的信任，但后来由于店家过世，他被迫离开自己开店。1843 年他 25 岁，在京都六角室町末广路开店取名上田屋，自称为上田甚兵卫。除了勤勉经营之外，他还积极设计服装出售，逐渐形成了作为布匹商人的基础素质。

1858 年，幕府与俄国、英国、法国、奥地利、美国缔结通商条约，开放神奈川、长崎、函馆三个通商港口。甚兵卫察觉到可以此为契机发展贸易，立即派出店员赶赴长崎，并开始向商人出售京都西阵织物，同时购买西洋布匹再倒卖到京都市场，这成为在京都销售西洋布匹的开端。为此，他很快取得了成功，资产迅速增加，新店铺也不断地建立。明治维新以后，初代甚兵卫被神户的通商公司、汇兑公司聘任为其公职人员。这时，上田屋的商标号也让继给亲属，他则改名为川岛甚兵卫。他不仅生意取得了较大成功，而且关注日本纺织业的发展。在明治初期的西阵粗制滥造的产品比比皆是。因为担忧这个状况，初代甚兵卫于明治 7 年（1874）向京都府提交《织物从业者管理建议书》，这对整治市场起到了重要作用。明治元年（1868），正当甚兵卫 50 岁时，他将家业传给了儿子辩次郎（16 岁）。

川岛织物的事业大发展是在第 2 代甚兵卫期间，他 27 岁时继承了家业。第 2 代不仅开拓了与朝鲜的生意，更为重要的是通过加入欧洲的考察团，学习和改进了西阵织并将传承的织造从服装扩展到室内装饰等领域。第 2 代既是企业家，也是创新者。《川岛织物创业史》中有一段话描述了第 2 代甚兵卫，很有意义——

辩次郎对织物有与生俱来的兴趣，从幼年时开始，就因为喜欢织物而摆弄玩耍锦绣的碎布，收集织物的样品，若有笔的话就马上描绘织物的图案，乐在其中。

辩次郎的父亲给予的帮助自不必说，很快，他在 16 岁时就独自一人巡访关东地区的纺织基地，努力增长见识，学习技术。

随着时间推移，他对各地各种织法及其相关联的纺线、提纯、染色等的研究也逐渐深入。在这种情况下，收集古今资料，巩固了基础，所以他在继承家业的时候已具备独当一面的织物从业者的技能与见地。

（《川岛织物创业史》第 14 页）

他在考察全国各地的纺织技艺和出访朝鲜之后，深感有改良西阵织技艺的必要。后来他随日本驻德国公使一起巡访欧洲学习考察，带回来上千种织物样本和诸多资料。第 2 代改造技艺、拓展业务领域至挂毯、壁画等室内装饰工艺织物，并引进和改良设备。企业将工匠与机器结合，打造了日本最高品质和技艺的织造工场。第 2 代为家族企业打下了坚实的基础。此外，他还建立制度，制定"家规 332 条"——

其中，规定"当月限量品（无实物，先交定金的种类，全凭预订销售）、容易腐败的物品等要随时间变化。而紧俏的应时品以及货币的买卖等一切投机取巧行为一律禁止"，也禁止除了本行业之外牟取暴利的行为。这成为之后事业的根基。（《川岛织物创业史》第 11 页）

第 3 代川岛甚兵卫是旧加贺藩井上盛重的三子三六，作为女婿继承。三六从东京帝国大学法学系英法科毕业后，曾进入日本兴业银行工作。第 3 代的经营理念在传承第 2 代振兴西阵织的理想的同时，也顺应时代需要，以开发适应时代的实用型产品以及规模化生产为目标。可以作为例证的是，即便是女婿或养子，他作为继承人对家族事业一样忠心耿耿。第 3 代的身体一直不好，但一直不敢放松工作。他在夜不能寐的时候写下《仰卧录》以表心迹，也成为企业的重要训言——

（1）为人处世要以诚心诚意待人。

（2）用人之道，有功为使用者和技术职工之成绩，有过则为主人之责任及失策。

（3）不忘学习。

（4）不寄希望于官界。

（5）要充分注意工业会变乱。

（6）对于同行的反对和阻碍的言谈举止能忍则忍，不对其特意表达反抗态度，要有海阔天空之度量。

（7）此外，费尽心思的同时，不可懈怠对其的补救方法。

（《川岛织物创业史》第 27~28 页）

第 3 代甚兵卫因病于 40 岁（1918）去世，在任期间未满十年。去世时后代还很小，因此建立了一个临时性的亲族会议体制。第 3 代甚兵卫在世时曾托付当时川岛家咨询顾问的井上友一氏（第 3 代的长兄，后任东京府知事）、早川千吉郎氏（后任满铁总裁）、渡边魁氏（第 2 代的友人，原铁道公司大阪分店经理）、汤浅七左卫门氏（汤浅电池公司总经理）、齐藤常三郎氏（神户商业大学教授）、井上一次氏（第 3 代的二哥，陆军中将）为川岛家掌舵，事业上则安排他的亲友山本五郎氏（后任本公司会长）担任顾问。此外，泽村芳之助、龙寿雄、田中荣治郎、高木由三郎等川岛家的元老们也在第 3 代甚兵卫逝世后团结一心，誓死将川岛的事业守护下去（见图 9-1）。这一制度在其他文化制度中是很少见的，大概也反映出日本将家族企业作为"公"的事业（而非家族的"私"业）来加以治理，女婿、养子以及亲族和企业的元老都将创始人创下的事业延续下去作为己任，而不怀一点私心。甚至在后来企业被公众化接管、家族退出之后，接手的社长等经理层也被创业者的使命和事业追求所驱动而愿意付出全部的努力发展有着优秀传统的产业（见前文接任社长青户纮则在创业史的发刊词中的总结）。日本的老铺企业就是在这样一种虚拟化的家族制度和使命责任之下延续的。

在短短的时间内失去了双亲的姐弟们不得不寄人篱下，靠着从前川岛家的亲族或熟人的帮助生活，而长男文吉则继承了第 4 代甚兵卫之位。当时川岛家的咨询顾问者中也有人已逝世，渡边、汤浅、齐藤、井上、山本诸氏加之川岛家的川岛信三郎共六人组成了亲族会，通过该合议体制确定了由山本氏继承织物所、井上氏分别任川岛家的各种指导监督人，而长女绫子的婚约对象小川吾七郎则定为第 4 代甚兵卫的接班人。昭和 9 年（1934）12 月，当年 24 岁的第 4 代就接任川岛织物所所主之位。创业以来便一直被称为"美术织物之川岛""带之川岛"（以制作精美的和服腰带而闻名），从第 3 代开始创设了室内装饰部，同时还新设了力织机工厂（机械纺织），也因此

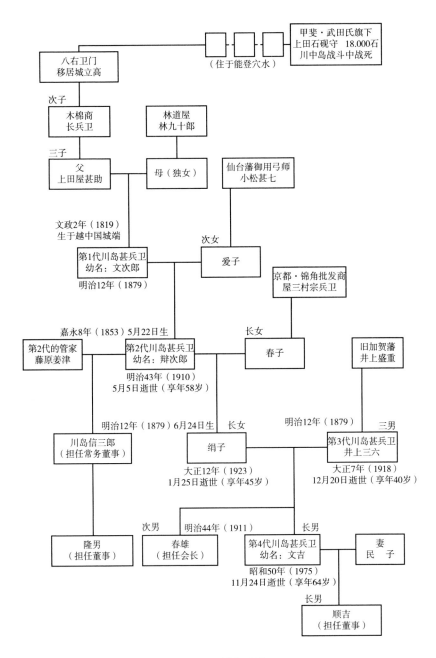

图 9 – 1 川岛家谱

资料来源：《川岛织物创业史》第 78 页。

增加了室内装饰织物的制作。新社长就任六年后的昭和 50 年（1975）11 月 24 日，一直在疗养中的第 4 代川岛甚兵卫与世长辞，享年 63 岁。

1843 年，第 1 代川岛甚兵卫在京都兴建和服专门店，主要出售和服。

1879 年，第 2 代川岛甚兵卫继承家业，并将濒于衰亡的传统缀织法予以革新。

1910 年，第 2 代川岛去世，第 3 代川岛继承家业，开始实行大规模生产，这是一个转折点。

1918 年，第 3 代川岛去世，其妻子娟子夫人继承家业。1923 年，娟子夫人去世。

1934 年，第 4 代川岛上任，公司再次扩大生产，开始生产汽车内饰。家族从第 4 代起开始信基督教。

1970 年，企业上市。家族第 5 代担任企业顾问，并因经营素质有问题而渐渐把公司股票出售，家族慢慢退出企业经营。1970～1990 年，第 4 代选出的管家担任了 20 年的社长。

1990 年后，公司连续两任董事长与总经理均由出资银行（三井住友银行）指派。2011 年，公司被 LIXIL 公司全资收购，社长由母公司指派。

家族第 4 代放弃了经营，但还是有人担任会长（即董事长）这样的职位。第 4 代在其孩子还年轻时，选取了一位"管家"担任社长，这位管家任职 20 年内，公司出现各种腐败问题。家族第 5 代担任公司顾问，因经营素质问题，把股票慢慢卖掉了，导致后来家族退出企业经营。退出之后由当时的出资银行指派过两任社长。后来公司被 LIXIL 公司收购，现任社长由母公司派任，同时担任亚洲市场的战略总监。

表 9-1　川岛家族各代传承人

第初代	第 2 代	第 3 代	第 4 代	第 5 代(不掌控企业)
第 1 代川岛甚兵卫（幼名：文次郎）	第 2 代川岛甚兵卫(幼名:辩次郎)	第 3 代川岛甚兵卫(养子,原名:井上三六①)	第 4 代川岛甚兵卫(幼名:文吉)	专务理事

注：①旧加贺藩井上盛重的三儿子。

有意思的是，川岛总部大楼一楼玄关大厅纪念冢中埋葬的不仅有家族成员，更有创业元老和工匠：在这个纪念冢当中，埋葬了对川岛公司功不可没的各位前辈的遗骨（平成18年3月末至今，埋葬了共九位先驱）（见表9－2）。

表9－2 川岛总部大楼一楼玄关大厅纪念冢埋葬者

姓名	祭日	遗骨安放仪式	职位	生平事迹
2代川岛甚兵卫	明治43年（1910）5月5日。享年58岁	昭和39年（1964）9月21日		继承初代川岛甚兵卫的家业，对明治时代初期的西阵织做出了巨大贡献。从明治时代文化繁盛期开始为了日本纺织业倾注精魂，以明治宫殿御用为代表给后世留下了诸多作品。作为近代织物文化创始人在国内外声名远播。明治24年成为日本国内第一位宫内省御用商人。明治31年受命为皇室技师
岸田仙吉	大正9年（1920）4月10日。享年68岁	昭和39年（1964）9月21日	缀织代表	由第2代川岛甚兵卫选拔出来研习纺织技艺，终其一生。集缀技法于大成。他参考立体感丰富的割㯳，融合原本平面化的缝缀技艺，堪称缀织鼻祖。自明治20年入社以来，侍奉第2代、第3代川岛甚兵卫。大正10年所作明治宫殿壁挂《春郊鹰狩》《秋庭观枫》等倾注心魂。据说第3代甚兵卫逝世时，他还亲自将其遗体从病房搬到了自家客厅。其子荣吉也在川岛奉职，昭和38年因缀织技术的功绩而被授予黄绶奖章
泽村芳之助	昭和20年（1945）6月25日。享年77岁	昭和39年（1964）9月21日	原经理	侍奉第2代川岛甚兵卫，作为经理，勇于开拓经营，守护传统事业，顺利将家业继承权移交到了第4代甚兵卫手里
泽部清五郎	昭和39年（1964）8月26日。享年81岁	昭和39年（1964）9月21日	原董事	从第2代川岛甚兵卫开始，历经六十余年鞠躬尽瘁，从大正到昭和时代，负责天皇御车、豪华客轮、国会议事堂、旧满洲国宫殿等的装饰，因技术高超，创造出堪称川岛生命之美的他，留下了无与伦比的辉煌业绩

续表

姓名	祭日	遗骨安放仪式	职位	生平事迹
小川吾七郎	昭和43年（1968）2月24日。享年71岁	昭和43年（1968）3月28日	原董事	由于优良染料难以入手,第3代甚兵卫夫人娟子将《春郊鹰狩》的经线切断,这一典故被称为"断机之训"。为了测试染料,在读京都大学的他同大学助教共同进行染色法的改良研究。此外作为川岛家的主治医生,他尽心竭力,为川岛事业奉献一生（第3代甚兵卫长女绫子的配偶）
山本五郎	昭和44年（1969）5月7日。享年91岁	昭和44年（1969）6月10日	原会长	第3代川岛甚兵卫的东京大学同学,在三代川岛甚兵卫死后的近半个世纪作为川岛事业的指导者始终如一,直至去世。同时还一直担任川岛顾问
4代川岛甚兵卫	昭和50年（1975）11月24日。享年64岁	昭和51年（1976）3月18日	原会长	昭和10年继承家业,昭和13年改组为股份有限公司,经历二战中后期的残酷年代,在剩余的30余年里始终尽到会长职责。在此期间既坚持传统技术的保留,又促进企业近代化,直至将西阵企业发展为日本企业。特别是在市原总部设立工厂以及新宫殿·赤坂迎宾馆等世纪建筑中做出了杰出的贡献。贯彻"穷精发彩"的精神,并且展现出对真善美的极致追求与百年大计的不懈坚持
笠井笃	平成3年（1991）9月24日。享年93岁	平成4年（1992）2月24日	原专务董事	作为川岛技术人员将自己70年的余生无私奉献。就川岛擅长领域室内设计高级针织品,将川岛印染纺织技术做到名副其实,并铸就了其业界第一的坚实地位
川岛春雄	平成12年（2000）8月26日。享年88岁	平成13年（2001）4月25日	原会长	昭和20年二战结束之后入社,与长兄第4代川岛甚兵卫共同推进川岛的现代化经营。通过上市、工厂建设等为川岛打下了基础。在之后的30年里,身兼日本室内装饰织物工业协同组合联合会、西阵织工业组合会理事长等职务,为业界发展尽心竭力

资料来源：转引自《川岛织物创业史》第61~62页。

后代家族为何退出？后面的历史很少有记录，我们通过访谈了解了一些情况，大致如下。

（1）川岛织物第2代建纺织工厂，第3代通过访问欧洲时考察了壁画、挂毯和地毯以及其他室内纺织装饰品，将业务开始从和服转向高档手工织物装饰品以及和服衣带等，并且产品开始供奉皇家，获得很大成功。1969年上市，第4代放弃经营权，但担任会长，最后一代川岛家族在公司担任顾问，第5代是一个浪子，几乎卖光了公司的家族股份，由家族原来的管家担任社长长达20年，公司走向破产的边缘，最后被银行等机构资本接管。

（2）这是一个家族失败退出的案例，大概是由于第5代生活不检点，在外面养有情妇，自己有两个儿子，一个不愿进入公司，另一个在公司任职，但没有经营才能。其父最后将公司的经营权交给原来的管家——公司的股东之一，不久第5代去世，公司就在管家控制下。后来，管家期望其儿子成为继任者，并在外面进行了一系列的投资，但几乎都是失败的。公司因此被接管，管家也被迫下台，公司的业务受到很大影响。

这是一个令人难堪的家族企业结局，家族成员因缺乏经营能力或不道德行为而必须离开企业，但企业作为"公"的事业，则在被接管后继续发展，其工艺织造传统在后来通过设立纺织技术学校、织物馆等得以传承，企业至今仍有着匠人传统和技艺传承。同时，从家族第3代以来企业不断拓展市场，进入室内装饰、汽车内饰等领域，并在技术和组织上不断创新。家族可以退出，但事业仍在延续。这显然超出了一般意义上的家族企业，而是长寿老铺企业的一段曲折但不断奋进的历程展现。

四　从工匠作坊到现代企业：老铺企业的现代化

本案例给我们的思考很多，重要的是我们从中可以看到一个传统工匠型作坊如何基于国际学习和企业家精神，迅速转型为一个现代企业。以科学管理、职业化、专业化、技术和创新为发展核心，这是一个重要的进步，它为百年老店在现代社会立足奠定了基础。这让我们对日本企业善于学习、不断改善质量、随时代而变化的特征有了更深入的理解。本案例以下几点对于认识日本长寿家族企业的经营管理特征很重要。

（1）对企业档案、史料、工艺的整理与保存

日本企业较早就关注企业档案和工艺的整理保存，这是我们在调研中较为普遍看到的，不少接受调研的企业至今仍保存着企业创业初期或过去几百年的历史材料，不少企业设立有创业馆或纪念馆——保存着创业者的创业故事和日记以及企业史料、企业历代的产品样本、制作过程与工艺流程（多是后来整理出来的）、重要的企业发展事件（包括供奉御家或幕府的记录），这是现代企业主要的标志。至少明治维新以来，这些老铺企业中大多开始建立档案和创业馆，为产业的历史和传承奠定了重要的文献和史料基础。

川岛织物因为创业者有收集织物材料的爱好，第 2 代又有出访欧洲搜集织物和工艺的经历，所以很早就注意保存企业档案资料，留下了丰富的记录和材料。

> 大正 2 年（1913）9 月 30 日，为纪念第 2 代甚兵卫出版的《恩辉轩主人小传》，介绍了先代的纺织制作技艺、创业热情、人脉、作品等，此外还记载了与先代关联颇深的各种趣闻轶事，实为本公司的头号公司史。（《川岛织物创业史》第 34 页）
>
> 昭和 5 年（1930）2 月，第 4 代甚兵卫迎来了成年的那天。为纪念他的成年及其去世的父母，也为了用川岛家的业绩来警示后人，于昭和 6 年 3 月 14 日出版了《川岛家与其事业》并将之送给相关人士，书中的后半部则介绍了那些与第 3 代有着深深联系的各方人士感想。这就是川岛织物的第二份公司史。（《川岛织物创业史》第 44 页）
>
> 第 1 代、第 2 代甚兵卫通过对国内纺织基地的调查和贸易收集到的收藏品在明治时期已经差不多有几万件。第 2 代书写的《连记》中，记载有很多从初代那里得知的流行的纹样和织锦的改良方法。（《川岛织物创业史》第 16 页）
>
> 昭和 54 年 3 月，旧参考馆和第 4 代甚兵卫的住宅里保存的本社和

川岛家全部的史料记录被转移到了市原本社史料室。昭和 59 年 2 月，用古今中外非常珍贵的丝织样品 8 万件的一部分做成了"染织名品图谱"限定发售。

昭和 59 年 10 月开设了关于丝织文化发展的织物文化馆。昭和 61 年 5 月对先辈们遗留下来的诸多珍贵收藏和相关史料调查研究成果进行公开展示，设置了专门的场所，川岛织物文化的集成殿堂在此刻开启。（《川岛织物创业史》第 72 页）

这里，一代代流传下来的企业历史和档案，有些是当事者的记录和搜集整理，更多的是后人加以整理而流传下来的。同时，这些材料以企业史和资料的形式公开发表，供社会学习传播，为行业的发展起到了推动作用，是践行社会责任的一种体现。文化馆的建立向企业的员工和后人传递公司文化与创业精神，同时也向社会开放，是产业传统得以延续和传承的重要载体。

（2）国际学习

日本人善于学习，大概最为重要的证据是日本企业向全球学习的过程。日本的企业在较早时期就通过各种途径引进技艺（如遣唐使、从中国回来的僧人、从朝鲜百济过来的匠人）进行学习，也有企业主直接远渡重洋到国外学艺。日本企业家对于技艺、创新和改善产品与服务的追求有着悠久的传统。本案例中企业主国际学习的细节让人印象深刻。

第 2 代甚兵卫袭名的那年秋天，接受先代的遗志，为了同朝鲜进行贸易，远渡朝鲜。按照从那时的所见所闻中得到的结论，用金巾类进行交易，进口当地产的粗陋低廉的生线和绢丝，然后再由日方进行精炼加工，在国内进行衣服衬面料的商业化。与此同时，向朝鲜出口受欢迎的甲斐绢、琥珀、绸缎等绢织物，很受欢迎，之后不断向朝鲜增加该类商品的出口。（《川岛织物创业史》第 10 页）

明治 19 年（1886）3 月 16 日，和品川公使一行人乘上法国人的船，从神户向欧洲出发。乘务人员全是外国人，通过品川公使的斡旋，了解到大河内源太郎作为翻译这一事实后，母亲便安下心了。这发生在第2代甚兵卫33岁的时候。

第2代甚兵卫以法国为起点，走访意大利、德国、奥地利、瑞士、比利时、荷兰、英国等国，进行西欧建筑内织物使用调查。吸收与染织相关的所有知识，和拿来的样本残部做比较，确定这里的织物是完全不输于日本织物的优秀作品。

学习考察并不是简单地模仿，而是根据日本国内的需求以及传统加以改良并做出创新，这样才是真正的学习。

首先，第2代的考察是全面的。

第2代带去了早先收集而来的织染品差不多8万个，珍藏的样品裂差不多10万册，目的是广泛地研究欧洲纺织业的变迁，包括产品成色和品质、制造方法、技术的优劣、机器的性能、工厂的组织结构、职业分工、经济现象、交易方法、商业上的习惯等方方面面。到达欧洲之后，品川公司进献的"槍扇图"，被德国皇室称赞，在柏林博物馆展出时也得到了好的评价。

其次，他在考察中发现了日本未来的发展机会。

在这次海外视察中，第2代带回了很多与织染相关的资料。其中有从法国带来的数千种颜色的样本，之后第二年就变成西阵的流行色。

在欧洲建筑内多使用纺织物来进行室内装饰，如果在这里使用日本的纺织物，将会有很大市场。对这些情况，第2代感到非常欣喜，认定将会成就一番大事业。另外通过拜见各国皇宫，调查皇宫内装饰的详情，以为明治宫殿的室内装饰做准备。

最后，最为重要的是，在学习的基础上进行改进和创新。

第 2 代早先考察了国内各地的纺织基地，深深感觉到国内生产的织物并非全都特别优秀，在技术层面上还有不足。和朝鲜进行贸易之后，这个感触更加深刻，想到如果致力于将来向国外出口产品的话，不加紧提高产品质量是不行的。

因此他对国产织物的改良开始了。着眼于已有出口业绩的丹后绸绸的改良，明治 14 年（1881）2 月，向京都府北垣国道知事指出诸多问题，比如，每年粗制滥造的丹后缩棉的品质和无视其用途而做出的规格等，并以此提交改良要旨建议书。

与此同时，他对原材料精挑细选，不断进行织造的设计考量，并且对于因缝纫问题而做不出来的尺寸（巾 9 寸）的织造，也在细节上进行了改良。再者，提出了商标制度的活用、设置共进会、织工雇用方法的改善等建议。建议书得到了北垣知事的认同，并把它作为告示事项予以实施。

五 国际学习与企业现代化

所谓近代日本脱亚入欧，不仅仅是认知和意识形态上的转变，根本的是从过去向中国学习转而向欧洲学习，在宏观层面上是向欧洲学习价值体系、制度和文化，在微观层面上的学习则是更为具体和实际的。企业需要摆脱长期以来的基于经验主义的、手工作坊式的生产，逐渐从机器、科学技术、现代组织与管理等方面对企业进行重建。我们看到的老铺企业存续了数百年，似乎是同一家企业，但实际上，企业的组织管理和经营方式都经过了实质性的转变和创新，这一过程大致起步于企业的国际学习，尤其是向欧美学习。川岛织物是一个典型的、较为早期转型的企业，这一转型首先是以企业领导人的国际考察学习为起点，其认知和观念的转变直接带动了组织的变革。也就是说，在第 2 代考察欧洲之后，新的工厂和管理制度就建立了起来。

产业重组和职业化：在（第2代，作者加注）法国视察贡不朗工厂时受到刺激，明治20年（1887）秋，一回国他就开始进行纺织业的产业重组。不久之后，雇用数名技术人员，加入织锦工厂，同时，织锦有绘图的必要，为此雇用三位专业画匠。这是公司设计部的开端。（《川岛织物创业史》第18页）

现代工厂建设（脱离过去的作坊）：明治22年（1889）春，建起了北向采光的一面坡式屋顶和将土坯地改成木地板的工厂。这是不达目的誓不罢休的第2代特地派木工去东京研究以后主导建成的厂房，因此西阵自不用说，连京都城中也开始建立新式工厂，他成为京都工厂组织结构改革的先驱。（《川岛织物创业史》第16页）

专业化管理和科学管理的引入：明治23年（1890）参加在东京举办的第三次国内实业博览会。同年10月，从京都纺织公司离职，之后成为足利工业学校初代校长的近藤德太郎出任纺织厂长。在这个时候，引入多台提花织布机。这是该工厂配备提花织布机的开始。（《川岛织物创业史》第17页）

六　创新与发展

对于创新，从川岛创始就一直非常重视，首代创业者奠定了基础，第2代不遗余力地结合国际新技艺对西阵织进行改良和创新，第3代又拓展到其他应用领域，同时通过设立织物研究所和职业学校进行制度化创新和培训。创新成为老铺企业的重要推动力，但不是一味地"破坏性创新"，而是将传统与创新融合起来，传承发展并与时代的技术和需求相结合，这大概是老铺企业立于不败之地的根本所在。

（1）第2代对创新和改良的执着

第2代在欧洲考察回来之后，对传统西阵织进行了全新的改良和创新，也因此使企业成为西阵织的行业标杆，优质的产品之前就被御家所接受。对第 2 代的创新在《川岛织物创业史》中有详细的记载——

　　把西阵的各种增加的新的设计与丹后的技术综合，发明了羽二重缩棉、横段缩棉、纵格缩棉、纵横段绉绸、纹段绉绸、四格绉绸金刚织、其他纹绉绸、缝取纹缩棉等的改良品。着手绉绸改良后不久，买进了在东掘川元誓寺名下的地产来建立织造绉绸的工厂，并于明治 17 年 5 月建成，取名为"川岛织布厂"，从丹后那边调过来织工几十名，开始进行织物的织造。

　　千辛万苦织造出来的产品虽说一问世就博得了预期中的好评，但是，因为绉绸为纯白面料，无法体现西阵织物绚烂夺目的美丽。第 2 代甚兵卫不满足于这一现状，以绉绸改良取得了暂时的成果为契机，全身心投入西阵织物研发。

　　由第 2 代甚兵卫苦心研究的作品只要生产步入正轨、受到世人的好评之后，他就不再留恋和执着，马上投入下一个领域，钻研新的技术，并始终在这样的道路上循环。从缩棉开始，到灵活利用镂空织、名物裂的肩里料，第 2 代甚兵卫一直充当着业界的试水人，并且倾注了终生的热情。以缀织和"空锦缎"为代表的高级花纹纺织品就源于此。（《川岛织物创业史》第 26 页）

　　日本的专利、创意、商标的各条例在明治 21 年（1888）公布后，第 2 代注重研究开发，登记了很多新型纺织品的专利、构思和实用性新方案。在这样的背景下，起用了近藤德太郎为工场场长，致力于花纹纺织品的改良和开发，从明治 24 年开始为了促进纺织品图案的改良而提拔了公司专业画家佐藤友太郎，从而创造出诸多新的花型和色彩。（《川岛织物创业史》第 23 页）

（2）第 3 代创新

　　第 3 代甚兵卫顺应时代潮流，为了开发与量产更加实用的商品，新增设了力织机械部门。

以出口为目标，川岛主要织造中国风缎子、纯白纺绸、琥珀等质地轻薄的绢类织品，而为了使这些适于室内装饰品的原料、风格、花样等，川岛也在稳步推进着相应的研究。（《川岛织物创业史》第 32 页）

(3) 第 4 代创新

第 4 代甚兵卫收藏着第 1 代、第 2 代收集的古代断裂片，并推断出是天平裂，但无法确认的种类约有 250 种，于是便开始鉴定调查。将这些古代的染织收藏品进行原材料的鉴定，使组织的研究、产地等系统化，最后把研究成果用于染织技术及技术的保存中，以促进技术革新，并于 1940 年设立了织物研究所。（《川岛织物创业史》第 46 页）

昭和 63 年，职业学校川岛爵士学校成立，以实现室内装饰的业绩恢复和技术传承。（《川岛织物创业史》第 72 页）

川岛从 1893 年即申请有纺织品专利，而创意的登记更早（1891），大概算是日本最早这方面的专利和创意了。

表 9 - 3　川岛相关专利、创意及实用性方案登记情况

项目	时间	专利/创意/实用性新方案
专利登记	明治 26 年(1893)3 月 14 日	纺织品"千代珠地网眼"
	明治 26 年(1893)7 月 26 日	纺织品"旭织"
	明治 27 年(1894)2 月 23 日	丝(纺织品用),纺织品"羽衣织"
	明治 33 年(1900)6 月 7 日	浮纹织法"相良织"
	明治 36 年(1903)10 月 29 日	缝取地革象眼
	明治 38 年(1905)12 月 22 日	制丝器
	明治 39 年(1906)1 月 27 日	从羽毛中分离出棉毛的机器
	明治 41 年(1908)2 月 14 日	羽毛制丝法
	明治 41 年(1908)5 月 29 日	缝箔地

续表

项目	时间	专利/创意/实用性新方案
创意登记	明治 24 年(1891)1 月 31 日	纺织品花纹、纺织品色彩
	明治 27 年(1894)4 月 13 日	纺织品成品花纹
	明治 32 年(1899)11 月 15 日	纺织品花纹
	明治 35 年(1902)4 月 10 日	纺织品花纹"第十类羽织里料"
	明治 36 年(1903)6 月 18 日	椅子形状(第六类椅子)
	明治 40 年(1907)2 月 26 日	蝙蝠伞色彩
	明治 43 年(1910)4 月 11 日	创意名称纺织品花纹(千岁之绿)
实用性新方案登记	明治 39 年(1906)3 月 12 日	缀织"太细织分"
	明治 39 年(1906)8 月 6 日	纺织品"千代锦"
	明治 40 年(1907)3 月	缀织"双面缀织"
	明治 42 年(1909)8 月	纺织品"缎通应用缀织"
	明治 42 年(1909)9 月 1 日	九重刺绣

资料来源：转引自《川岛织物创业史》第 24～25 页。

七 传统与创新

公司一直秉承"技术才是核心"的信念，将创新作为公司的发展动力。如何保存传统并不断融入创新是企业在传统与创新的平衡问题上首先要考虑的因素。

川岛织物自 1834 年（天保 14）创业以来，凭借纺织物将日本的美持续贯彻至今。服装、美术、工艺业务就是传统"川岛织物"品牌的源流。

（1）传统技艺。川岛织物属于日本传统西阵织的一部分，在早期全部是手工，在第 3 代开始采用机器生产。

（2）缀织。关于缀织的技法，第 2 代川岛对这种在当时濒于灭亡的传统织法予以革新，奠定了今天日本缀织法的基础，具体做法是：织布是由横线和纵线交叉织出来的，横线下面有原画，织的时候对着原画描。原画的底稿是左右相反的，织的时候把织物翻过来，反面还能织。

（3）指甲织。匠人在织的时候把指甲割一个口来拉线，指甲一边拉一边织，所以叫指甲织。

（4）"真善美"：精于质量。川岛织物早年染织的织布是进献给明治皇宫，这是川岛家族追求质量的表现。1916 年，川岛家族受命为明治宫殿绣织一幅题为《春郊猎鹰图》的挂锦，当时正值第一次世界大战期间，德国染料供不应求，日本国产染料又达不到技术要求。当织锦已完成了 1/3 时，第 3 代川岛的妻子观察到有轻微变色的迹象，毅然决定停机，重新织造。这幅残缺的织锦至今仍保存在产业博物馆中，成为川岛家族精于产品质量的示范。还有一个流传的故事是，在日本正仓院的宝物修复工程中，川岛家族生产的产品因历史悠久没有保存样品，需川岛提供产品，但是川岛并没有提供复制品，而是采用古代的纺织技术和当时使用的原材料重新制作出一样的织物。这都是川岛织物工匠精神的体现。

1964 年，第 4 代川岛提出"真善美"的社训，强调要做真东西、建立信赖，并在实践过程中引导员工真正地去理解"真善美"的含义。第 4 代甚兵卫定下了"真善美"的社规："真"是指在用料和工艺上不允许妥协，坚持品质和专业；"善"是不辜负用户的信赖；"美"则是以染织最好的产品为目标，成就一流产品。这既是川岛织物对工艺质量的要求，也是川岛生存发展的基本路线。

八 传承技艺与传统文化

一是对好的纺织品进行研究。川岛家族在 1898 年建立了产业博物馆，里面陈列的从明代中国和比利时等国家引进的织物，是为了对已有的好的纺织品进行研究，学习纺织技术，制作更好的织物。

二是聚集匠人进行研发。从 1890 年起，川岛家就聚集了一批技艺高超的织人（匠人）在一起实验和研究，让匠人坚持一边生产一边开发，通过他们提高公司技术，致力于产品创新。开发部门从那个时候起就有了，而一旦接到一个皇家订单，则还要再专门成立一个开发小组，以进行专门研究和质量控制。

三是向世界展示新产品。1889 年，公司生产的手工编织的挂毯在巴黎国际博览会上赢得了金奖。之后，公司开始参加各国举办的世界博览会，不断展出新产品，赢得了多个奖项。

四是建立研发部门。公司在十几年前建立了正式的研发部门，研究领域包括高分子工学、化学、材料工学等，致力于信息系统设计、环境评估技术等新技术和新专利的开发，以求提高公司产品的舒适度、安全性等。

公司现在雇用了 30 名织布匠人和 6 名染布匠人。新人则主要从高职学校招来，到公司后接受一年脱产培训，第二年起就实际上岗。上岗后由师傅带着，学徒培养的形式是员工组合形成一个团队，即老匠人、青壮年和新人三人一组，做 20 年后，青壮年变成老人，再负责带青年和新人。

整个日本西阵织随着老匠人的去世也面临着传统工艺失传的问题，公司主要采取两个办法应对：一是对一些老匠人的手艺进行视频拍摄，保存下来用于今后的研究和学习；二是与别的公司的老匠人签订技术转移合同，把这些技术吸收过来，在公司内部进行学习。

此外，公司在 1973 年开设川岛纺织培训中心，下设普通班、专科班和研究班，开设的课程涵盖传统纺织技艺和现代纺织艺术。截至 1990 年，除日本学生外，先后招收了来自 27 个国家的留学生，为国内外培养了数千名纺织专业人才。

九 国际化与老铺企业的全球延伸

国际化是老铺企业规模化、创新和永续经营的关键之所在。向国际学习和出口是国际化的初始阶段，但影响深刻，尤其是向国际学习。川岛织物很早就从国际考察和学习中受益，这也直接推动了企业从传统的工匠作坊转变为现代企业，并将创新作为生存发展的核心要素。而在国际贸易时期，企业就奠定了从不同的市场和文化中拓展经营思路和创新产品的发展路径，第 1 代甚兵卫与朝鲜贸易，第 2 代到欧洲考察，第 3 代开始拓展与中国的贸易，以及之后向美国乃至全球市场的拓展，开启了企业全球化时代。作为汽车内饰以及室内装饰品制造企业，川岛在国际化中扩大规模和产品线，同时不断推进产品的改良，使之成为一个国际领先的高品质纺织织造企业，且同时传承和发扬着传统的工艺和织物文化。可以说，国际化是企业将传统与现代联系起来并加以发扬光大的重要路径。

> 第1代甚兵卫从安正5年（1858）开始进行贸易，第2代也接手了和朝鲜的贸易，基于收藏品，改良了各种纹锦织品的织造方法和结构，创造了很多纺织品。（《川岛织物创业史》第23页）
>
> 大正2年（1913）10月，第3代甚兵卫最初的中国视察计划是基于掌握远东的商权这一国家立场。大正7年10月，力织机工厂竣工一个月，为开拓新销路，他与织造部长龙胜雄一同再次到中国进行市场视察。（《川岛织物创业史》第34页）
>
> 昭和58年和中国台湾的"福基绒毯织造股份有限公司"、昭和61年和美国的美利坚公司展开了深度合作。此外，昭和62年在墨尔本设立了"川岛澳大利亚"的当地法人，次年2月在奥克兰"川岛纺织品（新西兰）"开始活动，逐步建立了本社的国际战略和机制。（《川岛织物创业史》第72页）

企业首先通过在意大利设立设计工作室、参加展览会等方式进入欧洲市场，获得了良好的声誉，由此进入欧洲汽车装饰品市场。

> 公司以"国内装饰品同国际装饰品联动"为目标，1985年至1987年设立"米兰设计工作室""川岛意大利"，同时多管齐下，参加"明星展""家居纺织品国际样品展销会"等，1987年4月第一次参加意大利的Incontory，开始推进国际化战略。由此，公司在欧洲的装饰品业界声名鹊起。（《川岛织物创业史》第68页）

此外，则是通过海外的并购实现国际化。

1978 年，以向澳大利亚的福特公司出口汽车罩袋用布为契机，开始打入海外市场。在大洋洲地区，松田、Daihatus 等日本企业相继涌入，1987 年公司向这一地区出口了价值 10 亿日元的汽车罩袋用布。

由于采取了增强大洋洲地区的销售能力和完善面向汽车产业的服务体制的对策，1986 年同大洋洲地区的合作伙伴 Gerard Donald Wills 签订了国际业务顾问委托协议；1987 年 4 月，由澳大利亚墨尔本市出资 50 万澳大利亚元（5300 万日元）、公司出资 76%（4000 万日元）设立了合并公司 Kawashima Group Australia Pty, Ltd.（KAPL），Gerard Donald Wills 担任社长。此外，1988 年 2 月，在与澳大利亚属于同一经营者阵营的新西兰奥克兰市设立了 Kawashima Textiles（NZ）Ltd.（KNZL），收购了当地的席垫生产厂 KENSON INDUSTRIES，欲实现 100% 子公司化，公司需承担全部金额，最终以 510 万新西兰元（4.88 亿日元）的价格、出资 98.7% 完成了收购。另外，成功收购 KENSON INDUSTRIES，使公司一跃成为大洋洲地区汽车罩袋用布的核心供应商，灵活运用澳大利亚和新西兰两国间的经济关系强化协议，公司开始谋求在大洋洲地区开展有利的经营。

同时，公司大洋洲地区的经营业务不仅限于汽车罩袋用布，而且拓展至装饰品织物等，立足日本，构建包括中国台湾、澳大利亚、新西兰、中国香港和中国大陆在内的环太平洋海外战略据点群。

（《川岛织物创业史》第 69 ~ 70 页）

百年老店的国际化是近代以来的新发展，但由此带来了企业可持续发展、创新和传承的新战略路径。同时，不同的制度、文化和企业伦理也在这一互动中碰撞融合。百年老店还带来了各具特色的地区历史和传统文化，这无疑会为企业全球化注入商业文明的多元化基因，而百年老店的传统也会在这一全球融合发展之中得以发扬光大。

第十章
福寿园：茶文化的传承与现代化

　　大致是在 12 世纪初的镰仓时代，由日本僧人荣西禅师从大宋朝带回茶叶种子，开始在京都栂尾的高山寺里种植茶叶。而到 1738 年，京都·宇治·田原乡汤屋谷的知名茶商（永谷宗円）研发出了日本代表性的抹茶，即煎茶的制造方式。所以，京都也正是日本茶历史上的发源之地，更有日本茶的"胜地"之称，而其中宇治茶则被视为日本名声最大的茶品。大概最初是僧侣和贵族的雅兴，后来在室町时代起始于村田珠光，并由安土桃山时代的千利休完成。日本的"茶道"将品茶、待客、禅修联系起来，形成一种日本独特的"雅"和"寂"的文化。茶文化由此得以在日本广泛传播。到幕府德川时代末期，随着开放，日本的茶叶与生丝等产品也开始大量向海外出售。

　　福寿园是日本宽政二年（1790）开业的非常有名的茶庄。1790 年创业者福井伊右卫门在山城国上（现在的京都府木津川市山城町）创立了福寿园，从事宇治茶的加工和销售。这里是京都、大阪和奈良三个城市的交界地带，并有木津川这条大河流经此地，大和道和伊贺大道也在此交叉，因此这里是京都南部非常重要的交通枢纽，也是来往于周边各大城市的物资集散地和贸易市场。福寿园创立之初就发展迅速，整合了周边的一些大大小小的茶叶加工工厂，成为远近知名的山城宇治茶茶商。从德川后期到明治末期，宇治茶与生丝一起成为日本出口的明星产品，福寿园也正式成为茶贸易中最大的批发商。明治末期到昭和 20 年，福寿园成为全国各地茶馆和茶叶零售店的主要供应商（批发）。

　　茶叶是传统文化产品，由中国传入日本，并结合当地的资源环境发生了很大的变化，开发出适应当地的产品，如抹茶、煎茶等，继而发展出一套饮茶、待客以及修行的文化，由此带来茶具、茶艺、茶点及茶道。茶道由僧侣、贵族和武士阶层发展起来，之后惠及整个日本，并演变成日本文化和品格的一部分，其中离不开许多茶叶种植、制作和贸易的茶商推动。福寿园是其中的一个典型代表，其 200 多年的发展历史留下了日本茶道和茶文化发展的印迹。福寿园是近代宇治茶的一个代表，几代人的努力将宇治茶打造成具有当地特色文化的名产，企业也因此成为当地文化传统的一部分和名片。我们感兴趣的是，中国的茶叶到了不同地区有着不同的演变，在日本，不仅种植，而且制作、饮茶方式以及基于茶的产品（如茶具、茶壶、点心等）的运用都得以广泛传播。从茶的引进到发展以及近代的茶饮料创新，揭示了日本企业善于学习、创新和发展的典型案例，福寿园是一个缩影，给我们的启示是，这不仅是一个长寿企业的传统与创新，而且是日本产业精神与文化的一个写照，这个案例的意义超越了其产品和行业本身。

　　一个数百年专注于某一行业或产品领域的老铺企业，其延续的传统和文化深深地沉淀下来，并与现代的时尚潮流、技艺（技术）以及社会文化密不可分地糅合在一起。作为嵌入在时代和特定地区的企业，老铺企业是一个历史的时间和地域的空间维度的叠加，将历史传统文化和技艺在漫长的时光流逝中不断进行打磨和完善，形成地区的特色。它不断吸纳外来的资源和文化，塑造了一个让人惊叹的产品或行业。这些老铺企业并非只是历史的"化石"，同时也在时代的变迁、演进之中改革和创新，并通过持续创新而焕发出新的面貌。这样的老铺企业才是真正有生命力的。穿越时代而不衰，需要的是跟上时代的脚步，将传统与创新完美地结合。福寿园无疑是这方面的成功典范，通过将宇治茶饮料化，将这一精美的传统工艺带入新的时代。不断创新和持续创业是老铺企业永续经营的不二法则。

一　产业精神与价值理念

如果考察日本的老铺企业，在留下的大多史料或对在世企业家的采访中都不难找到对超越产品或经营的价值理念的强调，与欧美企业家更多思考的关于企业竞争优势或能力的"秀肌肉"有着很大的反差。日本企业家大多强调经营的社会价值尤其是对人的意义，全心全意做好产品或服务，对历史和传统包括家训以及祖上留下的经营理念高度尊重、恪守和践行，又不拘泥于历史，随时代环境和技术变化而创新。欧美模式的经营理念注重竞争和利益，市场是在生产商、供应商之间的角逐，目标是满足消费者的各种需求，但缺乏的是对产业精神的挖掘和对传统的坚守，创新变革因此是以摧毁竞争对手为导向的，而在日本的老铺企业中，则看到了一种自古传承下来的商业精神和气质，是以提供更好的产品或服务为宗旨，并从中找到更高层面的社会和伦理价值。福寿园可以作为其中一个典型的案例。

或许最能代表福寿园经营哲学的是其家训"无声呼人"（直译为"不用发出声音而吸引人来"），其真正含义是，品德高尚的人不用讲话，周围也总能聚集很多追随者，即"桃李不言，下自成蹊"，意思是要求每一代经营者严格恪守商业道德、坚守信用，努力成为受人尊敬的人，将企业打造成受人尊重的企业。这就直接与"商道""德性"有关，全心全意做好产品和服务，不断思考其经营的社会价值和意义，以"品德"和"真心"来赢得利益而不是靠投机取巧来讨好客户，这是福寿园第8代社长福井正宪不断强调的——

> 企业比起积攒存储然后回馈给社会和多雇用人来说，制造出好的东西则更能贡献于社会，我认为能够做到这些的就是好企业。……好好钻研产品，积攒自身的品德，然后让所有员工变得幸福。我就是这样打算的。好好经营企业的话，也就很自然能做到这样了（福井正宪著《福寿园自传》，自如（1），第54页）。

"无声呼人"这一家训具体是哪一代企业主提出的已不得而知。实际上，关于前五代的创业史也基本上没有留下多少记录，但这一家训则一直以中文书法匾额留存下来并时时警示后代经营者。重要的是每代经营者似乎都从中觉悟出与时俱进的价值体系和实践哲学，这在第6至第8代社长的记录和谈话中就体现了出来，甚至发展出更为具体的"社训"（如，五个积累，福井家家训"想十训"等）。五个积累的内容如下。

（1）积累信用。信用建立要从内心开始。内心带着诚意对待他人，带着热情对待工作。

（2）积累客户和人脉。所谓经商，是在实现着无数个循环。注重积累品德高尚的客户。一方面维系和发展已有的客户，另一方面发展新的客户和人脉。

（3）积累并发展技术。积累并发展技术，通过创意和各种努力才能生产出有价值的商品。

（4）积蓄人才。事业起步靠人才，对自己严格要求，努力提高自身的能力，有勇气去向一切困难挑战，发扬让"不可能"变成"可能"的张扬个性。

（5）积累资本。公司的实力是通过实际拥有的资本体现出来的。稳健经营，脚踏实地地践行，切实地积累资本。当然也需要带着梦想。

以上五点均是以积累为目标，通过脚踏实地的工作，稳健地经营企业，在为社会的发展做出贡献的同时也要丰富自己的生活。

用心和全心全意做好产品或服务大概是日本老铺企业的基本特征，这似乎超越了商人"功利性"的一面，呈现出一种职业精神和商道的崇高性，对道德性的坚持才是其经营的本质。而这一道德性只有与商业经营的理性，以及不断改进和创新、用心创造一流的产品或服务相结合，才能将一个世俗的逐利事业打造成受人尊敬的事业，并将行业传统塑造成文化和商道。对于这一点，第8代社长福井正宪有很好的解释——

制造出质量好的东西才会不宣传就能卖得很好，这是福寿园代代实践出来的（哲学）。守护传统重要的是"不说谎"，除此之外别无其他。在福寿园，不是宇治茶的东西就不会当作宇治茶出售，也不会给茶着色，这种事情根本就不会做。关于价格方面，我们也会采取不说谎的立场，贵的产品就要以高价卖，如果不这样就无法制造出质量好的东西，商业就无法发展。

我想说的是，必须要认真对待工作的人和商品。

（《福寿园自传》第 40 页）

当今社会，还有多少企业在坚守用真心来待客（对待客户）、全心全意打造最好的产品和服务？这种基于道德和真诚原则的商道实践，在今天实在是太少了。正因为如此，老铺企业的存续和发展才是我们这个时代最为珍贵的历史遗产，无疑也是给今天以逐利为原则的商家一个"以史为镜"的参照。

二　对茶文化的不断探求

日本的学习精神不仅停留在模仿国外的知识和做法上，创新本身才是其最为重要的学习方法。茶叶的引进从僧人开始，是之后的学习和再创新过程使得从中国宋朝引入的茶叶种子在日本落地生根并长出新叶。结合日本特定的气候和人文环境，可能进行了漫长时间的摸索和尝试，由此找到适合日本当地水土的茶叶栽培、加工和炮制方法。宇治茶的发展历程就是这一探索过程的历史写照。

1191 年（建久 2 年），开创临济宗的荣西传入了制茶法和饮茶法。在此之前，奈良时代也留有贵族、官吏、僧侣等饮茶的记录。但是作为日常饮料并没有普及。从荣西那里拿到茶种的是栂尾高山寺的明惠上人，他栽培了被称赞为本茶的栂尾茶。宇治茶是 13 世纪生产的，然后，森、朝日、祝等也就是宇治七茗茶的原型茶园被渐次开发出来，也开发出了用技术遮挡阳光来实现茶叶的生长的大棚栽培法，形成了名副其实的全国第一茶叶生产地。宇治茶是抹茶的主体，由 1738 年（元文 3 年）宇治的勇谷宗圆开发，一边将蒸茶在烘焙炉中干燥，一边用手揉搓的宇治茶制造法（青制煎茶法）。福寿园就是在这样的时代背景下创立的。幕府末期，诞生了日本绿茶的杰作——玉露。宇治茶的名声更大了。

（《福寿园自传》第 68 页）

福寿园是在日本茶叶传统文化中逐渐形成完善的，宇治茶更是在达到巅峰时期创立的。以茶商起家，并随着日本的对外开放而将日本茶叶售卖到海外，从创业者到第 5 代经营者，经历了从"茶商"到"产地批发商"的角色，正是一批如福寿园这样的企业才将宇治茶打造成日本茶的代表，也是在这一过程中，诞生出了优秀的技艺传统和茶文化。在不同的时代如何理解茶和茶文化，是企业经营理念形成和行业发展的核心。日本老铺企业在数百年的历史发展中要不时面对这一问题，并通过重新思考和定位，将企业和行业带向新的时代和未来，没有这一点，产业传统的传承和发扬光大就是不可能的。日本的企业家在这一方面的思考似乎远超过对金钱等利益的关注。作为产业和家业的传承者，福寿园的传承人不仅思考这一战略定位及其转换，而且将日本的未来、宇治茶的传承、人类的生活状态等都纳入其中。这种企业家远大的视野和宽广的胸怀在我们调研的数个案例中都体现了出来——超越商人狭隘的金钱和个人私利，而以人类关切的视野来思考产业和家业的未来和价值，这是令人赞叹称道的。

日本茶的最初发展和传统建构似乎不仅有茶叶作坊和商人的贡献，更多还有僧侣贵族等的贡献，如日本茶道的发展似乎就印证了这一点——

荣西禅师在其著作《喝茶养生记》中记载了茶的药效，当初茶是作为药物来饮用的，深受贵族与僧侣们的喜爱和珍视。不久，贵族阶级就开始召开"茶水大会"，这是室町时代的茶道，起始于"茶道始祖"

村田珠光，后来，由安土桃山时代的千利休完成。

（《福寿园自传》第 7 页）

福寿园创立者最初对于茶文化的思考可能融入"无声呼人"的家训之中，也在高品质的茶叶和加工中找到一些印迹。从第 6 代开始已有一些记录，这也表明企业已经有了一些文化反思和建构意识，并在第 7 代、第 8 代的言行中有了明确的指向。尤其是在企业创立 200 周年时创建的"福寿园CHA 研究中心"，使对茶文化的时代价值有了全新的理解和升华。

> 在企业创业 200 周年时设立"福寿园 CHA 研究中心"，……"CHA"是英文 Culture、Health 和 Ameity（文化、健康、舒适）的首写字母缩写，与"茶"相同，其指导方针就是从过去的茶道走上"CHA"道。这是一个很好的着眼点。"CHA"道是由文化、健康、舒适三要素构成的，其基础就是世界标准。"以全球化视野科学制茶"是 CHA 研究中心的基本义务，这种态度是从茶的起点读懂茶文化，并发扬茶文化。（《福寿园自传》第 22 页）

当福寿园公布这一投资 20 亿元的 CHA 研究中心项目时，即便在日本也引起了争议，认为福寿园是偏离了主业的"业余之路"。但研究中心的设立确实为福寿园重新思考传统和未来，尤其是思考茶道的创新和国际化开辟了道路，同时也通过以茶为媒介的五个关联而重新发现茶道和人类生活的关系，带着这样的思考和战略眼光，福寿园才看清了茶道创新之路，这也是对其 200 多年经营的一个历史性总结。这无疑超越了企业历史的意义，而是站在当代的视角重新审视行业和企业的未来，也将新科技、创新与生活的和谐关系、人类更美好的未来这些宏观主题与福寿园的使命和方向联系了起来。这是我们很少看到的一个传承数百年老铺企业的格局和新气象——

为了追求以茶为媒介的三个要素即文化、健康、舒适，我们设计了五个关联部分，即与茶的原点，也就是茶树邂逅的"茶与农艺"，要在日常生活中更加近距离地感受；为了有丰富的茶生活，研究创造"茶具"的"茶与工艺"；用最新的设备分析茶的成分，用生物技术进行组织培养，研究新的高品质的"茶与科学"；衍生与日本息息相关的传统茶道文化的同时，研究体验新的茶文化的存在方式的"茶与文化"；研究传播于世的饮茶的生活，与世界茶生活邂逅的"茶与生活"。分别从各个角度致力于解决"茶为何物"和"过更丰富、更充实的茶生活"的问题。(《福寿园自传》第32页)

在研究中心，不仅有来自世界各地的名茶、煎茶/抹茶和宇治绿茶的制作，还有茶具制作。同时，还研究日本传统的茶道，也有用现代技术对茶进行科学的成分分析和实验。欧美近代有咖啡文化，而发端于中国并在东南亚广泛传播的茶文化则需要重新思考和创新，以适应全球化和改变现实生活。茶文化本身就是一种舒缓的、优雅的、绿色的文化，而福寿园更是赋予茶道一种新的待客和真心理念，这大概是对茶充满无限热爱之情的表现，因热爱而具有坚守、诚心和专业精神。

茶文化的核心就是人类的真心，在英国也是，虽说料理是厨师做的，但是只有茶是家里的女主人沏。在吃饭的最后，以发自内心的沏茶，用来招待别人，这种态度也展现了人类的真心。(《福寿园自传》第45页)

三　传统与创新

（一）对待传统与创新的态度

老铺企业对待传统与创新的态度决定了企业的战略走向，也决定了企业是否能与时代和未来同行。实际上，正是基于时代的际遇，老铺企业才可能及时发展并创造出新的传统，否则则会陷入停滞、僵化甚至因不能适应时代而被淘汰出局。福寿园的创始人到第 5 代的历史不详，但第 6 代被普遍地认为是中兴的一代，被称为"二次创业者"——因为他的贡献，福寿园从一个历史的传统作坊转变为一个具有现代意义的公司。从偏安一隅的宇治山城的茶商走出，在全日本建立直营店和专卖店，并建立现代工厂生产抹茶和煎茶，形成了一个涉足全产业链的企业，市场影响力和品牌价值不断提升。这些营销、组织以及管理的创新无疑开拓了福寿园的一个新时代。老铺企业在近代明治维新时期通过现代化和工业化转型，摆脱了过去单纯依靠经验和工匠的传统，也将企业从一个地域性的作坊发展为在全国乃至国际上有影响力的现代茶商。日本企业在近代的转型正是在这一阶段迅速完成的，通过向西欧和美国学习，大大加速了日本企业工业化和现代化的步伐，福寿园无疑是其中的一个典型代表。而之后的第 7 和第 8 代两兄弟则先后带领公司走上了规模化扩张、科学化经营和国际化成长之路，通过与日本新干线的合作、开发新的罐式和瓶装茶饮，以及 2002 年与著名公司三得利的合作生产"伊右卫门"塑料瓶装绿茶饮料而大获成功，将一个传统茶作坊发展为具有现代价值的茶饮公司。这些都与其挖掘传统价值和不断创新有关。传统与创新相互促进——在创新中不断弘扬和再发现传统，在传统中寻找创新的现代意义，这大概是创新发展的关键所在。

对于传统与创新的关系，第 8 代福井正宪做了精辟的论述——

请好好看看"传统"这两个字。这应该理解为"传播"而不是"守护"，传统绝不是只有"守护些什么"这种消极的意义，而是还在传达一种要"传播"些什么的、行动性的积极要素。如果只是单纯地守护一个东西，那就是博物馆了，但是我们不管博物馆叫传统，那只是一些以前东西的汇集而已。要想被称为传统，继承下来的东西就必须要与现在这个时代进行对接，我相信"传统就是创新的历史"。

……应该传播的东西、技术还有许多"道理"，必须要对其尊重，尊重是理所当然的。但是绝对不能因为传承了就安心了，在被"现代"所迫的情况当中竭尽全力保护其生命力是继承传统的人的义务，不然的话，传统就会失去生命。

（《福寿园自传》第31～32页）

大概不少日本的老铺企业在对待传统上有着两种态度，一种是绝对的尊重和保存，而另一种则是将传统理解为传播和发扬，通过创新让传统在新的时代延续。而持后一种理念的企业大多通过创新而获得新生，企业坦然面对环境和技术、社会的变化，在创新中实现传统的现代化。福寿园就是这一模式的典型代表。家族几代人的努力（第6代至今），使企业从传统作坊向现代化的、国际化的公司转型，并将日本传统的茶道文化提升到更高的国际标准的CHA道文化。

（二）茶叶产品的开发

福寿园自1790年成立以来，在京都山城以"无声呼人"的家训经营着茶产业，世世代代传承着制茶传统，时刻注入新技术，并引导今后的茶文化生活。公司主营的茶品种主要有：①玉露茶，新叶采摘20日之前覆盖遮阴栽培的高级茶，用50～60度的低温水慢慢浸泡，可冲泡出只有日本蒸青茶才有的（海苔似的）鲜爽味。②覆盖茶，鲜叶采摘之前覆盖遮阳7天栽培的高级茶，拥有绝妙的美味和一点点的涩味。③煎茶，在日本广泛饮用的茶叶，鲜叶受到充足阳光的照射，口感清爽，有回甘风味。它不同于中国茶的是加工方法为蒸气茶青，故茶味柔和。④焙茶，将绿茶焙炒而成，冲泡出的茶汤是浅咖啡色。经过焙炒过的绿茶，茶几乎没有涩味，口感清香柔和。咖啡因不多，老少皆宜，孕妇也可饮用。⑤玄米茶，绿茶和炒米同量调和而成的茶，是炒米香和绿茶清爽的涩味的绝妙调和。

为了提供新鲜、优质的产品，福寿园在日本著名的百货公司和主要商店开设了经销商店，企业员工大约为340名。福寿园除了在日本完善销售网络，还积极开拓海外销售渠道。现在福寿园日本国内的店铺主要集中在北海道、东北、关东、信越、北陆、东海、近畿、四国、九州，海外主要集中在新加坡、俄罗斯、越南、马来西亚等。

四　二次创业者——第6代传承人福井正已

第二次世界大战给日本带来了毁灭性的灾难。二战结束之后，福寿园第6代经营者福井正已终于获得了大显身手的机会，他充分发挥在企业经营方面的能力和智慧。福寿园公司在他的带领下获得了迅速发展。1949年，第6代继承人福井正已将福寿园改制，注册为株式会社，福寿园从家庭经营作坊正式成为公司法人。福寿园本来是日本茶生产和批发企业，而随着1952年于京都车站内开设了第一家零售专门店，福寿园首创了日本茶的"厂家直销"模式。进入1960年代，日本经济高速增长，福寿园公司的员工也在福井正已的领导下，做好了借日本经济腾飞的东风实现企业更大发展的准备——扩大企业规模、在全国开设专卖店。1960年3月，新的煎茶工厂和抹茶工厂竣工。

五　传统的现代化——第7、第8代传承人

1964年12月，福寿园第6代社长福井正已突然去世。当时在福寿园公司担任社长助理、第6代社长福井正已的32岁的长子福井正典与28岁的次子福井正宪不得不在毫无准备的情况下继承家业，分别担任福寿园第7代社长、专务董事。在公司的扩张战略上，两兄弟凭借着年轻人的冲劲儿，决定借日本经济高速发展的东风，坚持走第6代社长制定的扩张路线。他们俩分头行动，带领公司的销售人员跑遍了整个日本。在他们的努力下，在以贯通日本东西的新干线沿线为中心的区域立起了福寿园公司产品的大型广告牌。北起北海道，南到九州的鹿儿岛，他们在日本各地都开设了福寿园的直销店，并成功进入各地的高端百货店。福寿园在两兄弟的领导下进入鼎盛时期，福寿园在日本的直销分店最多时达到180家。在第7代会长福井正典任

职期间，进行了一系列的生产组织、管理和经营的创新，具体如下。

（1）配备有包装、上茶、合组、干燥等完整的生产线，以及有冷气装备的仓库的新工厂，生产流程得以进一步优化。

（2）1970年制茶加工包装等都采用自动化设备的工厂化加工和储存，设立了研究室。

（3）1974年建成立体工厂，进行生产的合理化和经营的现代化，增设全自动冷藏库和一体化的制茶工厂以及高速自动包装机设备，并进一步升级计算机管理系统，完善节省劳力、降低成本和全面质量管理的体制。

（4）1980年9月设立了分公司宇治之露株式会社，并扩大了茶包工厂的产能等。

六　打造茶文化：第7代向第8代的传承

1990年3月，第7代社长福寿园公司会长福井正典的弟弟福井正宪接任福寿园公司第8代社长。也就是说，福寿园的第7代与第8代之间的家业传承是在福井两兄弟之间进行的。而从小就喜欢周游世界各国的福寿园公司第8代社长福井正宪的接任，似乎预示着福寿园新的全球化扩张时代的到来。1990年正好是福寿园公司创立200周年，在就任福寿园公司第8代社长时，福井正宪已经下决心要立足于公司200年的坚固基业，紧紧把握时代脉搏，抓住全球化这一时代变革所带来的机遇，努力将福寿园公司打造成一个充满新时代活力、适应新时代发展要求的全新公司。

1990年4月，福寿园公司新设了CHA研究中心。福寿园CHA研究中心是公司把握世界各国茶叶行情脉搏、收集和研究日本以及世界各种茶品文化和茶品信息，并为福寿园公司研发新技术、新产品的孵化基地。福寿园CHA研究中心的设立预示着福寿园公司将冲出日本、走向世界。第8代会长在任期也进行了一系列的创新和发展。

（1）1990年成立了福寿园CHA研究中心。

（2）2001年福寿园的海外第1号店铺在新加坡开业。

（3）2004 年和饮料公司巨头之一的三得利公司开始合作瓶装饮料品牌"伊右卫门"，公司向现代的茶饮料市场拓展，取得了很大成功。

（4）2007 年福寿园 CHA 研究中心分馆建设竣工，设立宇治市福寿园宇治工坊。

（5）2004～2008 年，福寿园通过了一系列国际标准认证，为国际出口投资打下良好的基础。

（6）2012 年宇治市福寿园宇治茶点心工坊开设，与茶饮配套的茶点产业开始发展。

七　百年老店的生存智慧

2014 年 3 月媒体将这个日本顶级绿茶制造商和营销商超过 200 年的生存之道归结为三条主要的"老店企业的百年智慧"，大概这是成功穿越时代迷雾而不断前行的大多老铺企业的长寿基因之所在——

（1）将家训作为指南针，同时相信自身感性并进行具体的部署。

家训"无声呼人"经过历代社长而传承下来，但为使家训更容易理解、更具体，重新制定了公司基本方针，并传给下一代。

（2）与今天利益相比，更加注重明天利益的经营。

不认为自己那一代好就没事了，追求"与今天利益相比，更加注重明天利益的经营"。……同时坚持"社长是守护、继承老店的值班人这一立场"来经营公司。

（3）只有成为能应对变化的传统，才能被守护下去，并形成公司的文化和实践力。

只有成为能应对变化的传统，才能被守护下去。作为老店，既然想要生存下去，就必须不断追求经营改革和创新。

（《福寿园自传》第 220 页）

　　对以上三条做一个简要的分析。第一，日本老铺企业的家训大多是道德原则的体现，有些也包含一般性经营管理的原则，或者说是必须坚持的底线，如不说假话、不投机、保持真诚等，这些原则在很大程度上就是一种商道，只有走在正道上才可能避免企业一朝被贪婪、懈怠、投机所毁灭。这些原则在一定程度上是企业的经营指南，也是商人的基本行为准则。这些原则由后代继任者不断结合实践予以反思，并在不同的时代和背景下落实到日常管理和生活之中。价值观只有与日用结合才可能真正得以实施。第二，日本老铺企业将明天的利益看得比今天的更为重要，尽管每个企业都活在当下，但只考虑当下，就必然陷入短视的陷阱，同时，也会错失未来的机会。而这里提到的第三点更为重要，为了守护传统，就必须应对变化。百年老店需要在变化的环境下不断调整并做出创新，才可能真正延续和发扬传统。否则，传统将变成历史僵化的负债而不是资产。"不断追求经营改革和创新"以及坚持"社长是守护、继承老店的值班人这一立场"，大概是福寿园留下的最为重要的发展智慧，这为许多老铺企业的现代化发展指明了方向。如果将不同类型的老铺企业按照这三条原则做一个分类，不难看出，能做到第一点甚至前两点的企业比较多，但如果不能做到第三点，则企业基本上只能局限在传统工艺或产品的狭小领域维持生存或者在竞争中不断收缩甚至关闭。而唯有做到第三点的企业才可能与时代同行并不断发展，甚至成为时代的潮流引领者。

第十一章
岛津制作所：从发明家族到现代创新型企业

　　在我们的想象中，老铺企业基本上是古老的传统产业或工艺的传承者，如清酒、怀石料理、茶叶、文房四宝、制香、陶瓷等。但容易被我们忽视的是，自明治维新以来，日本也诞生了一批以现代产业和技术为基础的新型"老铺企业"，尽管它们的历史还不是很长（一两百年），但正是这类企业推动日本实现了从传统到以现代技术为基础的产业转型和现代化。如果不了解这些企业，就难以理解日本近代迅速崛起而成为东方强国的历史。日本自"兰学"运动以来，对外尤其是对西方的学习日益成为潮流，直至明治维新全面向西方开放和学习变革，日本实现了"脱亚入欧"的转型——从传统的"和魂汉才"转向"和魂洋才"，将日本的武士道精神、日本大和民族的传统与西方的文明制度和科技相结合。尽管其中还有中国传统文化的深深烙印，但无疑日本近代化中吸收更多的是欧洲或者西方的科技和制度文化。实际上，从前面的多个案例中也不难看到，不少老铺企业的商人、企业家纷纷走出国门，到欧美等国实地考察学习，欧美产业和市场的发展给长期封闭的日本以震惊。之后则迅速行动，以改造和更新其产业、工艺技术。也是在明治维新前后，一批企业开始走向股份化、技术化发展之路，逐渐脱离传统的作坊式和工匠式生产方式。在此期间创立的新型企业则直接与科技和现代管理结合，如果将这一时期创立的企业做一个详尽的分析，必然能发现日本近代在亚洲工业化和科技化方面异军突起的市场推动力。正是这些企业的创立和发展奠定了日本创新和工业强国的基础，岛津无疑是其中最为典型的案例。

如果我们以历史的眼光回溯近代以来的工业国发展，就不难发现，随着英国蒸汽机的发明，其所引发的工业革命有着鲜明的时代特征。与过去的作坊主很大的不同是，近代以来以科技为动力的创业成为时代的主流。尤其是美国在 19 世纪后期以来的迅速发展，一批冒险家和创业者不是简单地沿袭其从欧洲或世界其他地方带来的商业技巧和技术诀窍，而更多地开始了基于技术的创新。由哈罗德·埃文斯和盖尔·巴克兰、戴维·列菲（2013）合著的《他们创造了美国》中，就以一个个生动的案例展现了这个时期创业的历史，和之前的尤其是中世纪的作坊相比，完全开启了一个崭新的世界。他们依靠简陋条件下的试验，通过不断试错带来的创造、发明来建构新世界，大获成功后不断被人模仿，再刺激创新发展。这个创业史其实是技术和产业结合以及现代组织管理创新的历程。由此，美国诞生了通用电气等，德国产生了西门子，而日本则诞生了如岛津制作所和安川电机这样的现代企业。日本自此之后也将创新作为创业和老铺企业新生之路，这里所说当然不仅是技术的创新，也包括工艺、生产流程、机器设备及新材料、新的组织管理方式等的创新。可能正是全球化的基于创新的创业和经济发展，熊彼特才在 20 世纪 30 年代提出"创新作为资本主义的发动机"和"创造性毁灭"的概念。

要理解今天的日本企业，我们需要将历史回溯到明治维新之际，日本传统企业向现代创新性企业转变，是一个历史的大转变，没有微观层面的企业家精神和创新文化的转变，日本不可能在 20 世纪初成长为世界重要的工业强国。而学习和创新的传统则一直延续至今，使得战后日本从战败国又迅速崛起为在汽车、电子、化工、机械等领域的全球主要竞争者。这一发展在考察近代老铺企业的历史时就可以清晰地得以展现，值得中国企业学习和思考，即便在今天发展创新驱动战略中，我们的不少企业也未真正用心于创新和科技与企业的结合上，仍然秉持着传统的投机商人的理念，将科技和创新视为可有可无的东西，最终只能造成对企业和产业的伤害。

我们专程两次到岛津制作所访谈，其中一次是与岛津的前社长、现任高级顾问的相谈役（高级顾问）服部重彦访谈，并得到公司赠予的厚厚两本重要的史料《岛津制作所史》，详实地记载了岛津的创业和发展历程。后来还参观了岛津创业纪念馆，作为一个向公众开放的纪念馆，不仅传播岛津的创业精神和文化传统，也向人们展示了一个创新、科技与日本产业发展完美结合的典型案例。

一　岛津的创业历程与发明者家族：科技型家族创业

日本 1868 年改年号为明治，开启了日本历史上重要的明治维新时期。而岛津创立于 1875 年，在这个时期开始创业可谓适逢其时。对初代岛津创立岛津制作所的历史，《岛津制作所史》有如下记载——

> ……初代岛津源藏的父亲清兵卫在京都醒井鱼棚上方（现在的堀川六条附近）制造佛教用具三具足（香炉、烛台、花瓶）。源藏是清兵卫的第三个儿子，出生于天保 10 年（1839）5 月 15 日，他跟随父亲学习家业，35 岁时离开父母、自立门户，在前文所记创业地木屋町二条开始了以物理化学器械为主要业务的冶铁事业。

> 初代岛津源藏在京都上京木屋町二条至西生洲町南端一带修建了宽 3.5 间（约 6.4 米）的小屋，明治 8 年（1875）3 月他就在这所小屋里开始了物理化学器械制造事业。这便是现在的岛津制作所的起源。京都上京木屋町二条至西生洲町一带的创业基地，与当时被誉为"科学技术振兴的殿堂"的京都舍密局的劝业工场仅隔着两条大道，场地相接，舍密局前的确是企业立基的风水宝地。

> （《岛津制作所史》第 1 页，这里段落不是原文次序，做了颠倒处理）

在《岛津制作所史》中，以上引用内容的第二段是放在前面的，而将祖上的追述放在后面，本文将这一次序颠倒一下，意在让我们了解其创业的传承以及创业的时点顺序。岛津最初是跟随父亲学习佛具制作的，这是一个传统工艺，但也为其创业奠定了一定的技艺和经验基础。而创立以"物理化学器械为主要业务的冶铁事业"与祖业有着传承关系，但又走上了新的道路。重要的时代契机是日本明治时期的科技振兴发展战略。其创业地正好位于被誉为"科学技术振兴的殿堂"的京都舍密局（荷兰语，chemie，"化学"之意，读作 ceimikyoku）劝业工场附近。有两个重要历史事件与此相关。

一是，《岛津制作所史》介绍道，初代岛津经常出入舍密局，在舍密局接触到从西洋引进过来的工艺和器械让他大开眼界。明治 11 年（1878）3月，应京都知事邀请，德国技师瓦格纳（Gottfried Wagner）来京都舍密局任职，他教授理化学的运用等知识。初代岛津源藏在舍密局内与瓦格纳博士相遇，之后三年间一直接受其教导，时年 30 岁的工匠岛津源藏被聘为舍密局的科学器具修理工。在德国籍化学教师瓦格纳等的指导下，岛津源藏不仅学会了很多科学器具的修理和制作技术，而且掌握了很多理化知识。为响应天皇"殖产兴业"的口号，初代岛津源藏创立了一个生产教学用的理化器械的企业——岛津制作所。

另一个是，新政府于明治 5 年（1872）设立陆军省和海军省，设计铁道和邮政制度，并鼓励置产兴业，同时颁布学校制度，建立现代教育体系——

> 这一学校制度是日后日本教育制度的基础，它将全国划分为八大学区，各大学区划分为 32 个中学区，每个中学区又划分为 210 个小学区，每个小学区都必须成立一所小学，从全国角度来看，即成立 8 所大学、256 所中学、53760 所小学的庞大计划。为了尽早吸收消化西方的文明，使日本成为一等国家，不论怎样都要首先实现村里没有不上学的户、家里没有不上学的人的目标，这被奉为第一要义，全国范围内都在奖励就学。（《岛津制作所史》第 2 页）

　　显然，初代岛津在这个时期在京都创立制作所，锁定"物理化学器械"的制作，是极具企业家眼光和战略意识的——为学校教育提供理化教具和实验仪器，确立了企业以科技服务社会的方向，也是至今岛津制作所一直坚持的使命。显然，仅有这一使命或愿景是不够的，初代岛津开创了日本科技创业的先河，立足于科技发明和创新，并及时应用到仪器制作和生产中，使得企业得以发展。但最初的创业是十分困难的，仅靠个人或家庭的帮助实现技术创新是非常不容易的——

　　　　当时岛津的事业尚处于草创阶段，资金等方面困难重重、苦不堪言，亲戚朋友都认为他疯了，不肯出手相助。源藏却毫不屈服，幸好有妻子菊子大力支持，以及长子梅次郎（第 2 代岛津）的帮助，他们同一两个职工一道日夜勤勉、兢兢业业，才逐渐制造出各种器械，终为世人所注目，事业渐臻佳境。（《岛津制作所史》第 2 页）

　　这与今天有许多风险投资的创新环境相距甚远，当时的创新基本上是个人或家庭的事业，如果没有超人的意志和韧性，是难以完成这个高风险、高投入的技术型创业的。初代岛津并非科学家，至多只能算是业余科学家，依靠自学和遍访名师来完成学习和知识积累，而更重要的是将技术应用到具体仪器设备制作和工艺上。他不是像爱迪生一样的发明家，但在瓦格纳博士等的指导下，依靠个人的努力而制造出一系列的理化仪器，在京都委托制作的氢气球成功的推动下，他发明的不少仪器在劝业展会上获得赞誉，由此奠定了其事业基础。

　　随着近代教育的普及，日本对科学器具的需求越来越大。岛津源藏独立创业后生产的教学用科学器具受到了日本教育界的一致好评，并引起了政府有关部门的关注。1877 年西南战争爆发，政府军被围于熊本城，断绝了与外界的联系。是故，日本政府决定委托岛津等公司研制载人热气球。可是，至西南战争结束时，仍没有一家日本公司生产出这种高科技产品。岛津源藏经过艰苦努力，终于在 1878 年试制成功载人氢气球，从而引起社会轰动。

不仅如此，岛津源藏还于 1886 年开始出版发行《理化学的工艺杂志》。该杂志被认为是日本最早发行的科学期刊。

1894 年，初代岛津源藏在 55 岁的壮年因脑出血去世。其长子梅次郎 25 岁继承家业并承袭父名成为第 2 代岛津，他与弟弟源吉、常三郎携手共进，发展家族企业。第 2 代岛津不仅继承了父亲的事业，而且自己就是当时少有的发明家。梅次郎只上了两年小学，其所掌握的理化知识基本上都是在和父亲一起工作并通过自学掌握的。在英国特斯拉发明感应电动机的第二年，也就是 1884 年，梅次郎在日本率先制成了特斯拉式感应电动机。1896 年，他在 16 岁的年纪又在伦琴发现 X 光后的第二年便使用自制的感应电动机试制出日本第一台 X 光机。后经不断改进，岛津制作所于 1909 年在日本率先推出医用 X 光机，该型机在一段时期曾垄断了整个日本市场。

在试制出 X 光机后不久，第 2 代岛津又于 1897 年在东京大学教授的指导下，制成容量达 10 安培的蓄电池，并于 1903 年实现了工业用大型蓄电池的国产化。1917 年，岛津将蓄电池部分离，建立了日本电池株式会社。1920 年，第 2 代岛津又发明了大量蓄电池电极用 "易反应性铅粉制造法"。该项技术曾获英、法、德、美等多国专利，成为 20 世纪 20 年代日本技术出口的明星产品。第 2 代岛津作为发明者终其一生在国内外共取得了 178 项专利，被誉为日本的爱迪生和十大发明家之一。《岛津制作所史》这样评价第 2 代岛津以及他的两个弟弟——

他对科学技术远见卓识，且有着不屈不挠的探究精神，成为岛津技术和声誉的中心人物，对于新兴的科学研究，他又极其谦逊、心胸豁达，将其纳入自家的技术研究范围内。（大弟）源吉不仅有发明创造之才，而且行事极其磊落，不拘泥于小节，纯真且热情，深得人心。（二弟）常三郎无论人品还是才干，都和岛津的事业有着深厚的羁绊，他善于抓住各种机会，拥有将可用于事业发展的素材精炼出来的才能。岛津家的家谱如此评价他，"非但有器械创作之才，更善于处理各种事务……可称得上是真正的初代源藏之子"。（《岛津制作所史》第 23 页）

第 1 代和第 2 代岛津兄弟是真正的发明者，他们致力于理化仪器的制作和发展，与舍密局以及其他大学教授的合作使发明、工艺与产品之间形成了一个紧密连接的链条，而日本明治维新时期致力于振兴产业的政策也为发明者创造了良好的环境。在两代岛津的带领下，岛津制作所逐渐营造出了一种以拥有"科学之心"为荣的创新文化氛围，即使经历了第二次世界大战的洗礼，这种传承也没有改变。二战后，岛津制作所本着"以科学技术回馈社会"的创业宗旨，1947 年研发出日本第一台电子显微镜，1956 年在日本首次研制出气相色谱仪。

二　从发明者家族到创新型企业

岛津制作所从 1875 年创立到 1917 年成为股份公司，基本上是由家族和发明者个人所驱动的中小企业，一定意义上还是一个具有现代技术的作坊，发明基本上是在学习、模仿国外的技术和技艺的基础上形成的，但依靠个人和家族的努力以及向舍密局等专家学习，不断推出日本没有且迫切需要的仪器和设备，尤其是 X 光机、蓄电池等，不仅在技术上领先，而且迅速成为日本的垄断性产品并出口海外。

1877 年第 1 代岛津源藏成功地放飞了载人氢气球，这使得岛津拥有很高的社会声誉。1896 年伦琴博士发现 X 射线之后仅仅过了几个月，第 2 代岛津与京都大学的村冈教授一起成功地拍摄了 X 光片。1909 年又开发出医疗用 X 光机。正是由于这些成绩，1930 年第 2 代岛津被正式选为日本的十大发明家之一，直到 1951 年去世，他共取得了 178 项专利。

1917 年岛津改组为股份有限公司之后，企业从家族控制转向由主导银行等控制的现代公司。创新的组织方式也因此逐渐脱离以发明者及其家族为主导的家族模式，而转向有组织地进行人才引入，设立各种专业化研发中心，并将事业不断聚焦到几个战略性领域，形成创新的累积效应和长期导向。科技创新只有进行长远布局和战略性投入，才可能有所收获，并在特定领域形成创新优势。岛津长期致力于各种分析仪器、医疗仪器以及环境监测仪器等的研究和开发制造，取得了领先性的创新成果，并转化为市场应用。特别是 2002 年岛津的研究人员田中耕一荣获诺贝尔化学奖，使得岛津制作所有了国际声誉和影响。

岛津制作所的主要研究中心：产品及发展历程

1. 岛津制作所的主要研究中心

以基础技术研究所为中心，在日本、中国、欧洲设立研究机构。发挥各地特点进行研究开发。与当地的大学、研究机构合作，收集独有信息，并将研究成果扎实运用到各事业部的新产品和新服务中。

（1）基础技术研究所（京阪奈）、生命科学研究所

基础技术研究所（京阪奈）、生命科学研究所位于关西文化学术研究城市（京阪奈），着眼长期视野的基础技术研究。从事"尖端分析测量技术"和"装置的组成部分"等两个主题的开发研究。在生命科学领域，以遗传基因和蛋白质解析方面的新方法论开发为基础，进行"疾病标记探索"和"新诊断方法开发"的研究。

（2）田中耕一纪念质量分析研究所

田中耕一纪念质量分析研究所发挥 2002 年荣获诺贝尔化学奖的田中耕一研究员之所长，进行以生物体关联物质为中心的质量分析方法的研究。研究范围也从基础研究扩展到创新药、诊断等方面的应用。

（3）岛津分析技术研发（上海）有限公司

2007 年在发展迅速的中国上海成立岛津分析技术研发（上海）有限公司。与中国的大学及研究机构合作进行质量分析的基础技术研究等。

（4）岛津欧洲研究所

1997 年，在质量分析技术发源地曼彻斯特成立岛津欧洲研究所。从质量分析、表面分析等独特的技术着手，与意大利、俄罗斯、西班牙等的大学和各种研究机构开展共同研发。

2. 岛津研究所的经营范围

岛津研究所的经营范围分为四大项：测量机器、医务机器、产业机器和航天机器。这些领域包含医疗、食品、化学、能源各个方面的产品。主要的检测仪器如下。

（1）分析检测仪器

在各个行业的研究、开发、质量管理上，分析技术都必不可少。特别是在科学技术日新月异的今天，无论是研究开发机构还是生产制造企业，都对分析仪器的要求越来越高。岛津公司分别在1947年、1952年、1956年制造出日本第一台电子显微镜、光电式分光光度计、气相色谱仪。之后在分析技术领域始终保持着创新精神，不断开发出色谱分析、光谱分析、组成分析、表面分析等高技术产品。今后，岛津将不断追求尖端技术，开发满足时代要求的产品。岛津的分析仪器作为开发更先进技术的工具将发挥巨大的作用。

（2）环境测试仪器

岛津公司早在1970年就成功研制出光化学烟雾分析仪器，从此开始了环境测试仪器的研究开发。岛津公司把环境问题作为最重要的课题之一，无论是研究开发，还是生产制造、销售、流通等，都是围绕着减少环境负担、建立健全环境管理系统而进行的。同时，基于丰富的技术经验，开发出大气、水源、土壤等各个领域的分析测试仪器和分析测试系统。以"为了人类和地球的健康"为经营思想，为永远保持地球的美丽、保护人类的生存环境而不断钻研分析测试技术，开发新产品。

（3）产业技术（仪器）

为不断提高产业技术水平，具备适应多种多样生产形式的产业机械以及提高产业机械的系统性能至关重要。岛津将产业发展所必需的产业设备装置电子化、自动化，以满足需要。研发高精度的制造与检测设备，为先进产业领域的加工制造提供帮助。

（4）医疗技术（仪器）

岛津先进的图像诊断仪器有助于疾病的早期发现与治疗，不断为医疗事业开启新篇章。如今，对遗传基因的研究正突飞猛进地推进着，岛津努力将人类以及能够净化空气和水源的微生物的遗传基因全部解析出来，给人类的健康和生活带来莫大的恩惠。岛津的生化技术，无论是遗传基因解析装置还是生命科学仪器，都为生命科学领域的发展做出了贡献。

（5）航电与机载技术（设备）

岛津秉承"安全、轻松、舒适"的原则，向全世界航空业提供最先进的航空器材，具体提供将传统精密加工技术与电子工学等先进技术融合的搭载仪器及系统，为实现乘客飞行中的安全舒适做出贡献，主要包括航电与机载设备和地面辅助等设备。

3. 岛津创新与发展大事记

1875 年创始人岛津源藏（1839～1894）在京都创办理化学器械制造厂。

1877 年试制氢气球，在京都御所广场成功地放飞了日本第一个载人氢气球。

1895 年开始生产蓄电池。

1896 年摄制 X 射线照片成功。

1909 年在日本首先制成医用 X 射线装置，建立日本电池株式会社。

1917 年改组为株式会社岛津制作所（9 月 1 日建立，资本额为 200 万日元），将蓄电池部门分离，建立日本电池株式会社。

1930 年第 2 代岛津（1869～1951）被选为日本十大发明家之一，受到天皇赐餐。

1934 年制成日本第一台分光摄影机。

1939 年在北京设立办事处。

1947 年在日本首先制成电子显微镜。

1956 年参加在北京、上海举办的日本商品展览会。在日本首次研制气相色谱仪。

1975 年创建 100 周年之际，在美国设立岛津科学器械股份公司。

1980 年在北京设立办事处，设立岛津科学技术振兴财团。

1989 年开设科学计测仪器研究所，收购英国克雷托斯集团公司（KRATOS GROUP PLC.）。

1991 年开设京阪奈研究所，开设泰野工厂。

1992 年确定了以实现"人类与地球的健康"为目标的新经营思想。

1994 年在北京设立"北京岛津科学仪器中心"，在天津设立"天津岛津液压有限公司"。

1996 年在菲律宾设立"岛津菲律宾制造有限公司"。

1997 年在日本岛根县设立"岛根岛津有限公司"，设立"岛津越南医疗高科技有限公司"。

1998 年在香港设立"岛津（香港）有限公司"，在中国设立独资公司"岛津仪器（苏州）有限公司"。

1999 年开发出遗传基因解析装置，成立岛津国际贸易（上海）有限公司。

2000 年在韩国成立销售仪器的合资公司，着手 CO_2 固化技术的认证试验。

2001 年在京都、筑波两地设立生命科学研究所，从事生物科学仪器以及试剂的中长期研究开发，与澳大利亚的蛋白组学系统公司（Proteome Systems Ltd.）共同研制出蛋白质解析的前处理装置，满足了大规模蛋白质解析的需要。

2002 年田中耕一荣获诺贝尔化学奖和日本文化功勋奖。

2003 年首先在世界开发出装载直接转换式平板检测器（FPD）的 X 光机。

2005 年创建 130 周年。

2006 年在广州设立"岛津（广州）检测技术有限公司"，新的分析仪器工厂在总公司三条工厂内竣工。在欧洲设立 Shimadzu UK Ltd. 等三个公司，在印度设立 Shimadzu Analytical India Ltd.。

2008 年接收三菱重工的涡轮分子泵事务。

三 创新作为社会事业：家族的退出

明治38年（1905），第2代岛津梅次郎36岁，其二弟源吉28岁，日俄战争期间参军后退伍的三弟常三郎22岁，三兄弟都正值少壮年龄，并继承了初代岛津源藏的优秀品质和才能。在三兄弟的努力经营下，岛津的家业迎来了高速发展期。

> 大正6年（1917）1月，把蓄电池制造实业分开独立营业的岛津梅次郎认为，为了成为东洋区唯一的工业国，确立日本在国际市场上稳固的地位，振兴科学技术才是其最大的当务之急。因此，他决定要将作为岛津制作所最主要营业方向的物理化学器械制作的业务领域，更进一步扩大范围，开拓工业机械生产的领域。（《岛津140年史》第22页）

可以想见，当时日本国力上升很快，激发了许多企业家的雄心壮志。岛津制作所则以"确立日本在国际市场的地位以及振兴科学技术"为己任，给企业的发展赋予了一种时代的使命感和责任担当。在这一情况下，岛津开始考虑跳出家族企业的限制，吸纳更多的资金和人才，以"进一步扩大运营范围"。

> 岛津迎来了需求大量增长、事业扩张的良好时机。本着"通过科学技术为社会做出贡献"的基本理念经营公司的梅次郎，引入了外部资本，进一步扩大了理化学器械制造业务，进入了产业机械领域，并开始考虑企业的近代化改革。
>
> 第2代岛津获得了早先在日本电池（株式会社）设立之时的支持者——当地有权势人士的协助，推进岛津向株式会社制改组的进程。这一改组手续因当时的三菱银行京都支行行长加藤武男的支援而得以顺利进行。加藤先生在之后升任三菱银行总经理，在日本的金融业内大放异

彩，这也是岛津制作所和三菱旗下公司的合作的基础。

1917 年 9 月 1 日，改组正式完成，改组后的株式会社的岛津制作所注册资本金 200 万元（其中实缴资本 100 万日元）。岛津梅次郎先生担任改组后企业的社长①。

（《岛津 140 年》第 24 页）

在此背景下，大正 6 年 4 月开始，岛津制作所原岛津家族经营的方式开始转变，设立股份公司。从公司历史来看，这一股份制变革是朝向公众化性质的（尽管没有上市），这与大多百年老店在这一时期的股份化有很大的不同，一方面是引进了大量的社会股东，使得家族的股份大大地稀释化了，另一方面则是通过股份制而引入了大量的资金和人才，为企业的规模化扩张奠定了基础。更为重要的是，此举也为制作所事业的持续发展建立了科学管理的组织机制。

> 岛津梅次郎在（设立日本电池之初提供过协助的）当地实业家内贵清兵卫先生的帮助下，遍访京都、大阪、东京等地的名人、学者，寻求他们作为公司发起人的帮助。幸运的是，靠着作为明治初年创建的岛津老字号招牌的盛名，且各行各业对新公司未来前景产生了预料之外的好感和极大的期待，以当地的实业家藤井善助、稻畑胜太郎、松村甚右卫门三人为首，加上岐阜闲的河崎助太郎、大阪每日新闻社社长本山彦一诸位，另外还有当时协助过岛津伦琴的室馨造先生等的多方面努力，联合绪方正清、肥田七郎以及南波要等医学界的 9 名权威人士，共 43 人欣然允诺联名作为发起人，就此以 200 万日元为资本金，建立股份公司一事迅速被提上了议程。（《岛津制作史》第 32 页）

---

① 资料显示"1939 年 6 月，我社首次设立了会长及副社长制度，会长由岛津源藏担任，第二届社长为岛津源吉、副社长为岛津常三郎"。（《岛津 140 年》第 28 页）

股份公司的创立委员除了岛津梅次郎和岛津常三郎外，还有藤井善助、内贵清兵卫、松村甚右卫门、稻畑胜太郎和河崎助太郎，而公司创立的发起人则有 43 人之多（包括创立委员），得到了当地实业界和金融界的广泛支持。其注册资本金 200 万日元，分为 4 万股，平均 1 股 50 日元。发起人共认购 26650 股（其中岛津梅次郎 7000 股，岛津源吉、岛津常三郎各 3500股），支持者认购 13350 股（《岛津制作史》第 36 页）。这样算起来，岛津家族在新设立的股份公司中的股份占比为 52.53%，拥有绝对的控制权。

在公司创立后选任岛津源藏为第一届社长，岛津源吉和岛津常三郎担任常务董事，这样，家族的三位兄弟实际上成为新成立的股份公司的主要董事会领导。同时，任命了铃木庸辅为总公司经理，也任命了东京和九州等分店的经理。由此构成了一个由家族控制的规范吸纳社会资源和人才的新企业，而营业内容则较之前有了扩张。在《株式会社岛津制作所章程》中就列举了如下业务方向。

——学术用机械器具的生产与销售。

——医疗电子机械器具及医学用器械的生产与贩卖。

——化工用及各种工业用机械器具的生产与销售。

——电子机械器具的生产与销售。

——博物学及其他的标本与模型的生产与销售。

——机械、电子及化学用和其他的工业目的其他公司的股票、公司债券的持有，成为有限责任股东并对同种业务的商人提供赞助。

——对从事机械、电子及化学工业的研究及同种的研究者提供赞助，取得其研究产品的生产销售权。

（《株式会社岛津制作章程》第 36 ~ 37 页）

岛津家族在公司股份化的初期一直引领着公司发展，并积极控制着这家股份化公司，这是毫无疑问的。但在后来的股份公司发展中，我们看到关于家族成员的情况越来越少。从历代社长的列表来看，第二代岛津梅次郎于

1917 年发起，将家族企业改组为股份公司成立株式会社，并担任了第一届社长，致力于家族事业的社会化目标是明确的。[①] 之后，弟弟岛津源吉于 1939 年被董事会选举为第二届社长，并引领公司走过了战争时期。1945 年，公司被家族之外的职业经理人铃木庸辅（第一届董事会时期的总经理）接任而作为第三届社长。这之后，家族成员及其后代就再没有出现在社长的名单之中。家族成员及其后代的发展情况如何？为何在企业中没有再现？家族的股份何时和因什么原因被出售的？我们调研中也对此问题进行了提问，但基本上都不是很清楚，也没有资料进行说明。岛津制作所作为株式会社已经成为一个社会组织，创始家族和其中几代人的卓越贡献和创新成为历史，其事业和使命被后来的株式会社作为一个组织来继承，而不是哪一个家族或个人的事业，这一点则是十分明确的。

表 11-1 岛津历代领导者姓名及在任时间

代数	姓名	在位时间
第 1 代	岛津源藏（初代）	1875～1894
第 2 代	岛津梅次郎（二代岛津源藏）	1894～1939
第 3 代	岛津源吉（二代的弟弟）	1939～1945
第 4 代	铃木庸辅	1945～1965
第 5 代	三浦懋	1965～1971
第 6 代	上西亮二	1971～1981
第 7 代	横地节男	1981～1986
第 8 代	西八条实	1986～1992
第 9 代	藤原菊男	1992～1998
第 10 代	矢嶋英敏	1998～2003
第 11 代	服部重彦	2003～2009
第 12 代	中本晃	2009～

资料来源：根据《岛津制作所史》整理。

---

① 在《岛津制作所史》中，值得一提还有"昭和 12 年（1937）4 月 1 日，得到京都府的认可后设立'私立岛津制作所青年学校'"，学校创办者就是第 2 代岛津梅次郎，岛津源吉和岛津常三郎以及铃木庸辅任顾问，小山骏二任校长。这是基于学徒制度的废弃而建立起来的为企业培养熟练工人和技师的职业学校。"建校时，学年制定为本科 5 年，研究科 1 年，从昭和 14 年开始合并，制定为 3 年制的技能培养学校。后面会有提到，青年学校在昭和 23 年（1948）因修改学校制度变为岛津工科学校，最终为了取得更大的发展而解散了"。

家族逐渐脱离公司的历史，是岛津的产品线不断多元化和国际化的历史，因为这段历史与家族企业的关系不大，我们就此略去。这里只给出一个大致的发展状况，以供读者对今天的岛津有多一些了解。二战后，岛津进一步多元化，进入航空器等领域，并改组为事业部制度。

> 1950 年 2 月，我社（岛津制作所）将全社的组织按照技能分解成为总务、营业、制造三个部门，重新进行了职能分割改革。在此基础之上，1957 年 12 月，为分权进行了事业部制结构改革。据此，我社分为科学器械、机械、放射线、量器、航空机器五个事业部。（《岛津制作所史》第 30 页）

1975 年，岛津创立 100 周年之际设立了岛津创业纪念馆。这个纪念馆成为日本近代创新和科技发展中重要的历史记录场所。

> 本公司于 1975 年（昭和 50 年）3 月迎来了创业一百周年。……本公司开设了岛津创业纪念馆，将纪念馆设立于本公司创业之地——京都木屋町二条，并将遗留的古旧厂房改装为新馆。该资料馆作为日本科学技术史研究的重要资料保存场所，同时作为科学技术领域的社会教育场所，发挥着积极的作用。（《岛津制作所史》第 38 页）

四　岛津的社会责任

创新是作为逐利之术还是造福人类的途径？这一最初的道德问题可能成为决定组织创新的宗旨和差异之所在。岛津从一开始就奠定了"科技造福于人类社会"的原则，而将逐利放在次要的位置上，逐利是组织造福社会的回报。可能正因为如此，岛津一直没有成长为一个全球性大型跨国公司（如 GE 和西门子，将创新和规模、利益直接联系起来），而是将创新和造福社会作为首要目标，甚至牺牲规模和利益，表现如下：一是岛津一直将开发有利可图的新产品、新技术放在次要的位置，首要的是不断改进优化现有产品和技术，以使得这些产品和服务有更多的人受益（更低的成本、更高的性能、满足更迫切的需求等），如 X 光机、蓄电池等。二是家族利益不是最为重要的，在家族控制难以适应创新对融资、人才和管理的需求时，及时转型为股份化公司，将主导银行和外部资金人才引入企业，这无疑是导致家族控制权被稀释直至家族股权退出的重要原因，这是日本家族企业独特的一面。我们在岛津制作所和安川电机等案例中都看到这一规模化成长后家族不断淡出的过程。此外，专注于创新而不是利益也决定了企业的发展路径，在岛津的成长历程中不难看到，创业者和研究者合为一体，他们似乎置身于商场和利益竞争之外，静心投入科研和基础性研究，甚至不必考虑失败。这在岛津制作所《岛津：失败应用学》所展现的不少实例中有充分体现。而其中的集体主义精神在 2002 年获得诺贝尔化学奖得主田中耕一的身上得以体现。以下是我们采访岛津前社长的记录，一定意义上可以作为上述观点的佐证。

　　强调社会责任是公司的宗旨和经营理念。尽管金钱重要，但更重要的是精神，自创始人以来，岛津的理念就是要有创新精神，敢于创新，不畏惧失败。而员工也是更多从服务社会的责任感之中获得成就感和精神动力。如公司强调以科学技术为社会做贡献，为了人类和地球的健康做出贡献，这不是空洞的口号，而是与社会需求紧密结合的。他（前社长）谈到 1960 年代，日本重化工业大力发展，但污染严重，雾霾情况如同今天的北京、上海。这时，社会要求检测大气质量，这在当时是很困难的，但因为需求紧迫，研究人员和生产者全力以赴去开发仪器。另一个例子是制铁业的发展为汽车产业崛起提供支持，但需要精密的检测质量的仪器，也是这一需求推动了岛津在这方面的创新，此举为社会做出的贡献既为公司创造了收益，也是员工的高度自豪感的来源。社会责任作为研究和创新的目标和动力，无论是防止污染，还是为人类健康，就如最新的研究集中在人类疾病的早期检测（如癌症等）。还有就是社会责任中的细小方面，如公司很早就发明了 X 射线检测仪，但过去一直是技师直接在辐射环境下操作，造成身体伤害和职业病。后来，也是岛津第一个将检测技师和设备分离开来，这样就大大减少了医生和技师的职业病。

田中耕一 2002 年获得诺贝尔化学奖，他是蛋白质检测研究五人小组中很普通的一员，他从前辈设计的仪器及帮助中获得很多。他的发明来自一次很意外的操作失误，将不同的材料混在了一起，本来应该作为失败的实验重新再来的。但他坚持将这次失败的操作进行实验观察，结果有了全新的发现，这无疑是一个意外的惊喜。他当时的英文不好，但团队的前辈鼓励他用英文发表这一结果（当年他 28 岁）。正是这一论文使他后来获得诺贝尔化学奖。所以，日本强调的是团队精神，创新也不是个人的努力或发现，而是组织和团队长期积累的结果（但公司并没有远见，这一意外的发现并没有转化为仪器或产品，而是到后来才开始重视）。①

他（高级顾问）强调创新不仅是个人的意外惊喜，更多的是坚持和长期积累的结果：一是朴素地追求创新（而不是花哨）的精神，脚踏实地是很重要的；二是满足社会需求；三是践行社会责任。此外，他还特别提到，对于创新来说，基础性技术开发是很重要的基础，如理化、细胞等方面的基础研究。

岛津作为企业必须追求利润，但不是第一或唯一的指标，公司要容忍创新失败。岛津对创新是高度包容的，研究有高度的自主性和长期的资金支持。一个例子是，岛津在英国曼城的研究机构一年要花费约 10 亿日元，但至今还没有成果，公司还是一直在支持他们。当然，首先，研究所招聘

---

① 2002 年田中耕一获得诺贝尔化学奖，为此，公司只奖励了 1000 万日元（大约 60 万元人民币），企业认为，对其研究长期给予了支持，因此这是公司集体团队的成就。集体主义从这一侧面得到了充分体现。

的都是一流的科学家和工程师，每年有预算，但是很宽松，一般超出预算
也会继续支持。半年举行一次听证会，听取研究进展报告，但并不是非常
严格的考核。岛津每年的研发支出约占公司销售额的 7%，创业至今 140
多年，目前销售额为 3300 亿日元，员工数超过 1 万人。

　　岛津没有成为 GE 或西门子这样的全球巨型跨国企业，而之后日本的大
型企业在集团化（株式会社）模式下不断扩张，如三菱、住友等，一批现
代公司战后得以迅速发展，如松下、丰田、东芝、索尼等。这些企业在技术
上实现了迅速赶超，以质量和成本取胜，其创新不仅在于核心技术，更多的
是随着消费者的需求变化，这符合日本传统的创新精神（持续的改进产品
质量和优质的服务、环境友好如精益制造、节省能源和材料等）。岛津是创
新方面的先行者和领先者，而后来的企业则大多致力于制造，同时将创新融
入制造的品质、效率和服务之中。

五　全球化与创新

　　自 1923 年在柏林开立办事处以来，岛津制作所的科学技术不断推向全
世界，岛津在世界各地建有分公司与生产工厂，分支机构 60 个，海外机构
30 余个，并设立了 200 多家代理机构，构成了全球化的销售和服务网络，
涵盖德国、英国、俄罗斯、美国、巴西、迪拜、土耳其、中国、新加坡、印
度、澳大利亚、菲律宾等国。

　　岛津制作所以北美、中南美、欧洲、中国、亚洲/大洋洲这五大轴心为
基础，在全世界构建销售及生产基地，为满足不同国家或地区的市场需求，
构成全方位支持体系。积极推动科学研究、市场营销的国际合作以及国际化
技术开发。

岛津在美洲

　　在大型国际化公司云集的美国，岛津加强与顾客成为伙伴的意
识，积极开展相关业务。岛津强大的销售能力和完善的售后服务享

有盛誉，岛津倡议那些在世界各地拥有生产基地的制药、化工等大型企业采取全球性用户综合服务方案，积极开展大型项目，如承接有关液相色谱仪的一揽子合同等。

岛津在亚洲

如今，亚洲地区作为"世界生产工厂"而受到瞩目，岛津提供玻璃纤维、聚酯纤维的制造机器以及各种产业机器。在韩国和中国台湾，半导体、FPD 等发展迅速，而在亚洲地区的重点国家——中国，则开展了环境保护活动，岛津公司及时满足中国市场发展的需求，采取了生产环境检测仪器的策略。

岛津在欧洲

在英国、德国、意大利、澳大利亚公司采取由当地法人企业开展事业的方式，还以 CIS（苏联）、东欧为对象，积极开拓在医疗、分析、环境等市场。特别是在 CIS，除了原有的莫斯科办事处以外，又增设了新的办事处。在技术开发方面，以位于英国曼彻斯特的拥有光学分析、质谱分析等尖端技术的岛津欧洲研究所为中心，积极开展国际性共同研究和开发。

岛津作为一家以技术服务社会的企业，创新是其发展的动力。就公司的国际化或全球化布局而言，一方面为其创新提供学习和知识的源泉，布局在不同国家或地区的研究中心或企业、办事处都积极与当地合作，在当地开展具有市场潜力和社会需求的研发及制造，还将各地所面对的环境、社会问题及时融合到研发中，同时也利用当地的人才和其他资源，这无疑推动了创新的发展；另一方面，全球化也为其成熟的技术和产品/服务找到了更为广阔的市场，全球的市场需求规模及多样性，使得创新有着源源不断的动力，也带来了巨大的市场收益。创新性企业的全球化战略应该比制造企业更具有价值，不仅在于获取利润，同时也为获取知识而进一步推动创新发展。岛津的全球化创新发展战略无疑是一个典范。

附录：岛津中国大事记

岛津公司在 1956 年参加了在中国北京和上海举办的日本商品展览会，自此开始了与中国的交往。1980 年，岛津公司在中国北京正式设立办事处。在接下来的二十年间，岛津在中国迅速开展业务，在主要城市均设立了办事处。至今，岛津公司在中国已经走过了半个多世纪的历程。岛津在中国共设立了八个独立法人的公司，足迹遍及中国各地，业务广泛地深入到各个相关领域和行业。

1956 年，参加中华人民共和国第一次国际商品展览会，开始了与中国的友好贸易往来。

1972 年，在中国举办多次新技术新产品交流会。

1973 年，参加了日本自动化电子仪器医疗器械展，上西亮二社长作为副团长受到了周恩来总理的亲切接见。

1980 年，开办北京办事处。

1982～1989 年，相继开设了上海、广州、沈阳、成都办事处。

1992 年，成立了北京岛津医疗器械有限公司。

1994 年，成立了天津岛津液压有限公司。

1997 年，成立了岛津（香港）有限公司。

1998 年，与中国卫生部合作，建立"山东岛津放射技术教育中心"。

1999 年，成立了岛津仪器（苏州）有限公司，成立了岛津国际贸易（上海）有限公司。

2000～2003 年，相继设立了南京、重庆、西安、乌鲁木齐、昆明、深圳办事处。

2006 年，在浙江省设立"宁波岛津真空技术开发有限公司"，在广州设立"岛津（广州）检测技术有限公司"。

2007 年，岛津公司在中国各地办事处全部正式升级为分公司，岛津 GL 公司成立。

2008 年，苏州工厂成立 10 周年，岛津武汉分公司成立，岛津沈阳分析中心成立。

第十二章
日本百年老店：传统与创新

    在详细描述以上七个日本老铺企业的案例之后，我们现在回到一个重要的问题，也是本书的主题——传统与创新。我们认为这一问题大致反映出日本老铺企业生存数百年乃至上千年的核心"秘密"。从跨越时空的视角，企业的兴衰受到太多因素的影响，包含政治、经济和文化等因素，也有着自然灾害、危机以及运气等因素，还有家族及产业、习俗、时尚及外来文化和技艺等因素，我们无法将这些因素在历史的意义上进行展示，如果那样做，我们也会陷入历史琐碎的细枝末节之中。另外，这七个案例代表着不同的时期、产业、规模甚至家族控制和管理模式（有些在家族创业几代人之后就退出而成为公众企业），因此，案例之间也很难进行比较从而得出一般性的结论或模式。因此，我们的案例研究与其说是比较研究，不如说是为了体现日本老铺企业的多样性和丰富性。

    尽管如此，我们还是期望从这些案例企业及其所在的产业、时代背景中归结出一些较为普遍性的东西，旨在探究这些企业跨越时代和代际传承的根本动力，或许是一般意义上的长寿"秘诀"，或许是日本老铺企业在全球不同制度文化下表现出的独特性因素，相信这也是管理学家和企业家所感兴趣的，我们将其归结为"传统与创新"，理由如下：首先，与主要关注一时或可预期时间内的组织发展的企业不同，长寿企业必须将其历史所奠定的"传统"与现代的环境、资源和竞争结合起来，而传统不仅包含着组织的惯例、文化，还包含着组织在过去数代企业家所塑造的精神和道德层面的"传统"，如价值观、家规、家法、家训，也包含着产业的传统和精神，以及一些基本的制度和流程（如日本老铺企业遗存下来的工匠精神和制度）。在强调"创新"文化至上的当代管理理论中，延续和发扬"传统"的价值虽然在一定程度上被忽视或低估，却是现代管理中值得向长寿企业学习的重要内容。其次，创新是现代企业市场竞争和生存发展的核心要素，创新的速度和性质在当代都有着根本性变化。长寿企业如果不能适应时代的要求而固守传统，缺乏创新，则很少能逃脱市场的生存检验。这也是众多老铺企业面临的最为严峻的挑战，必须适应现代市场变化，融入现代的管理和技术，在产品或服务、组织管理以及文化上做出根本性的创新和变革，百年老店才可能延续生存，并在市场竞争中胜出。最后，我们的案例研究充分表明，在传统和创新之间保持合理的平衡，是老铺企业关键的战略生存发展之道。原因在于，过分强调传统或创新的任何一端都无法驾驭企业的发展，甚至使得企业陷入停滞、混乱无序或因资源供给不足而破产等状态之中。过分强调创新，有可能会丧失有着数百年历史积淀的产业、技能和精神文化传统；而过分固守传统，则可能错失时代的发展机遇，难以适应时代的变化。正因为如此，我们将传统与创新的整合作为老铺企业超越历史而生存发展的关键。以下展开具体分析。

一 日本作为保存传统最好的国度

D. P. 辛加尔在《印度与世界文明》中，对日本吸收和传承世界尤其是东亚文明、知识方面做出的贡献给出了高度评价——

> 日本……在实现其工业和技术现代化又不失去自己传统文化特色的方面取得显著进步。这种传统与现代性独特融合的主要原因，是它愿意接受和适应外来贡献。日本证明愿意借用和吸收外国文化特征不是文化低下的表现，而是文化有活力的证据。（D. P. 辛加尔，2019：8）

　　……因为日本人渴求外国知识并且格外细心地保护它，并对它加以丰富，所以日本经常被恰当地描述为东亚文化的宝库。（D. P. 辛加尔，2019：9）

　　确实，日本不仅保存了中国隋唐以来的制度文化和技术传统，而且在近代向欧洲学习的过程中，融合吸收了西方的思想和制度文化，并保持着日本传统的东方特色，使得日本的近代化尤其是企业的发展，能超越西方的道路而形成一些独特的日本式管理和组织文化特征，老铺企业的传承和创新发展就是一种典型表现。此次对老铺企业的案例研究也充分印证了辛加尔的观点，日本将来自中国、朝鲜以及近代来自欧洲的传统、技术、制度和文化加以吸收和适应性发展，在此基础上创造性地建构具有日本特色的管理制度和组织，也形成了日本具有强大竞争力的产品和服务。无疑，日本老铺企业是传承和发扬传统并进行创新的典范。正因为如此，日本才会有全球最多的长寿企业，有着令人惊叹的企业文化和传统的展现。

　　日本的近代似乎可以追溯至向西方学习的初始，也就是幕府时期"兰学"的肇始，荷兰人带来了欧洲文艺复兴以来的文化和技艺，尽管最初是肤浅的，甚至在语言上还存在很大的学习障碍，却根本性地改变了日本对外学习的取向和态度，由之前向中国儒家文化和制度学习转而向西方学习。首先学习的是技艺，如医学、枪械、制造、化学等，进入明治维新时期，则成为举国上下的政策，从法律制度、机构设置到日常生活，基本上都在模仿、学习西方。企业在这一转向过程中走得更早，不少商人或企业主很早就在与西方的贸易中开始转为向西方学习，商业制度如公司法和股份制度也很快建立起来。其中可以看到，日本不仅吸收了技术、市场和组织等方面的最新知识，更重要的是在精神和价值层面上实现了转型，这是日本经济在战后崛起的关键之所在。我们可以从日本一些老铺企业的现代化中观察到这一发展过程。

　　在明治维新之前，日本企业基本上遵循传统的组织和经营方式，作坊式、工匠式、师傅学徒的经验相传式占主导地位，并从中国的儒学传统中学习具有伦理和社会价值的商道，在义利观中追求商人的社会道义合法性，传统、经验和伦理成为商业经营的基本准则。但明治维新之后，日本企业的价值体系普遍发生了剧变，这是受到西方文化和商业精神、制度影响并寻求主动学习的结果，而学习的动力在于闭关锁国带来的国家的衰弱和西方列强的冲击，尤其是西方对印度和中国在领土和市场的入侵，使日本将强国政策与向西方学习统一起来。这一学习过程在意识形态上产生了文化启蒙和直接观察的效果，而在价值观上有了基本一致的认识，就是全面地接受西方的制度文化和价值。其中，体现在经济、日常生活方面重要的价值就是社会对商业的重视，重新认识商业对于国家强大的意义，也因为如此，之前没落的贵族、武士以及一些官员转向商业。这在中国清末民初阶段只是小概率事件，但在日本则是较大范围的转型。这也意味着，日本近代的商业支撑者或企业家主体不是社会底层甚至无法生存的小民（如中国的情况），而是一批有文化和志向的社会精英；即便是一些日本的农民，其经济状况也较好，不少还在寺庙或其他地方接受过一定的教育。因此商人在日本普遍具有较高的社会地位，这与前述社会状况是分不开的。也因为如此，日本商人很容易接受中国的儒家文化和西方的市场竞争、法治文化，这是作为士文化而建构的现代伦理和市场价值体系，这也支撑了日本商人具有较高的道德水准和社会理想。

同时，所谓现代价值伦理和文化启蒙的意义更为突出，这就是日本明治维新以来，将科学精神作为西方商业制度和商业文明的核心而加以接受并落实到商业实践之中。这一点在马克斯·韦伯的《新教伦理与资本主义精神》中有所体现，现代商人与传统依靠经验和运气来经营的商人之间有本质区别，前者基于理性来经营管理，而理性最为重要的表现就是科学精神，这大概是日本老铺企业在转向现代时期最为重要的特征之一。比如，我们在月桂冠的发展中可以看到，运用科学和设备将传统的根据气候酿造改造为一年四季都可以酿造；设立研究所进行科学实验和研究，不断开发新的产品和改进工艺流程。几乎所有的案例企业都或早或迟地用科学全部或部分地替代了传统的经验和工匠，但工匠仍然在一些传统工艺或手工制作工艺品上发挥作用，如美浓吉、川岛织物等。

日本的商人在科学上是走在前面的，他们或者是由一些过去的工匠转型而来，如古梅园、香兰社等，或者本身就是发明创新者，如岛津制作所、安川电机等，或者是继承传统并进行现代创新者，如川岛织物、泡泡玉等。基本上，日本传统老铺企业除少数传统产品和服务之外，基本上都和技术及现代经营管理紧密地联系起来。即便是一些传统的餐饮、酱油、清酒等制作企业，在产品创新、工艺及组织管理上也都注重科学化，将科技作为生产力，如月桂冠、美浓吉、福寿园等。而一些传统产业如汉方药是在"兰学"之后，吸收西药的工艺和技术而对传统的中药制作、服用方式以及销售等进行改造。科学是推动这些企业和行业转型的根本力量，这是日本商人在近代向西方学习中发现的重要商业文明因素，并竭尽全力地加以学习、吸收，毫无保留地运用于经营活动之中，并将其作为市场竞争的重要手段，与产品的质量和服务、价格作为同等的甚至更为重要的因素。如果忽视日本企业在近代以来从对科学的接收到主动运用科技来创新发展，就不能理解日本老铺企业在现代的新生和转型。

二　保证企业传承与创新的责任和道德治理

在今天我们高度重视公司治理结构时，很容易忽视外部制度环境对公司的约束或治理作用。尽管资本市场为上市公司治理建构了一整套不断演进的外部治理政策和制度安排，但似乎更多的是监督、控制性的法规条款。21世纪初，尤其在欧美资本市场出现了较为严重的因监管制度失灵而导致上市公司造假事件，如安然公司事件，以及诸多公司在全球金融危机中暴露出的治理缺陷和问题，这使得监管制度和公司治理条款的改革进一步加快。至少，这使得公司治理成本大幅提高，并且在很大程度上也约束了企业家精神的发挥。

我们在调研日本老铺企业时，发现一个有意思的现象是，大多企业是作为家族企业而存在的，并且没有建立严格的治理结构，法律或律令之下的约束很少。如果说有治理，那最为重要的似乎不是建立在正式法律制度之上的对于权力的监督、信息披露和董事会制度等，而更多是一种道德伦理的、文化意义上的遵循和约束，甚至很多企业没有明文规定的对于经营管理的所谓"家规家训"，也没有专门的委员会对企业主决策或行为进行监督、控制，现代意义上的对于经理人的激励制度也很少存在——不少家族领导人或经理人拿的薪酬并不比普通管理者高多少，但其责任和对于家族事业的期待则是很高的。在这里我们看到的是，权力更多的是一种家业世代延续发展的责任和托付，受到创始人或历代社长作为榜样的约束。此外，社会的约束也更多的是道德性和责任性的，对于追求自我享乐、缺乏责任感的家族领导人的一种集体性社会谴责，甚至集体性排斥，由此造成的外部治理就是一种具有伦理和精神意义的，是更大范围的传统与文化的治理。显然，这与现代企业治理有着很大的区别。

日本长寿企业的秘密一直是人们关注的重点，大多数人认为，这些生存数百年的老店在传承、治理以及家族领导人的选择上一定是超凡的，但在以上一个个案例中，我们似乎看不到多少神奇之处，甚者可以说是一些普通人的故事。历史上，甚至有些商人出生于社会底层，很少受过高等教育，他们是在市场和社会上习得了诸多技能以及为人处世和经营企业之道，企业是在一代代人的传承中走向现代的，并非如我们想象中的那般充满着传奇色彩。我们的案例研究似乎可以给出一些老铺企业家族治理方面的如下特征。

（1）似乎并不在于有着超人式的企业家"英雄人物"，如同熊彼特式的英雄在这些长寿企业的历史中很少见到，而现实中大多是科茨那（Kirzner）式的"适应式"企业家。确实存在一些卓越的领导人，但数百年的起伏与其说是卓越领导人的成就，不如说是如何从危机和困顿中走出来才是关键的。因此，避免被普通的甚至有问题的企业领导人带领而走向衰败，才是更值得关注的问题。在这个意义上，日本的长寿企业的独特性在于，社会整体上形成了一些重要的道德性约束，对企业领导人更多地赋予一种高于普通人的责任和道德要求，社会普遍性地排斥投机、奢靡、追逐自我利益以及贪婪等行为，作为一种文化、风尚或道德诉求，失德的企业经营者或家族领导人会受到社会的批评，也会受到企业员工尤其是企业元老的集体性指责甚至被罢免。如何阻止企业领导人因失德对企业造成伤害，这可能是现代治理中需要高度重视的问题，我们从日本老铺企业的调研中惊奇地发现，在这些有着优良传统的百年老店中，德治和伦理约束才是企业主或家族领导人治理中最重要、最有效的方法。我们普遍期待的似乎都是出现卓越的、超凡的企业领导人，这些人的出现确实可能创造"奇迹"，但我们的组织很少考虑在普通人接任后如何避免组织的衰败。这一思维模式和实践就只能寄希望于不断出现"救世明主"，但显然这是不现实的；在漫长的历史中，我们所能期待的就是"普通人"，而在普通人的领导下也同样可以走出困境进而实现进一步发展，这就是长寿企业的"奇迹"，也是其根本性的治理秘诀。老铺企业数百年来就是这样一代代传承而来的，很少有惊人的故事和传奇，是一代代脚踏实地地工作和传承文化。这些领导人因此大多是"适应式"企业家，日本老铺企业也表现出优秀的"适应"能力，而非颠覆式的创新能力。

（2）老铺企业很少有形式化的或正式的"家训"，不少企业主认为，即便有流传下来的"家训"，仅依靠背诵"家训"不能解决任何问题。更多老铺企业很注重上一代的"背影"，即上一代的言传身教、以身作则，比如，每天早上5点前起床工作，对工作一丝不苟、全心全意，过简朴平淡的生活，每天从早到晚工作是正常的，等等，这些类似于"修行僧"的生活方式和职业态度是对接班人最好的培育方式。而如何通过企业历史来塑造传统和文化，则是值得深入研究的问题。我们的案例研究中，较为普遍地看到，几乎每家百年老店都注重记录祖辈的创业史和创业故事，包括一些重要的经验和教训，由此总结出一些经营遗训或家规，主要内容则在于诚信、不投机、专注、不遗余力地做好产品或服务。这些内容经常是以用中文书法书写的条幅并以书画等形式悬挂在企业的不同场所，让传承者和员工时刻记住这些珍贵的文化训诫。另外，有不少企业建立了博物馆和学校，从行业的角度保护和传承产业传统文化，出版企业创业发展史。而今天我们走进每家老铺企业，几乎都可以看到其一代代家族领导人的创业发展历程、产业沿革、社会变迁，展现出了一部部生动的商业和社会史。由此，后人或传承者感受到实实在在的历史感和责任感，传承的文化和价值观以及产业精神等在这里有了可触摸感知和学习的实体。可以想象，家族后代和员工会在这一次次的参观学习中融入其中，并对企业产生情感和精神上的依恋。

（3）建构社会普遍的商业道德准则，是日本老铺企业作出的极其重要的贡献。这不是一两家企业的独立行动，而是一个社会建构或集体行动。日本的商业道德有着悠久的历史传统，其中，主要的是依据从中国引入的儒学思想以及佛教和神道教所建立的一些重要的伦理和道德原则，而重要的现代商业道德启蒙则是在明治维新前后形成的。一批重要的政治家、武士和儒家学者投身于商业或从事商业道德教育，前者如日本近代著名的福泽谕吉的《劝学篇》和涩泽荣一的《论语与算盘》等，他们不仅积极践行，而且著书立说，成为现代商业道德的典范。这种现象在全球的商业实践中是很少看到的，商人不仅建立商业帝国，还怀抱高远的社会理想（这大概是儒家文化的影响所致），著书立说，开办学校，建立同业会或银行，支持其他企业发展，并帮助商人建立起服务于社会的崇高理想，树立一种社会的责任和道德意识及行为准则，这无疑超越了西方意义上的商人或企业家的概念，如历史上的石田梅岩、林木正三，以及近代的涩泽荣一等。同时不可忽视的是，日本历史上一直注重对商人的道德伦理（商道）以及商业技能（如会计）的培养，并很早建立起全国性学馆，将儒学、商道以及商业技能的培训融为一体，如怀德堂、明诚馆等，为商人奠定了基本的伦理和精神体系，这使得普通人也能通过终身的学习和修行而成为比较出色的商人，这为日本企业的长期经营提供了保障。这一点在全球可能是很少见的。而正是这些组织和制度的建立，使得商人的精神和伦理成为一种社会建构，成为约束商人贪婪、投机、奢靡、自利等的一种重要社会机制，同时也不断强化商人社会理想和责任心，实现社会价值，为社会所接受和尊敬。这一制度和传统在社会更深的层次影响着日本老铺企业的发展，使得对单个企业经营者的治理约束变得简单，而集体性的伦理治理也成为众多日本老铺企业得以长期发展的基石。日本老铺企业的这一社会道德性治理可能是日本给人类展现的一种重要伦理价值实践的遗存，值得对现代商业社会由西方尤其是美国所确立的企业个体治理和社会监督性治理（主要基于法治）结合模式进行深入思考。在"道高一尺，魔高一丈"的古训之下，仅有法治显然是不够的，而道德治理的价值和意义无疑是现代公司治理中最值得思考和探索的问题，日本老铺企业的道德治理实践是现代社会道德实践的典范。

（4）将企业作为一种事业而非赚钱的工具，则是日本老铺企业基本的社会定位，这与西方数百年来宣称的私有经济制度似乎是对立的。在经济学的古典理论中，私有产权才能解决稀缺资源与人类无限欲求之间的矛盾，但其中可能忽视了私有产权的社会性意义——私人或个体不是占有，而是被授予经营管理和保护这些资源或组织的权利，同时也被赋予一种社会责任——保存这些重要的经济和社会资源并予以不断创新发展，可能是将企业视为"公的"事业的基本出发点。尽管20世纪80年代以来，企业社会责任和利益相关者理论也在极力强化企业的社会责任意识，但在大多数情况下，都是朝向利益目标之下的平衡术或价值宣言，很少能真正落实到经营管理实践之中。而更为困难的是，股东和利益相关者很少意识到组织是一个社会的"公器"，因而产业传统、产业精神和文化、价值体系的维系很少在社会的层面上被当作一种责任或担当。

企业作为社会"公器"，大概只有在日本才被明确地提出来，并坚定地践行这一原则，这是令人惊叹的。老铺企业一直坚守这一社会原则，明显区别于逐利性主导的商业主体。日本老铺企业这一"公器"的性质体现如下。

首先，日本的老铺企业尤其是非股份化的传统家族企业，其实是一种虚拟血缘制度，所有企业员工如同一个异姓的家族，他们如同敬奉同一个"祖宗"，表现为敬奉同一个创业者和他们所建立的事业。对于日本老铺企业来说，以虚拟家族形式组织起来的企业，其根本目标是延续和发展"事业"，任何血缘家庭、个人以及职位都要服从于这个"事业"，而非个人的私利。尽管员工在这个组织工作有着自己的利益追求，如收入和职业发展，但这首先必须服从于组织的"事业"。因此，家族企业的"业"是排第一位的，个人或家庭是排第二位的或者说是融入家族企业之中的。正因为如此我们才不难看到，日本老铺企业数百年来一代代传承者和员工都能不忘初心，坚守祖上创下的事业，即便环境有所改变，但传统和家族愿景目标和价值体系仍能一代代传承下去。日本老铺企业对于家训和创业传统、产业精神、工艺技能乃至于所从事的行业，大多能坚持历时数百年并发扬光大，很少受到诱惑而偏离目标，这得益于每一代传承者和员工将家族事业作为"公共的"目标和使命。

其次，日本老铺企业作为"公器"是将个人或家庭与企业切割开来，这在其他经济体的非股份制组织中是很少看到的。这意味着无论是创始人还是后代传承者，甚至是非血缘的"养子""继子""女婿"等，他们都可以抛开个人或家庭或家族的利益，而只是将自己作为一个"公的"事业的担当者，全心全力为家族企业服务（养子、继子全力服务于企业和姓氏，而绝不会为自己出生的家族利益考虑）。作为家族企业领导人，他们不仅是代理人，还是事业的传承人，有着历史的责任。代理人只是为现有的利益相关者服务，以价值最大化为导向。但传承人则是将事业作为目标，他们是家业的担当者。因此，作为社会"公器"的守护人，不仅需要忠诚，还需要价值认同、责任担当和全力以赴、创新发展。对家族企业领导人有着至高的要求，同时他需要激发员工如同家人一样为家业延续而工作。

再次，将个人的奋斗目标和幸福与家业融为一体，而不是将其作为获取利益的工具，这大概是日本老铺企业作为"公器"的另一个特征。日本的老铺企业大多将员工视为家人予以保护和培养，到一定时期，甚至帮助匠人独立创业并予以支持。不少传统的老铺企业甚至有自己的寺院和墓地，企业员工死后可以享受在企业墓地安葬的哀荣。

最后，可能最为重要的是，无论是创始人还是继承者，作为家族事业的领导人，都以身作则、工作勤奋、勤俭朴素，一直到今天几乎成为每家老铺企业最为基本的领导本分（美德）。每天最早起床和到岗，祭拜祖先，洒扫庭院，向早晨到岗的员工鞠躬敬礼，并工作到最晚，很少休假。而其个人所获得的收入只是岗位工资，更不能在企业随意支取收入或损公肥私，在家业与私人财物之间有着明确的界限。这与中国家族企业不少家与业不分的状况形成鲜明对比。另外，家族领导人有着明确的职位职责意识，很少越权包揽和一言堂。尤其是在社长退位后，大多以企业高级顾问的形式继续服务于企业，但对于继任社长的决策和经营管理不再干预，而是只在需要的情况下做好顾问工作。这不能被理解为一种文化，而应该可以看成是日本老铺企业将企业作为"社会公器"的价值认同，而不是将企业作为私人的创造物（尤其是创始人）或私人产品。不同的观念会产生不同的经营管理理念和组织方式，中国普遍存在的家族企业创始人和领导人退休后对企业仍不愿放手和企业、家业公私不分所导致的混乱无序，本质上是我们对于家族企业的认知——将企业等同于私人财物，在中国及西方商业界产生了严重的错乱问题，这正是日本老铺企业给我们的对照和警示，值得深思。

第十三章
日本百年老店的创新与发展

　　如何对待创新和发展？大概是企业永续经营中最为关键的问题，原因在于，只有创新才能适应不同的时代、环境的变化、技术的发展以及激烈的竞争，这个世界上并不存在守成的企业，如果只是坚守传统而不能创新，最后必然因不能适应时代而被淘汰出局。竞争中的淘汰率是持续考验百年老店的一个门槛，唯有创新和变化才能持续发展。但在创新的概念和认知、行为上，不同的企业和价值观、战略及组织都有着很大的差异，不少所谓的创新带来的不是发展，反而是对企业毁灭性的打击。比如，盲目追求机会和技术新颖性的创新、与市场脱节的所谓创新以及创新不能得到组织内部和外部的支持等等。正因为如此，创新可能是企业组织中最具风险的战略。百年老店如何进行创新发展？这显然是最值得考虑的可持续性战略问题。我们在日本老铺企业的调研中发现，其中大量的企业因为缺乏创新或创新的方式、路径问题，而陷入停滞状态。也有一部分企业在继承传统的同时，在技术、营销、商业模式和组织管理上不断创新，从而焕发出时代的活力，甚至发展为隐形冠军、行业引领性企业和跨国公司。老铺企业中有不少是行业卓越产品和服务的生产商，引领着技术和组织管理的创新发展。

一　传统与创新的结合

老铺企业与现代创立的公司之间最大的差异是历史性，由数百年所奠定的传统、技术工艺、文化和产业精神是弥足珍贵的资产，一旦失去，老铺企业也就与现代公司没有差异了。因此，老铺企业的创新首先是在继承和发扬传统的基础上的创新，无论是具有悠久历史的餐饮、清酒、调味品、纺织、汉方药、茶叶、制墨制陶等行业，还是具有现代技术的电机、测试仪器等，企业的创新在很大程度上是嵌入在传统、地区和产业结构之中的，这一点得到越来越多的学者的认同，De Massis 等（2016）就提出，家族企业基于传统的创新是建立在家族企业传统与所在地域传统继承和发扬的基础之上的，因此与客户渠道、供应链、地方政府和大学研究机构以及当地居民之间有着千丝万缕的密切联系，甚至与同行竞争对手之间也保持着良好有序的竞争合作关系，创新正是在这些密切的社会网络和互动中的相互学习和促进，尤其是对客户保持的虔诚态度，将创新和改良作为企业坚定的使命和职责，而不仅仅是盈利的驱动。

历史上的商业传统是一种演进的物质文化，尽管以一种产品或服务的形态存在，但本质是人文精神的产物，如与当地气候、历史传统以及物产相结合的饮食、调味品、陶瓷工艺品等。在调研日本长寿企业时，老铺企业的故事，如福寿园的宇治茶、香雪轩的毛笔、古梅园的油烟墨（红花墨）、香兰社的有田烧瓷器等，这些都是在自然和历史人文下的创造，或许不是某一个企业或个人的创造，其技艺和诀窍是许多工匠和商人在生产、贸易以及生活中不断摸索、改进和精炼而来的，这是一个集体性的事业，而非某一个作坊或工场的创造物。因此，在特定地区聚集的作坊、供应商、市场以及工匠等就成为这些创新的实施者，并与或远或近的用户一起改进产品，使其不断精美，并赋予特定的声誉、故事及生活印迹，而这显然是变动不居而又一直坚守的传统和文化，为适应不同时代的需求，技艺、原料、款式不断变化，但其中的核心技艺和价值理念是不变的，这就是商业传统的大致面貌。

古梅园是一个典型的案例，至今已有 440 年历史，实际上在此之前，奈良地区的寺院已有数百年制墨的历史，先从朝鲜引进中国的制墨技艺，之后结合日本对于书道和绘画等的要求进行改进，日本不是一个墨守成规的国家，其学习引进就是创新过程。古梅园创新了油烟墨的制作工艺，由菜籽油和桐油的烟煤制作的油烟墨比中国的松烟墨颗粒更为细密，更能满足日本书道和浮世绘等的要求。古梅园与中国不断交流，探讨新的技艺和材料（如骨胶制作材料的使用），改进和优化制墨技术，使得每一代产品既保持传统又不断优化和改良，最终成为奈良制墨的翘楚。古梅园作为御用和大名的供应商，也为文人墨客所深爱。

有意思的是，在现代人很少用毛笔抄经、写书法以及绘画的时代，市场需求大幅减少，企业生存面临危机进而选择转型，如一些企业可能生产墨水、毛笔以及其他产品。但古梅园一直坚守古法制墨的传统不动摇，它认为，墨水不是书道，要坚守传统的书法绘画的文房四宝传统，要制作最好的墨。制作和江户时代一样的墨，是它一直坚持的初心，这份坚持是要付出代价的，这样做无疑会导致经济损失。以坚守传统价值为使命，这在当今经济利益至上的社会是难能可贵的。我们访谈的香雪轩虽然只有夫妻二人在坚守，但也坚持一定要用传统工艺制作最好的毛笔，而不是扩大产量以迎合市场批量化生产的需求。这种专注和坚持的精神不仅与前文分析的传承人的责任和担当有关，同时也是后人对历史传统和文化以及家业和产业使命挥之不去的情结和热爱。他们并非不清楚适应时代的创新和变革可能带来的利益，但创新在一定意义上会导致传统的被遗忘或对传统的背弃，这是作为传承者所不能承受的历史负担。

地域传统在老铺企业的传统与创新发展中意义重大，这或许与今天所强调的组织生态的概念有关。百年老店在漫长的历史发展中，深深地嵌入地域的产业网络以及与产业关联的一切社会、政治、经济乃至于文化的影响之中，同时企业的发展也在这一生态系统的演进中创新和发展。在我们的研究案例中可以观察到，在诸多行业中，竞争对手、供应链、渠道等都是以地区集聚的形态存在的。比如，月桂冠位于京都伏见地区，当地的软水和山田锦米特别适合酿造优质的日本清酒，存在上百家酿酒企业；福寿园位于宇治地区，历史上由僧人从中国带来茶种而开始培育、发展具有当地特色的茶产业网络和文化，由此形成众多的茶制作和销售作坊；香兰社则是有田烧的代表，是伊万里地区陶瓷文化的代表。这都意味着拥有传统文化的产品或服务大致都是和特定地区的资源、人文、政治密切相关的，由此产生的企业是产业传统、技艺、文化等综合因素所孕育的，尽管不同的企业之间也有一定的相互竞争，但更主要的是服务好或吸引客户，适应市场的需求变化。产品的质量、信誉、特色及特殊的技艺和服务，就成为创新的关键。

对于这些企业来说，传统是更为重要的，它是企业和消费者共同的历史记忆——一种特别的口感、唤起特别记忆的外观设计甚至包装、店铺的独特设计和布置风格及服务。特定的风土人情与店铺、产品和服务以及口味风格偏好一起构成了传统，这一传统越是精致和形式化，就越能成为历史的记忆而融入当地的文化之中。历史上延续下来的产品或服务几乎都具有这样的性质或性格，因此是个性化的、具有特定历史和传统维度的，消费也因此成为一种文化，成为一种集体性的、具有地域特质的文化消费。因此，基于传统的创新就成为传承和发展的战略导向，而不是简单地抛弃传统——熊彼特意义上的"破坏性毁灭"或今天提出的"颠覆性创新"，在一定意义上是与基于传统的创新不同的，也是百年老店所难以接受的。

大体来看，基于传统的创新有一些重要的特质。首先，它是嵌入历史和区域文化之中的，历史是由一系列的事件所构成的，这些事件可能是一个个沿着产品创新或服务做出的持续的创新和改进，也可能是一些杰出的企业领导人对产业做出的开拓性贡献，包括供应链、渠道和消费者以及工匠等为产业的塑造所做出的持续努力。而区域文化则基于资源禀赋、产业传统、产业链条或网络及生态、产业精神以及逐渐演进的产业、企业与区域紧密联系。离开了历史和区域文化，我们很难去谈企业的传统。其次，得益于这一长期和紧密的产业和生态的联系，基于传统的创新就更多地表现为良好的合作和关系，并持续地为对方做出贡献；尤其表现在地区的资源禀赋、制度文化以及人力资源等对企业的支持，企业也为区域发展提供就业岗位、履行社会责任，从而形成相互促进的关系。因此，基于传统的创新将更多的得到利益相关者或区域的支持，并能直接地、更快地反映出对产品或服务进行创新或改良的需求。最后，与客户之间是长期的良好合作关系，因此不遗余力地持续对产品或服务进行改良或适应时代的创新，应该是基于传统的创新内生的驱动力。日本企业似乎很好地保存了这一传统，即便在今天大规模生产和营销的今天，它们的难能可贵之处在于，生产者在心中同样将客户作为历史上近距离消费一样的看待，重视传统的气质和文化，从心中感受客户的需求，并用心做好产品或服务，这就是历史传统的竞争特质。日本料理、清酒和酱油，甚至百货公司的日本小家电，如电饭锅、碗乃至现代的咖啡机，都十分精致且人性化。产品拥有各种款式，适合个人乃至不同人口数的家庭使用，同时考虑了各种场合的便利和安全。消费者的需求他们都能满足，更能给消费者带来惊喜（没想到的），即便消费者不在现场（非人格化），所有的便利性和解决问题的可能性也都尽可能也被考虑到。这种周到、舒心和用心，不是今天竞争中的价格和质量所能言传的，是一种款待客户、用心服务、客至如宾，付出十二分努力的诚挚之心所为。这就超越了今天意义上的竞争和创新，是一种传统意义上的品格和道德基础上的创新。

但如何理解基于传统的创新？是简单地原封不动地保持传统，还是结合现代的需求和变化对传统进行创新阐释？显然，后者才是老铺企业可持续发展的创新方式。我们调研的案例中，大部分老铺企业，尽管年代久远，如古梅园已超过四百多年的历史，但因为追求的是原封不动地保存传统技艺和文化，而时代的需求则发生了大的变化，只有很少的专业画家才可能真正体会到古墨的价值，需求严重不足威胁到企业的生存。如何结合传统和时代需求进行创新是企业突破停滞和衰退状态的重要战略。而有着 380 多年历史的月桂冠则在明治维新以来，迅速地接受现代技术和组织管理方式，积极进行工艺技术和营销方式创新，发展成为产值达 400 多亿元的跨国企业。它不仅很好地传承了日本清酒的酿造文化，而且在日本率先设立研究所，探索机器酿造和四季酿造，并通过瓶装等方式将清酒销售到更远的地区，通过国际化大大提升了清酒的影响力。日本的清酒、酱油、寿司、汉方药等企业，无不是在传统的基础上进行现代工艺技术、制造、营销、组织管理以及国际化等方面的创新，从而使得传统的产业超越单个企业和区域，成为日本具有代表性的、传统价值的产品和服务。这种基于传统的创新意义非凡，很遗憾的是，管理学者对此的研究才刚刚开始，并很容易被现代技术的快速迭代和颠覆所吸引，而忽视这一基于传统的创新的价值。本书对此的探索也只是一个开始，期望有更多的研究者和实践者关注并推动这一历久弥新的创新。

二　现代创新：老铺企业的挑战

在今天技术变革不断加速、市场竞争越来越激烈的背景下，老铺企业的生存和发展也面临着严峻的挑战。越来越多的老铺企业面临着生存危机，如果老铺企业破产倒闭或被出售，不少传统的技艺也会因此而失传，这成为社会关注的话题。① 日本《中小企业白皮书》显示，大致从 20 世纪 80 年代开始，老铺企业诞生速度②落后于其停业率。地方政府如京都、大阪、东京等成立专门的老铺企业协会等组织，社会也在高度关注其生存发展，并期望政府出台一些保护性政策支持这些具有历史传统和文化价值的品牌和产品。这既是时代变革导致的消费需求、文化价值的变化，也是现代的技术和产品创新对老铺企业提出的挑战。如何适应这一时代的变化，并在创新和组织上做出调整和变革，进而实现可持续发展。不少老铺企业的转型和创新过程是失败的，如著名的日本寿命最长的企业金刚组（创立于公元 578 年）在跨越其传统的寺庙木制建筑建造设计领域而进入现代的混凝土建筑及其他多元化

---

① 韩国 KBS《百年老店》制作组指出，"根据《福布斯》调查的资料显示（可能是 500 强，作者注），超过 100 年的企业中，美国有 152 家，英国有 41 家，德国和日本分别有 24 家和 45 家。而产业专家表示，今后 10 年后，这些企业中只有 30% 的能够维持现如今的核心产业，40% 的很有可能会被其他企业收购或兼并，而 30% 则可能从市场上消失"。这大大概能反映出百年老店中较大规模企业衰亡的速度。

② 老铺企业诞生是指其自创业年份始至今进入百年老店的行列（100 年以上的历史）。据日本帝国数据银行的统计，日本创业于大正时期（始自 1912 年）的企业，大约以每年 1000 家的速度成为老铺企业（前川洋一郎，2017：208）。

领域时，就面临很大的创新转型风险，最终被其他公司所收购，而终结了其1400 年的家族传承历史。① 本文讨论的美浓吉案例在 1980 年代也曾试图学习麦当劳的经营管理方式而对其传统的日式料理店进行转型，但实践表明其转型是失败的。最后美浓吉重新回到传统的高端日本怀石料理，同时开发面向中低端需求的料理和配菜及外卖等业务。一方面使得日本料理传统和精神得以传承和坚守，另一方面也结合现代市场需求，开发相关的业务和服务，使得企业的规模和收益、影响力都得以全面提升，成为日式料理和服务业的引领者。这显然得益于其基于传统的创新发展战略。

一般来说，就老铺企业面对创新的挑战而言，可以从以下几个方面来分析，这涉及其所可能面临的市场、技术和组织管理等方面的挑战。

一是市场和需求的变化以及细分是导致老铺企业产生转型压力的根源，传统的客户需求在新时期有了大的改变，或者需求被新开发的产品或服务所满足，如传统的马车被现代的汽车、自行车、摩托车等所替代，传统的马车制造商除非在一些旅游或文化场所可以提供一些怀旧或观光服务之外，很少有市场需求。因此，这类企业只能在很狭窄的市场空间求生存。我们调研的传统制墨、毛笔、手工织物等，都只能维持在微型企业的规模上求生存。

二是技术的变革和创新推动的市场变化，技术显然是当今改变市场和竞争结构的根本性力量。由此可能带来全新的产品或服务，如互联网金融对传统银行业的替代、电子邮件对传统邮政业务的替代等。此外，技术也在深刻地改变传统的产品或服务及其生产组织，即便是一些历久弥新的产品或服务，如餐饮调味品、酒类、服装等，这些产品的需求很少变化，但技术因素也在不时改变其产品或服务的形式或内容，如互联网技术带来的外卖平台服务、调味品的现代酿造技术和酒类的保鲜技术等，如果传统老店不能适应这些技术变化，则其产品或服务的竞争力就会下降，甚至被新进入者替代。本

① 参考前川洋一郎《匠心老铺——日本 750 家百年老店的繁盛秘诀》第一章中的"老铺实例研究：金刚组"（第 6～13 页）。

书重点讨论的案例如月桂冠、福寿园等都是传统老店通过技术和管理的创新而不断开发新的产品或服务从而保持市场竞争力。

三是组织管理的创新，这一点也是传统百年老店面临的更为严峻的问题。因为传统老店的组织管理是数百年历史的延续，组织惯例和传统使得朝向现代组织的变革会遇到较大的压力，如何用现代公司治理和组织管理方式来改造传统的家族企业，是家族企业在现代提升创造力和竞争力的根本。相当一部分日本老铺企业是在明治维新之后较早地进行了制度变革，从传统的家族制度或合伙制度转变为股份制，这一转变的最大挑战是从企业家传统和魅力型权威（韦伯将其分类为"传统型权威"、"魅力型权威"和"法理型权威"）转向基于现代公司民主制度的"法理型权威"。日本的法治启蒙和公民意识在明治维新之后得到很好的培育，并在之后的经济社会转型中扎下根来。企业的治理与家族分离，技术和理性成为公司发展的重要力量，并将其与传统的儒家商道结合，形成了日本组织管理中重要的现代创新发展。但这一转型过程中，实际上相当一部分老铺企业尤其是规模较小的企业很少受到这一制度转型的影响，而基本上保存着其历史的传统面貌。这可能大大影响其现代技术和管理适应性，也制约着技术、产品和组织等方面的创新。正因为如此，大多老铺企业至今只不过是作为历史记忆的保存而存在，已然失去了其作为企业的成长能力。这其中主要的问题是制度转变的滞后所导致的停滞或与环境的不适应。

除了基本的公司制度变革之外，组织的变革和与环境、技术、竞争相适应的演进过程，可能是当今组织可持续发展最为重要的影响因素。受到互联网、物联网、数字技术、人工智能等的推动，组织的结构和边界都在发生深刻的变化，传统的组织变得过时，而新的互联网组织、平台化组织、生态型组织成为当今市场发展和竞争的基本形态。在这一变革的时代，传统的老铺企业如何在组织和管理上进行创新和发展，则是影响其竞争力的重要课题。

第十四章
日本企业调研报告：传统与创新

——中日家族企业比较

作为本书的最后一章和总结，这里附上中日家族企业调研报告，通过调研案例分析以及问卷统计，给出中日长寿家族企业的一些基本状态和结论，也是作为本书的一个描述性总结，并期望由此引发进一步的讨论和研究。

长寿家族企业的传统与创新
——中日长寿企业调研报告（2019）

报告说明

日本有着世界上数量最多的长寿（老铺）企业，它们不仅传承了百年乃至上千年的产品、服务工艺技能和文化传统，同时，也展现了生动的时代性，不断适应市场和技术、社会的变化，改进产品和服务、创新技术和工艺设备流程以及对组织管理进行变革，以满足和适应时代的需求和发展。在这个意义上，长寿企业展现了传统与创新的动态演进和融合，日本长寿企业的持久性、数量巨大及其创新表现引人注目。或许，其中就蕴含着企业持续经营的"长寿"基因。本报告由中山大学中国家族企业研究中心与日本北九州大学中华商务研究中心合作完成，得到中国商业联合会中华老字号企业工作委员会、日本帝国数据银行（TDB）、京都市政府、京都老铺企业协会等的大力支持。本报告旨在通过对中日长寿企业（日方老铺企业和中方老字号企业）的调研和分析，给出基于传统和历史文化的长寿企业的特征，尤其是其传统的延续与创新发展。在注重"创造性毁灭"的时代创新变革浪潮之中，重新正视商业中传统和文化道德的价值，因为传统与创新的融合才是持续健康的商业发展之道。中日长寿企业的研究和比较同时也将给出基于儒家文化传统以及东亚商业发展的独特性特征和价值体系，针对欧美主导的商业道路可能存在的问题也会给出一个值得思考的可选择路径。

撰 稿 人：李新春　邹立凯　朱　沆
研究团队：李新春　王效平　古田茂美　朱　沆
　　　　　刘光友　叶文平　邹立凯　张　琳
研究单位：中山大学中国家族企业研究中心
　　　　　日本北九州大学中华商务研究中心

2019 年 5 月

一 调研方式

本调研报告为中山大学中国家族企业研究中心和日本北九州大学中华商务研究中心合作开展的中日长寿企业调研项目成果。项目以中日两国长寿企业为对象，中日双方合作进行实地案例调研并合作设计问卷进行抽样调查，其中，日方问卷以日本老铺企业为对象、中方问卷以中华老字号为对象进行抽样调查。本调研报告旨在分析日本长寿企业的传统价值、创新特征，以及企业面临的现代经营管理、创新、国际化等成长问题，最后还对中日长寿企业进行简要对比分析。

案例调研：本调研团队于 2016 年、2017 年两次到日本京都、东京、奈良、大阪、北九州等地深入调研日本长寿家族企业，第一次调研 5 家长寿企业，组织有 11 家企业参与的座谈会，另外还调研日本最大企业征信机构日本帝国数据银行（TDB）。第二次调研 12 家长寿企业，组织京都府老铺企业座谈会，另外还调研明诚舍、怀德堂等商人教育机构。所有调研案例企业基本信息见本章附录。

问卷调查：在案例调研基础上开展了问卷调查，问卷调查包括两部分。日本老铺企业问卷依托 TDB 对日本老铺企业进行抽样调查，问卷发放时间为 2017 年 2 月至 4 月底，一共发放 1500 份，回收 657 份，回收率 43.8%。日本京都老铺企业调查问卷依托日本京都老铺协会对京都地区老铺企业进行抽样调查，问卷发放时间为 2017 年 1 月至 3 月底，调查发放问卷 200 份，回收样本数为 125 份，回收率为 62.5%。中国长寿企业调查问卷依托中国商业联合会中华老字号企业工作委员会对中华老字号进行抽样调查，问卷发放时间为 2017 年 6 月至 8 月底，发放问卷 300 份，回收问卷 156 份，回收率为 52%。在本报告中界定长寿企业为经营时长超过 100 年的企业（见表 14-1）。

表 14-1 问卷发放、回收说明

项目	日本帝国数据银行(TDB)	日本京都老铺协会	中华老字号企业工作委员会
对象	日本老铺企业	日本京都老铺企业	中华老字号企业
数据设计	日本长寿企业调查问卷	日本京都长寿企业调查问卷	中国长寿企业调查问卷
数据回收	回收 657 份（有效问卷 642 份）	回收 125 份（有效问卷 116 份）	回收 156 份（有效问卷 153 份）

注：日本老铺企业没有统一的定义，但大多指的是经营时长超过 100 年的企业。中华老字号企业有明确的界定，包括历史悠久，拥有世代传承的产品、技艺或服务，具有鲜明的中华民族传统文化背景和深厚的文化底蕴，取得社会广泛认同，形成良好信誉的品牌，并提出了"拥有商标所有权或使用权，品牌创立于 1956 年（含）以前，有传承的独特产品、技艺或服务"等 7 个认定条件。

样本企业基本分布：根据 TDB 于 2010 年发布的《创业 100 年以上的"长寿企业"实况调查》，从经营时长来看，日本长寿企业大多年龄为 100~200 年，占比 76%；从产业构成来看，制造业占比最大，其次是零售、批发业；从规模来看，以小企业为主。本次 TDB 抽样企业的分布与日本老铺企业总体样本基本一致，具有很好的代表性。样本企业平均经营时长达 180 年，持续经营 100~200 年的样本占 67%，经营时间最长的企业创立于 1465 年。样本企业以零售、批发和生产制造为主，其中建筑业也是样本企业中较多涉及的行业。样本企业平均雇员数量为 75 人，按照规模分组，微型企业占 41.8%，小型企业占 43.7%，中大型企业占 14.5%。所有问卷调查样本企业基本分布见本章附录。

二　报告概要

本章结构安排如下：第三部分为日本长寿企业的传统与价值分析，包括分析日本长寿企业传统内涵及案例分类，以及日本长寿企业传统的意义及传统与现代化成长。第四部分为日本长寿企业创新分析，包括日本长寿企业的跨代创新形式、样本企业创新方式以及创新投入—产出的分析。第五部分为日本长寿企业战略的二元平衡分析，包括经营控制权、经营目标及业务多元化。第六部分为中日长寿样本企业对比分析。第七部分为主要结论与讨论。

三　日本长寿企业的传统与价值

（一）日本长寿企业的定义及分类

1. 日本长寿企业的定义

长寿企业指不论规模大小，除宗教法人、财团、社团等法人团体，以及公益团体、学校和医疗机构之外，创业 100 年以上，坚持企业经营主线，数代延续，具有经营价值并持续健康发展的企业。

日本帝国数据银行（TDB）于 2010 年发布的《创业 100 年以上的"长寿企业"实况调查》指出，自创办以来拥有百年以上历史的日本长寿企业有 22219 家。而根据日本长寿企业学者后藤俊夫的统计，截止到 2014 年日本长寿企业达到 25321 家，排第一位，其次为美国 11735 家，第三位为德国，其后依次为英国、瑞士、意大利、法国、奥地利、荷兰、加拿大。

2. 日本长寿企业的分类

显然，长寿企业有着高度差异化的不同类型，不仅在存续时间（时代、经历的传承代数等）上差别很大，而且在规模、组织管理方式、公司治理以及对传统和现代化的态度或行为上都有着很大差异。考察不同的长寿企业，不难发现，对待产业、产品、技艺和文化的态度以及面对时代的要求进行创新的行为在不同长寿企业中的表现（行为）可能是最具实质意义的一个区分标准，因为，如何将传统与现代结合起来，才是长寿企业进一步存续和发展的关键所在。

长寿企业是传统的重要载体与传承者，传统包括经过时间沉淀、继承下来的风俗、习惯、礼节、道德、思想、艺术、制度等。本报告结合实地案例调研以及参考相关研究，按照长寿企业对待传统和现代的战略行为将长寿企业划分为以下三种类型。

第一类是一直坚守传统主业的长寿企业，即传统主业型企业。

第二类是坚守传统与转型并举的长寿企业，即混合型企业。

第三类是积极拓展或转型其他行业经营的长寿企业，即现代转型型企业。

传统主业型企业，这类长寿企业坚守专业化发展，并以延续历史和传统为己任，聚焦在特定的产业领域或特定的产品/服务，很少或基本上不进入新的行业或领域。

现代转型型企业，这类长寿企业沿着两个方向与现代结合：一是在现有产业或产品（服务）领域内，顺应时代的发展或市场技术变化，不断拓展新的产品（服务）线，或用新的技术或管理改造传统；二是积极开拓多元化发展路径，并延伸到相关领域或市场。适应时代、积极开拓新的机会是这类企业的特征。

混合型企业，这类长寿企业介于以上两种较为极端的类型之间，作为一种混合模式，既注重传统的延续，又适度地拓展新的业务和领域，并且在传统和现代之间形成一种平衡的结构（见表14－2）。

表14－2 长寿企业分类

分类	专注	多元化
传统	传统主业型	－
创新	混合型	现代转型型

注：①产业多元化程度：专注或是多元化。②传统与创新：坚持传统导向或是创新导向。

本报告基于案例研究和数据分析对日本长寿企业进行分类。

（1）案例企业分类。我们通过2016～2017年对17家长寿企业的深度调研（半结构性访谈、全视角调研，如对月桂冠、美浓吉、岛津制作所等），并结合对企业史料的研读，根据企业在专注或多元化、传统或创新两个维度上的特征，对企业进行分类，通过实地调研的案例企业揭示日本长寿企业的差异性以及该分类的意义（见表14－3）。

表14－3 调研案例企业的分类

项目		专注←→多元化				
		1	2	3	4	5
传统↕创新	1	香雪轩	—			
	2	古梅园、京山城屋	石藏酒造	—		
	3	宇佐美松鹤堂	半兵衛麸、松荣堂	福寿园、香兰社	大同生命、塚喜集团	—
	4			月桂冠、美浓吉	泡泡玉	川岛织物
	5			安川电机	—	岛津制作所

注：专注或是多元化：1. 无任何多元化，2. 产品线延伸，3. 相关领域延伸，4. 组织管理变革，5. 跨领域。传统或是创新：1. 无任何革新，2. 少部分革新，3. 一般程度革新，4. 大部分革新，5. 完全革新。

（2）TDB 日本长寿样本企业的分类。按照以上分类的操作性定义，在日本长寿样本企业中，46.49% 的样本企业属于传统主业型企业，45.40% 的样本企业属于混合型企业，而有 8.11% 的样本企业属于现代转型型企业（见图 14 - 1）。

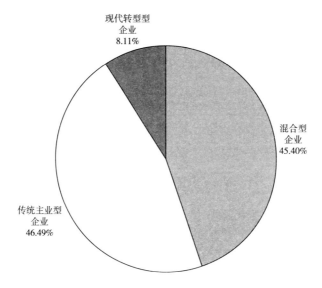

图 14 - 1　日本长寿样本企业的分类

注：传统主业型企业：创业以来一直专注于这一行业；混合型企业：坚守主业，同时也在寻求其他机会；现代转型型企业：积极拓展或已转型到其他行业。

基于此，本报告围绕传统—现代分类的核心，首先分析日本长寿企业传统的意义及如何在坚守传统和走向现代之间进行选择，包括多元化、国际化；其次分析日本长寿企业的创新，通过案例分析归纳日本长寿企业创新的形式，通过调查问卷展示日本长寿企业创新方式，并描述日本长寿样本企业 2014～2016 年创新投入—产出现状，揭示创新与企业成长绩效的关系；再次分析在传统—创新方面需要保持平衡的日本长寿企业的二元战略选择问题，揭示日本长寿企业经营的独特性和智慧；最后对中日两国长寿企业的传统、创新及二元战略进行简要对比，分析两国长寿企业的异同点。

（二）长寿企业传统的意义

通过对日本长寿企业的问卷调查和案例分析发现，日本长寿样本企业在做经营判断时，延续上百年的经营传统如下：一是继承数百年来沿袭的"主业"，坚持产业传统；二是将传统道德传承下来，将道德放在首位；三是保护和延续技艺及文化传统。产业、道德和技艺传统构成了长寿企业重要的传统基因。

此外，为探究样本企业在传统上的差异，按规模分为微型企业和小型企业两组，按时代分为 1868 年以前（明治时代以前）和 1868 年及以后（明治时代及以后）两组（见图 14 - 2、图 14 - 3）。

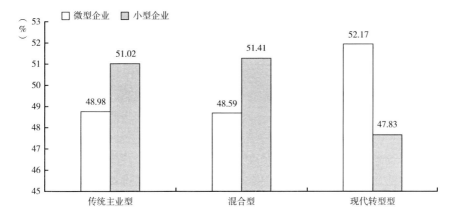

图 14 - 2 三种类型企业的规模分布

注：微型企业：1 ~ 20 人；小型企业：21 ~ 100 人；中型企业：101 ~ 300 人；大型企业：≥301 人。本报告样本企业中，大中型企业仅占 14.5%，故未纳入分析。

1. 坚守产业传统

传统主业是日本长寿企业传统内涵的核心，长寿企业不轻易超越创业时的主营业务领域，一直专注于本行业经营，使其成为企业维持传统的重要载体。对样本企业主营业务调查发现，样本企业并不轻易进行变革，46.49%的样本企业专注于传统本业，45.40%的样本企业选择因应时代变化，而仅有 8.11%的样本企业选择积极拓展多元化（见图 14 - 4）。

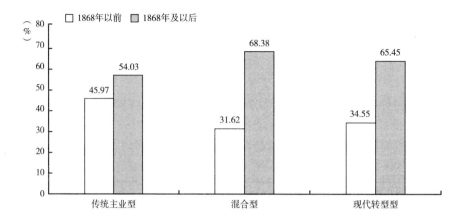

图 14 - 3　三种类型企业的时代分布

注：1868 年以前：明治时代以前；1868 年及以后：明治时代及以后。

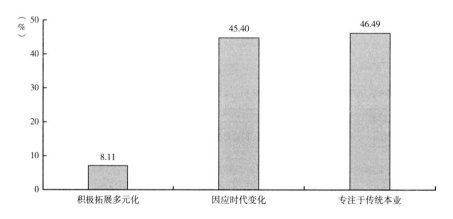

图 14 - 4　日本长寿样本企业主营业务

　　从样本企业情况来看，针对企业主营业务，按照专注于传统本业和多元化（因应时代变化 + 积极拓展多元化）分规模、时代进行分析。从规模分组看，大中型样本企业相较于小微型样本企业更加专注于本业，二者分别占比 51.61％ 和 45.37％，两组均值差异显著。从时代分组看，明治时代以前创建的样本企业更加专注于本业，占比 55.25％，两组均值差异显著（见图 14 - 5）。

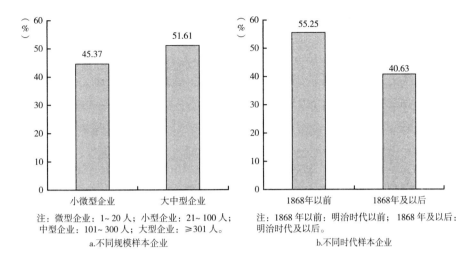

注：微型企业：1~20 人；小型企业：21~100 人；
中型企业：101~300 人；大型企业：≥301 人。
a.不同规模样本企业

注：1868 年以前：明治时代以前；1868 年及以后：
明治时代及以后。
b.不同时代样本企业

图 14 - 5　不同规模、时代样本企业专注本业比例

2. 坚持道德传统

日本长寿企业经营观念受佛教、儒教以及神道教影响很大，在经营理念上，坚持基于道德心做判断，不以盈利为首要目标。样本企业在做经营判断时，提到最多的准则是基于道德心做判断，占比 34.49%，隐含着与以儒家为代表的东方文化的联系。样本企业重视的另一个观念是"一切皆是因果报应"，占比 24.29%，反映了佛教思想的影响，"以利益作为唯一判断标准"的仅占 5.92%（见图 14 - 6）。

从样本企业重视道德性程度来看，针对经营判断这一问项，分为道德性经营理念和经济性经营理念，道德性经营理念包括基于道德心做判断、一切皆是因果报应和遵从先贤教诲，经济性经营理念包含仅以利益作为唯一判断标准和以理性做合理判断。样本企业中重视道德性经营理念的占 62.66%（见图 14 - 7）。

从规模分组看，小微型样本企业相较于大中型样本企业更加重视道德性经营理念，分别占比 63.79% 和 54.39%，两组均值差异显著。从时代分组看，明治时代及以后创建的样本企业更加注重道德性经营理念，占比 52.93%，两组均值差异显著（见图 14 - 8）。

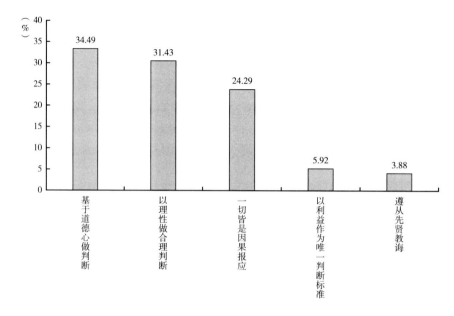

图 14-6 样本企业的经营判断

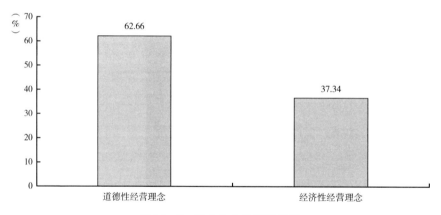

图 14-7 样本企业的经营判断

3.延续技艺及文化传统

日本长寿企业的传统起源于所在地域性的传统工艺，并历经各个历史时期传承，成为企业传统工艺及文化的主要来源。案例分析发现日本长寿企业将与传统相关的技艺及文化通过记录成文字或者设立文化纪念馆等形式保存及传承下去（见表 14-4）。

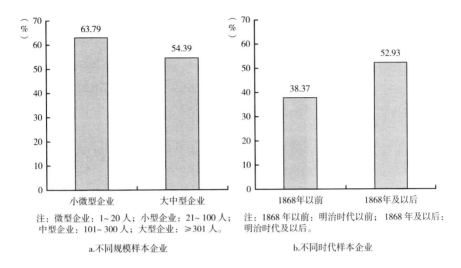

注：微型企业：1～20 人；小型企业：21～100 人；
中型企业：101～300 人；大型企业：≥301 人。

注：1868 年以前：明治时代以前；1868 年及以后：
明治时代及以后。

a.不同规模样本企业

b.不同时代样本企业

图 14-8　不同规模、时代样本企业重视道德性比例

表 14-4　典型案例企业的技艺—文化传统

项目	古梅园	美浓吉	月桂冠	川岛织物
传统起源	奈良墨	京都怀石料理	日本伏见清酒	京都西阵织
工艺与文化	奈良墨制作技术、日本墨文化	京都怀石料理工艺、茶道文化	清酒酿造工艺、日本清酒文化	西阵织手工艺、传统纺织文化
传统载体	《古梅园墨谱》	《美浓吉料理谱》	月桂冠大仓纪念馆	川岛织物文化馆
企业史料	《墨之道》	《三百年企业美浓吉与京都商道》	《月桂冠三百六十年》	《川岛织物创业史》
传统延续	坚持四百年如一的原料、制法，制造传统墨品	传承发扬日本传统京都高端料理文化	传承发扬日本伏见清酒传统文化	—

（三）坚守传统还是走向现代

1.传统企业和现代企业的成长比较

在激烈的社会变动中，长寿企业面临传统行业经营困境及来自现代企业的竞争。在面临生存、经营挑战中，部分日本长寿企业也正试图通过多元化转型来获得发展。我们从企业寿命、企业规模、营业收入、营业利润等指标来比较传统企业和现代企业的成长情况（见图 14 - 9）。

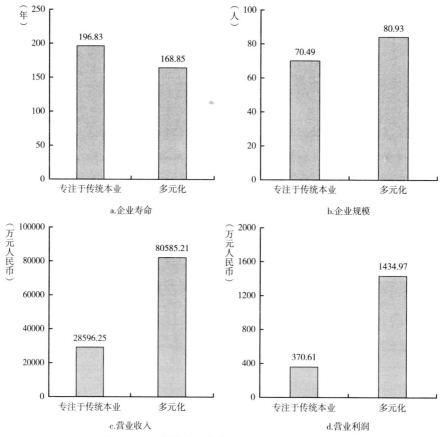

图 14 - 9　传统企业与多元化企业的成长比较

根据样本企业主营业务分为专注于传统本业组和多元化组，将二者进行均值 T 检验，结果表明专注于传统本业的长寿样本企业比多元化的长寿样本企业寿命更长，而多元化的长寿样本企业在规模、营业收入以及营业利润方面较专注于传统本业的长寿样本企业更好。由此可知，专注于传统本业的长寿企业更追求长久经营，而走向现代多元化的长寿企业则更加注重企业规模扩张、经营绩效。这表明日本长寿企业在现代化进程中，专注于传统本业的和多元化的长寿企业走上不同的发展道路。

2.样本企业的现代国际化

在国际化成为时代关键词的今天，长寿企业同样被卷入全球化的浪潮中。在国际化进程中，日本长寿企业面临国内市场饱和的挑战及来自海外企业的竞争，这些企业试图通过国际化来开辟新市场以获得发展。

从海外销售收入占比来看，2015 年，日本长寿样本企业海外销售收入占比低于 5%，海外市场收入占比较小，主要营业收入来源于国内市场。从海外据点设立情况来看，对样本企业设立海外据点的统计结果分析显示，大部分的日本长寿样本企业尚未有海外据点，仅有 28.14% 的样本企业设立了海外据点（见图 14 - 10），其中大中型样本企业设立海外据点的比例要比小微型企业高，分别占比 34.34% 和 26.98%（见图 14 - 11）。而按类型分组的样本企业设立海外据点的比例差异不显著。

从国际化与企业规模、业绩的关系来看，为探究样本企业国际化经营与企业绩效的关系，分别以 2014～2016 年的销售收入增长率均值和净利润增长率均值为指标测量企业经营绩效，根据样本企业有无海外销售收入分为有国际化组和无国际化组，将二者进行均值 T 检验，结果表明有国际化的长寿企业相对于没有国际化的长寿企业财务绩效更好，销售收入增长率和净利润增长率更高，均值具有显著差异（见图 14 - 12）。

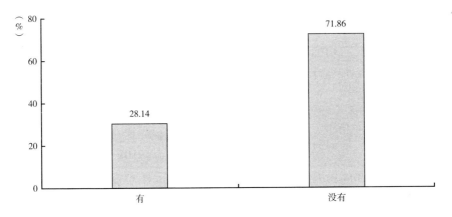

图 14 - 10　样本企业海外据点设立

注：海外据点指的是在海外设立工厂、办事处、子公司及销售机构等。

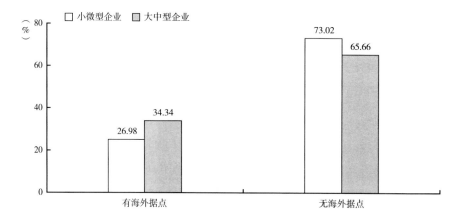

图 14－11 不同规模样本企业海外据点设立

注：微型企业：1～20 人；小型企业：21～100 人；中型企业：101～300 人；大型企业：≥301 人。

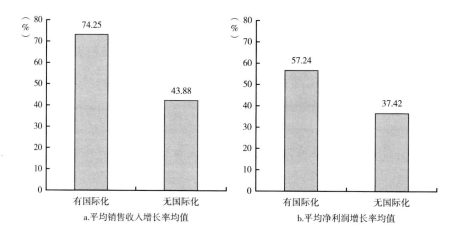

a.平均销售收入增长率均值　　　　　　　b.平均净利润增长率均值

图 14－12 国际化与经营绩效

进行回归分析发现，样本企业国际化发展程度对企业规模有显著的正向影响，由回归结果可知，国际化发展程度与企业规模有显著的正相关关系（$p < 0.05$）。在面临国际化浪潮中，长寿企业进行国际化有利于提高绩效、扩大规模，国际化应该成为长寿企业现代化经营战略的重要选择（见图 14－13）。

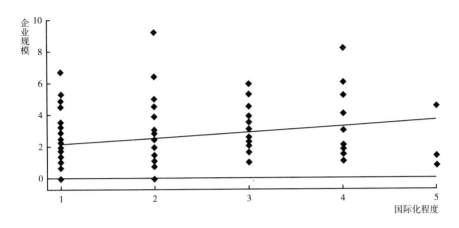

图 14 – 13　日本长寿企业国际化程度与企业规模拟合

注：企业国际化发展程度：1. 很低，2. 较低，3. 一般，4. 较高，5. 很高。企业规模：
员工数量取自然对数。

四　日本长寿企业创新分析

（一）日本长寿企业创新形式

以案例形式从历史视角来看，日本长寿企业在上百年经营过程中存在探索性创新和开发性创新的演化路径，即在某一代或几代企业主经营下进行重大产品、市场变革，后几代继承者在探索性创新基础上继承传统不断改良、深化，实现开发性创新（见表 14 – 5）。

1. 探索性创新

探索性创新是有关企业的重大变革创新，决定着企业以后几十年甚至上百年的经营。探索性创新特征包括（以月桂冠企业为例）：第一，技术的重大革新，特别是在基础技术领域。如第 11 代企业主大仓恒吉设立日本第一家酒造研究所——大仓酒造研究所，创造性地使用瓶装酒，并用微生物及其他杀菌技术取代防腐剂。第二，市场开发的率先性，在市场领域实施前人没采用的方式。如大仓恒吉扩展国内渠道，将清酒推广到普通家庭，同时很早就开始部署海外市场。第三，管理制度的变革。如 1905 年，大仓恒吉注册新商标"月桂冠"，并建立清酒质量认定制度。总结而言，以月桂冠第 11 代企业主所实施的创新为代表，探索性创新更多地体现为某一代经营中技术、管理、运营集成创新，在某一代企业主带领下率先进行技术大革新，研发具有自主知识产权的新产品和新技术，并在此基础上，预测未来市场需求，进行管理和运营大转型。

表 14 - 5　探索性、开发性创新的典型案例企业

探索性创新	月桂冠	美浓吉	川岛织物	香兰社
技术的重大革新	第 7 代	第 8 代	第 2 代	第 8 代
市场开发的率先性	第 11 代	第 10 代	第 4 代	第 9 代
管理制度的变革	第 13 代			
开发性创新	月桂冠	美浓吉	川岛织物	香兰社
对原有产品、服务进行细化	第 1~6 代 第 8~10 代	第 1~7 代	第 1 代 第 3 代	第 1~7 代 第 10 代
现有市场的占领	第 12 代	第 9 代	第 5 代	第 11 代

注：探索性创新主要体现在探索新的机会，发现和利用新的资源和能力进行创新活动。开发性创新主要体现在深度挖掘和开发现有的资源和能力来进行创新活动。

2. 开发性创新

日本长寿企业在经营过程中大多不断进行开发性创新，在探索性创新后进一步学习、吸收以及改良产品，在原有技术上进行吸收、消化、改良。以月桂冠第 12 代企业主实施开发性创新为代表，第一是基于原有技术不断改良，对原有清酒产品品质进行改良；第二是重视对现有市场的渗透，生产出更适合市场的清酒系列。

总结而言，日本长寿企业在跨代创新过程中，结合家族传承与时代变化，在充分吸收传统的基础上进行跨代创新，并形成独特的跨代创新模式，其演进过程表现为"探索性创新——开发性创新——再探索性创新"的循环模式。

（1）阶段性。探索性创新的阶段性、不连续特征主要体现在两个方面：

一方面是创新出现在重要的家族时期，如创新企业家、领先企业家、产业领先者；另一方面是企业的创新跟时代息息相关，如因时而动、与时代合拍、引领时代发展。因此，跨代创新模式并非是单一的，在某种程度上可以说是一种混合，其创新演进过程表明，跨代创新是一个由探索性创新到开发性创新不断交叉的过程（见表14-6）。

表14-6　跨代创新的特征

创新特征	时间跨度	重点	创新主要方式
阶段性	某一代短期	市场率先开发、技术突破	大变革、激进式
传统与创新相互促进	某几代长期	市场逐渐扩充、产品延伸	局部改良、吸收渐进式

（2）传统与创新相互促进。长寿企业在上百年经营过程中大多时期都处于开发性创新阶段。开发性创新尊重传统，如传统技艺、职业操守、家族价值观，同时能很好地应对现有市场形势，适时加以创新，增加新的产品和服务。因此，新产品为符合市场需求变化而被生产出来，同时一直保留着传统要素，通过"适时革新传统"来延续过去并紧跟时代（见表14-7）。

表14-7　典型案例企业传统与创新的特征

项目	古梅园	美浓吉	月桂冠	川岛织物
传统主业	古法制墨	京都料理	日本清酒	西阵织
主要创新	第6~7代对制墨技术有重大创新	第8代实行食品服务的革新	创业时期和第11代开始技术化	前两代对纺织技术有重大革新
	第11代后家族成员不参与制墨，后代少有创新	第9~10代现代化经营、产品多元化	第12~14代开展国际化经营、产品多元化	后转为公众公司，延伸到其他领域
市场环境适应性	无视变化、坚守传统	较强的学习创新能力	随时代而变化、现代技术和经营管理	传统产品缩减
	保持小而专	引领料理经营模式和产品创新	全球化拓展	开拓新领域、开发新产品
传统传承及变革	专注传统	传统为主、适应时代需求	发扬变革传统	传统为辅、多元化进入新领域

（二）日本长寿企业创新方式

通过分析 TDB 日本长寿企业样本数据，我们发现：①企业注重创新，但创新方式不是积极拓展，而是不遗余力地坚持改良产品、革新生产方法。②不为经济利益而创新，而是将为客户提供优质的产品和服务作为企业创新的重要目标，重视顾客价值是其进行创新的内在动力。

1. 更重视改良式创新、持续改进

样本企业在长期的经营过程中，重视创新投入，调查结果显示，有 41.53% 的样本企业注重创新投入，仅有 21.19% 的样本企业不注重创新投入（见图 14-14）。这表明大多数样本企业依然坚持创新投入，在生产技术、产品研发等方面坚持投入，不断变革，钻研新技术，开发新产品。

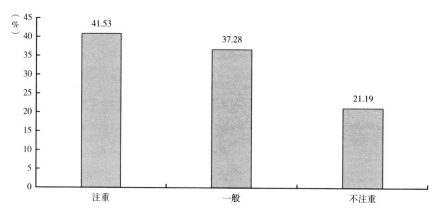

图 14-14 样本企业对创新投入重视程度

2. 品质和服务为先

在创新方式的选择方面，样本企业非常专注于对现有产品的改良式创新，在原有创新基础上不断改进，不遗余力地追求改良产品。调查显示，在企业对现有产品（商品或服务）品质的态度上，有 73.08% 的企业选择不断改良，只有不到 5% 的样本企业认为不需要对产品（商品或服务）品质进行改良，选择维持现状（见图 14-15）。这反映了绝大部分样本长寿企业坚持把产品做到极致的"工匠精神"。

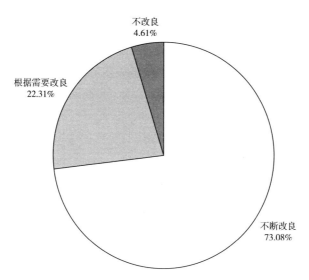

图 14 – 15　样本企业对现有产品（商品或服务）品质态度

不同类型样本企业对产品品质的重视程度有所差别。结果发现，传统主业型企业和混合型企业对产品品质的重视程度低于现代转型型企业，统计上有显著性差异。而传统主业型企业和混合型企业的差异在统计上不显著。

3. 以客户（市场需求）为导向的创新

针对样本企业的首要目标调查发现，样本企业的首要目标为"为客户提供优质的产品和服务"占比 38.39%（见图 14 – 16）。这表明满足客户需求是日本长寿企业不断创新的主要内在动力。

进一步探究不同类型企业创新导向差异，结果显示传统主业型企业将客户利益视为企业最重要经营目标的比例最高，占比 53.69%，高于混合型企业的 48.11%，也高于现代转型型企业的 42.31%，在统计上有显著性差异（见图 14 – 17）。由此可见，传统主业型企业并非以增加企业利润为目标，为客户提供优质的产品和服务、维护客户利益才是其不断创新的内在动力。

进一步细化客户利益的内涵，发现传统主业型企业将为客户提供优质的产品和服务作为企业首要目标的比例最高，达到 27.85%，高于混合型企业的 12.9%（见图 14 – 18）。在样本企业中，没有现代转型型企业将为客户提供优质的产品和服务作为企业首要目标。

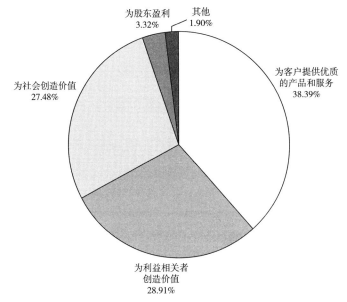

图 14 - 16　样本企业的首要目标

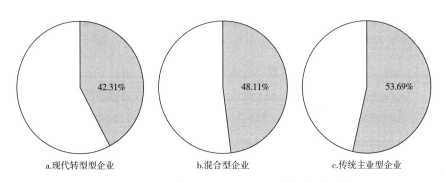

a.现代转型型企业　　　　b.混合型企业　　　　c.传统主业型企业

图 14 - 17　把客户利益视为最重要经营目标的比例

（三）日本长寿样本企业创新投入与产出分析

通过分析 TDB 日本长寿企业样本数据，样本企业总体研发强度属于中等水平。在样本企业中，2013~2015 年平均研发费占销售额比例为 2.61%，平均专利申请数为 1.22 个，平均新产品开发数量为 5.23 个，与大学、研究机构等合作创新占创新投入比例为 0.43% （见表 14 - 8）。

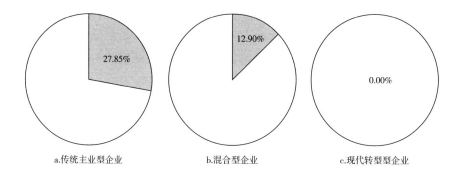

图 14 - 18　企业的首要目标是为客户提供优质的产品和服务的比例

表 14 - 8　样本企业 2013~2015 年创新投入—产出现状

创新投入—产出指标	均值
研发费占销售额比例(%)	2. 61
专利申请数量(个)	1. 22
新产品开发数量(个)	5. 23
与大学、研究机构等合作创新占创新投入比例(%)	0. 43

1. 创新投入

从创新投入意愿来看，样本企业专注于在本行业长期经营，有创新投入的意愿。分企业类型来看，传统主业型企业注重创新投入（包括研发投资、新产品开发、新工艺）的程度最低，评分仅为2.95，显著低于混合型企业（3.45），混合型企业投入意愿最强。

从研发投入来看，在2013~2015年有研发投入的样本企业中，传统主业型企业占比最低，为8%，混合型企业占比21%，现代转型型企业占比23%，这三种类型企业之间的差异在统计上是显著的（见图14-20）。从研发投入强度的角度看，传统主业型企业研发投入占销售额比例为2%，低于混合型企业的3.19%及现代转型型企业的3.58%，且具有显著差异（见图14-21）。综合来看，从创新投入角度来看，传统主业型企业相较于混合型企业和现代转型型企业在研发投入意愿和强度上较低。

图 14 - 19　不同类型样本企业创新投入意愿

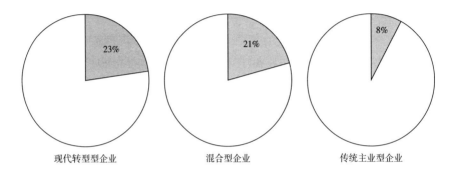

图 14 - 20　2013～2015 年有研发投入的不同类型样本企业的比例

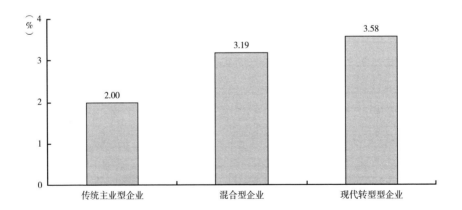

图 14 - 21　不同类型样本企业研发投入强度

　　进一步探究不同规模、时代分组的长寿样本企业在创新投入上的差异，结果发现，不同规模分组和时代分组的样本企业在创新投入上没有显著差异。

　　在研发投入方式上，传统主业型企业相对于混合型企业和现代转型型企业更加保守，倾向于采取自主创新的方式，仅有 8.72% 的传统主业型企业 2013～2015 年有与外部机构合作创新（见图 14－22）。

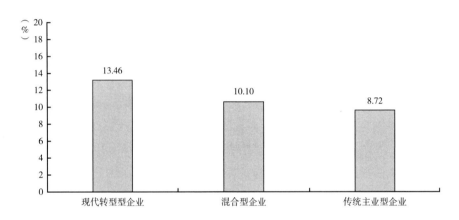

图 14－22　不同类型样本企业 2013～2015 年有与外部机构合作创新比例

2. 创新产出

　　在新产品投放上，在 2013～2015 年有新产品投放的样本企业中，传统主业型企业占比最低，为 2%，混合型企业占比 3.19%，现代转型型企业占比最高，为 3.58%。但在 2013～2015 年平均知识产权申请量上，传统主业型企业申请量最多，为 1.45 个，其次是混合型企业（1.04 个），现代转型型企业申请量最低，仅为 0.52 个。

　　总结而言，从创新产出角度来看，传统主业型企业 2013～2015 年在新产品投放比例上相对较小，但在平均知识产权申请量上，传统主业型企业相较于其他两类企业平均申请量较多。这表明传统主业型企业重视投入—产出效率，这种创新方式体现了传统主业型企业将更多的重心放在传统产品的改良上，而不强调新产品开发和投放。

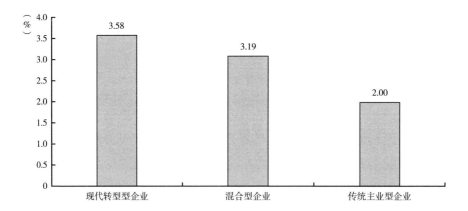

图 14 – 23　不同类型样本企业 2013 ~ 2015 年有新产品投放企业比例

进一步探究不同规模、时代分组的长寿样本企业在创新产出上的差异，结果发现，无论规模分组还是时代分组，样本企业 2013 ~ 2015 年平均新产品投放、知识产权申请量都没有显著差异。

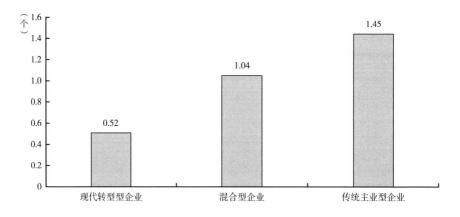

图 14 – 24　不同类型样本企业 2013 ~ 2015 年平均知识产权申请量

3. 创新与企业成长

在创新成为企业成长关键动力的今天，贴着"传统"与"保守"标签的长寿企业在工业化、现代化的进程中，面临来自现代化企业的竞争，这些长寿企业如何应对传统与创新问题值得关注。

首先，无论企业绩效好坏，长寿样本企业都坚持创新投入。我们按照税后利润率均值将样本企业进行分组，对这两组样本企业的创新投入进行均值 T 检验，结果发现：两组样本企业的创新投入并没有显著差异。这表明长寿企业在面临创新抉择时，无论企业绩效是否优于平均水平，都会选择进行创新投入。这充分显示了日本长寿企业对创新投入具有很强的韧性和承诺。

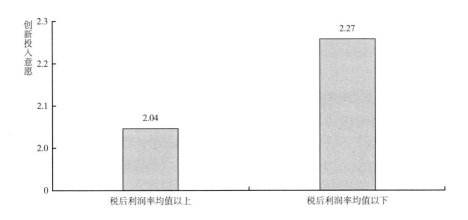

图 14 - 25 样本企业经营绩效与创新投入意愿

注：创新投入意愿：1. 非常不注重，2. 不注重，3. 一般，4. 比较注重，5. 非常注重。

其次，企业寿命越长，企业创新投入产出效率越高。我们分别将创新投入意愿、新产品数量作为被解释变量，将企业年龄作为解释变量，控制企业主性别、年龄、教育程度，以及家族特征、企业规模、行业、所在地区等变量后，结果发现，样本企业年龄与创新投入意愿呈显著负相关关系，样本企业年龄与新产品数量呈显著正相关关系。这说明企业寿命越长，投入产出效率越高。

最后，讨论创新投入与企业规模扩张的关系。在现代化进程中，长寿企业的成长中不断遇到新的机遇与挑战，通过回归分析验证创新投入是否能够显著促进企业成长。将企业规模（员工数量）作为被解释变量，将研发投入强度作为解释变量，控制企业主性别、年龄、教育程度，以及家族特征、

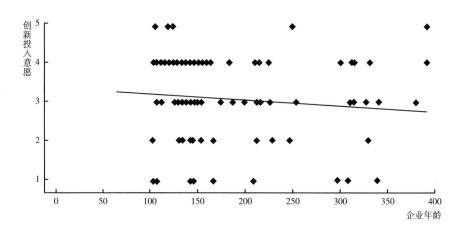

图 14 – 26　样本企业年龄与创新投入意愿拟合

注：创新投入意愿：1. 非常不注重，2. 不注重，3. 一般，4. 比较注重，5. 非常注重。

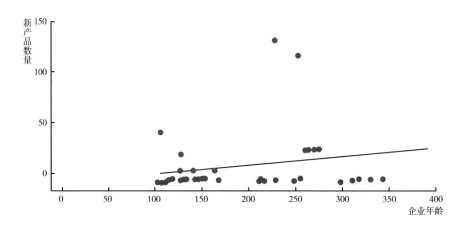

图 14 – 27　样本企业年龄与新产品数量拟合

注：新产品数量为样本企业 2013 ~ 2015 年平均新产品数量。

企业经营时长、行业、地区等变量后，结果发现，样本企业研发投入强度与企业规模具有显著正相关关系（$p < 0.05$），说明增加研发投入可能有利于企业扩大规模。

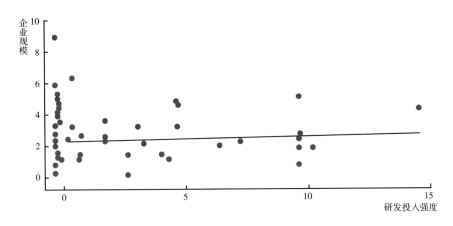

图 14 - 28　企业研发投入强度与企业规模拟合

五　日本长寿企业战略的二元性分析

（一）样本企业战略二元性分析

对战略二元性考察基于京都长寿样本企业数据，以问卷调查的形式了解京都长寿样本企业在面临战略目标冲突时对不同战略的倾向程度，以探讨样本企业的战略二元平衡情况。针对问项左边的战略倾向程度编码为负值（-1，-2），问项右边的战略倾向程度编码为正值（1，2），中立情况则编码为 0，问项数值的绝对值越大，则企业对此战略的倾向程度越高。由于京都长寿样本企业中现代转型型企业数量较少，不进行分组分析讨论。

从公司治理角度来看，首先，在面对规模扩张和控制权抉择时，样本企业比较看重对企业的控制权，均值为 -0.78。其次，样本企业人才引进不以血缘、亲属关系等为选择标准，而是选择外部专业人才，均值为 0.30。此外，在面对投入资源搞关系和投入资源进行研发、人力培训的战略目标冲突中，样本企业选择投入资源进行研发、人力培训，均值为 0.22。

表 14 - 9　样本企业战略二元性选择

问项（-2，-1，0，1，2）	偏向左边目标←——→偏向右边目标					均值
控制权 vs 规模扩张	-2	-1	0	1	2	-0.78
雇用家人或自己人 vs 外部引入专业人才	-2	-1	0	1	2	0.30
投入资源搞关系 vs 投入资源进行研发、人力培训	-2	-1	0	1	2	0.22
扩大收益 vs 确保质量	-2	-1	0	1	2	0.24
短期收益 vs 长期发展	-2	-1	0	1	2	0.86
专业化 vs 多元化	-2	-1	0	1	2	-1.07
改进现有产品工艺质量 vs 开发新产品新市场	-2	-1	0	1	2	-0.43

从经营目标的角度来看，在面对扩大收益和确保质量的战略目标冲突时，样本企业选择确保质量，均值为 0.24。并且，在面对短期收益和长期发展的战略目标冲突时，样本企业关注长期发展，均值为 0.86。

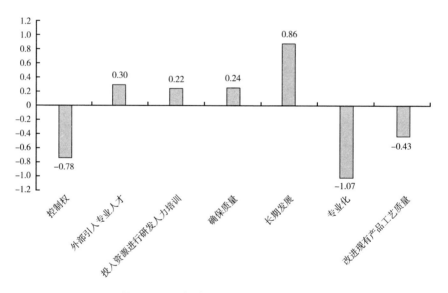

图 14 - 29　样本企业战略二元性分析

从业务多元化的角度来看，在专业化和多元化的战略冲突中，样本企业专注于专业化发展，均值为 -1.07。在面对改进现有产品工艺质量和开发新产品新市场的冲突时，样本企业注重改进现有产品工艺质量，均值为 -0.43。

另外，从分组结果来看，按时代分组，明治时代前后两组长寿企业在战略二元选择上并无明显差异（见图 14 - 30）；按规模分组，小微型和大中型两组长寿企业在战略二元选择上也没有明显差异（见图 14 - 31）。

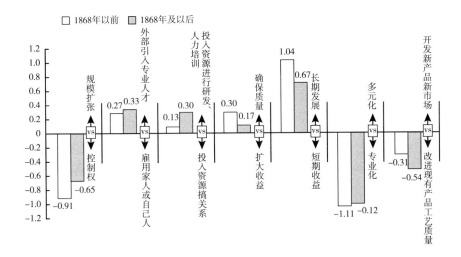

图 14 - 30　战略二元性分析——时代分组

注：1868 年以前：明治时代以前；1868 年及以后：明治时代及以后。

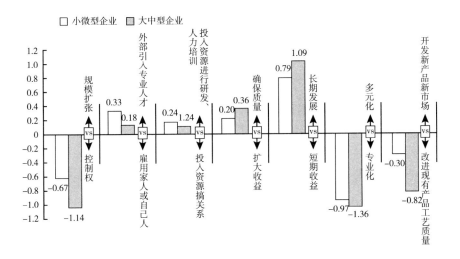

图 14 - 31　战略二元性分析——规模分组

注：微型企业：1 ~ 20 人；小型企业：21 ~ 100 人；中型企业：101 ~ 300 人；大型企业：≥301 人。

（二）战略二元性分析：分类型

根据类型分组对样本企业的战略二元性进行分析，结果显示，两类企业战略二元性具有一致性和差异性，一致性体现在传统主业型企业和混合型企业都倾向于从外部引入专业人才、专注于专业化以及长期发展。

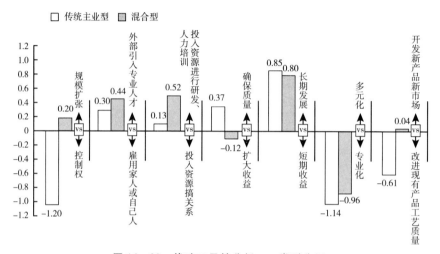

图 14－32 战略二元性分析——类型分组

差异性体现在以下几个方面。

（1）传统主业型企业注重企业的控制权（－1.20），而混合型企业注重规模扩张（0.20），且均值具有显著差异。这表明混合型企业在经营过程中重视规模扩张，而传统型企业更重视控制权，确保企业在面对危机或者其他市场诱惑时仍能坚持传统主业。

（2）传统主业型企业和混合型企业均选择投入资源进行研发、人力培训而非投入资源搞关系，但混合型企业重视程度更高，传统主业型企业为0.13，而混合型企业为0.52，均值具有显著差异。

（3）传统主业型企业注重确保质量（0.37），而混合型企业则更注重扩大收益（－0.12）。从扩大收益和确保质量的抉择来看可知，两类企业具有显著均值差异。传统主业型企业不仅把企业的利益作为主要经营目标，更在意顾客和社会的利益，因而以确保质量为先。

（4）传统主业型企业倾向于改进现有产品工艺质量（－0.61），而混合型企业则更注重开发新产品新市场（0.04）。传统主业型企业倾向于改进现有产品工艺质量，这与其在经营过程中一直坚守本业、不断改良产品品质相一致。而混合型企业在面对市场需求的时候，会选择涉足其他业务以获得更高的收益，因此在面对改进现有产品工艺质量和开发新产品新市场的目标冲突时，会选择开发新产品新市场。

六　中日长寿样本企业对比分析

由于中日两国长寿企业所面临的历史、制度、文化情境有很大差异，难以对中国长寿企业和日本长寿企业进行客观比较（见表14－10）。中国长寿企业规模大多比日本长寿企业要大，并且中国长寿企业大多非家族控股而是股份制或国有控股企业，而日本长寿企业大多为家族控股。但中国长寿企业在某种程度上也保留传统，并且也面临现代化和创新方面的挑战，因此考察两国长寿企业之间的异同点，可为两国长寿企业的传统—创新实践提供参考。鉴于问卷问项的一致性要求，本报告主要对中华老字号企业调查数据和日本京都老铺企业调查数据进行比较分析。

表14－10　中日长寿企业基本信息对比

项目	中华老字号企业	日本京都老铺企业
经营时长	以100～200年为主	以100～200年为主
经营行业	以制造业、零售批发为主	以制造业、零售批发为主
企业规模	以中型、大型企业为主	以小型、微型企业为主
企业性质	以股份制或者国有控股企业为主	以家族控股为主

（一）传统—多元化对比分析

在中国长寿企业与日本长寿企业在坚守传统主业上的差异方面，抽样结果显示，中国长寿样本企业中坚守传统主业的比例为 72.55%，高于日本长寿企业的 46.49%。这可能是由于中国长寿企业经营时长相较于日本长寿企业短，企业面临转型机会相对较少。另外还有一个很重要的制度因素，日本京都老铺企业和中华老字号企业在认定标准上存在差异。

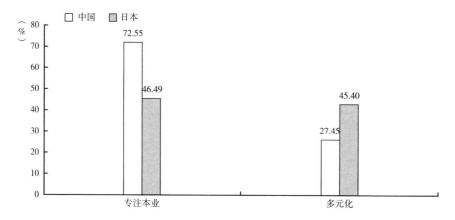

图 14 - 33　坚守传统主业比例：中日长寿样本企业对比

　　注：日本老铺企业没有统一的定义，但大多指的是经营时长超过 100 年的企业。中华老字号企业有明确的界定，包括历史悠久，拥有世代传承的产品、技艺或服务，具有鲜明的中华民族传统文化背景和深厚的文化底蕴，取得社会广泛认同，形成良好信誉的品牌，并提出了"拥有商标所有权或使用权，品牌创立于 1956 年（含）以前，有传承的独特产品、技艺或服务"等 7 个认定条件。

（二）创新对比分析

1. 创新投入情况

中国长寿样本企业对创新投入意愿的重视程度为 3.85，日本长寿样本企业为 3.15。这表明中国长寿样本企业和日本长寿样本企业均比较注重创新，且中国长寿样本企业对创新投入意愿的注重程度高于日本长寿样本企业，两者具有显著性差异。

在研发投入上，中国长寿样本企业和日本长寿样本企业的研发投入占销售额比例均小于 5%，中国长寿样本企业比日本长寿样本企业平均高 1.85 个百分点。

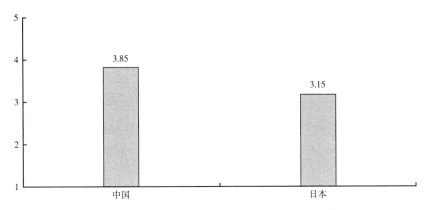

图 14 - 34　创新投入意愿：中日长寿样本企业对比

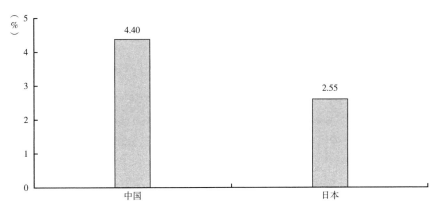

图 14 - 35　研发投入占销售额比例：中日长寿样本企业对比

2. 创新产出情况

在 2014 ~ 2016 年的平均新产品开发数量方面，中国长寿样本企业为 5. 43 个，日本长寿样本企业为 3. 73 个。在同期专利申请数量上，中国长寿样本企业平均为 1. 7 个，日本长寿样本企业平均为 1. 27 个。虽然，在新产品开发数量和专利申请数量上中国长寿样本企业均高于日本长寿样本企业，但两者在统计结果上没有显著差异。

（三）战略二元性对比分析

在企业战略二元性选择上，两国长寿样本企业具有一致性和差异性。一

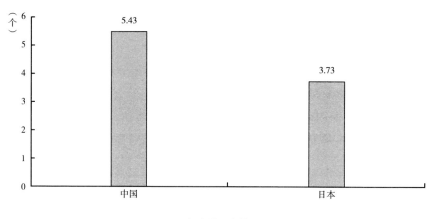

a. 新产品开发数量

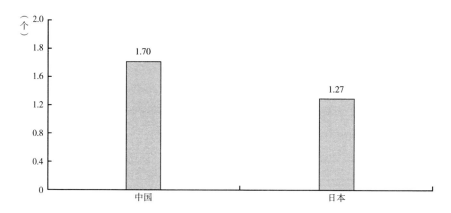

b. 专利申请数量

图 14 - 36　中日长寿样本企业新产品开发和专利申请数量对比

致性体现在中国长寿样本企业和日本长寿样本企业均表示偏好于专业化、确保质量、长期发展和投入资源进行研发、人力培训。

　　差异性体现在以下几个方面。在面对规模扩张和控制权的选择时，中国长寿样本企业对规模扩张看重，均值为 0.07，而日本长寿样本企业则比较看重控制权，均值为 - 0.78。这说明中国长寿样本企业相对而言以规模扩张为导向，而日本长寿样本企业更在意对经营业务的控制，注重对企业发展的长期控制。中国长寿样本企业比较倾向于开发新产品新市场，均值为 0.41，而日本长寿样本企业则专注于改进现有产品工艺质量，均值为 - 0. 43。这说明中国长寿样本企业和日本长寿样本企业在经营、创新方式上有所差异。中国长寿样本企业注重不断开发新产品新市场，有利于逐步扩大企业经营规模，做大做强。而日本长寿样本企业可能更注重在现有经营业务上不断改进产品工艺质量，做精做久。

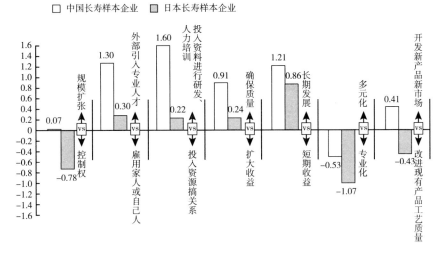

图 14 – 37　战略二元性分析：中日长寿样本企业对比

七　主要结论与讨论

（一）报告主要结论

（1）专业化、坚守主业、不断深耕是日本长寿企业的主要特征，在数百年的发展中，长寿企业较少因受到短期机会和利益的吸引而偏离发展方向。但同时，也有越来越多的长寿企业为适应时代的发展，在传统主业之外，积极探索和开发新的关联性业务，以与市场和技术的变化相适应。我们按主业的拓展区将长寿企业分为三类不同的战略演进模式：传统主业型（坚守主业）、混合型（坚守主业的同时拓展新的业务）和现代转型型（主业和多元化、国际化并行发展）。后两种类型尽管从数量上占比并不高，但更多地发展为较大型的企业。

（2）对于传统如何传承和发扬是长寿企业生存和发展中的关键。日本长寿企业主要表现在三个方面：一是坚守数百年以来的产业传统和产业精神。企业不是孤立的逐利者，而是深深嵌入产业和地区文化传统之中的传承者和文化精神的守护者。二是无论在使命愿景、家族文化（家训和传承）还是在企业经营管理决策等方面，企业首要的目标不是利益或利润，而是对传统价值和道德的维护和发扬。三是将保护、延续以及不断创新和改善传统技艺和文化传统作为企业的重要使命，作为每一代企业传承人的责任和社会担当。

（3）长寿企业的创新并非是线性发展的。不少案例中，重要产品或技艺的创新是由某几代人共同完成的，这也促成了企业的超越式成长。而在这前后的时期，企业处于维系或困难时期。由此，我们可以看到这种创新的非线性增长，或存在探索性和开发性创新的演化路径，即在某一代或几代企业主经营下进行重大产品或市场变革，后几代继承者在探索性创新基础上保持传统并予以不断改良、深化，实现开发性创新。

（4）长寿企业的创新有着特定的战略导向，不是为了击败竞争者，也不是为了经济利益，而是将为客户提供优质的产品和服务作为企业创新的重要目标。重视顾客价值，是企业进行创新的内在动力。不遗余力地改良产品品质和革新生产方法、吸收新技术以适应时代成为长寿企业创新的重点。

（5）总体来看，长寿企业创新的投入水平不高，但创新效率或产出水平较高。就不同类型的长寿企业来看，传统主业型企业创新投入较少，但混合型企业和现代转型型企业则研发投入较多，创新产出水平（如新产品开发）也较高。

（6）长寿企业在战略选择上表现出一些独特性。长寿企业注重组织控制权而不是组织扩张、偏好专业化而不是多元化、更注重确保质量和服务而不是开发更多的新产品、更偏向于长期发展战略（如投入研发及人力培训）而不是短期利益。日本长寿企业正是在这些长期导向、稳健性经营、品质为上等价值观指引下，实现了可持续成长。

（7）回归分析表明，长寿企业的创新与企业寿命、规模之间有着明显的正向关系。另外，保护和传承传统的长寿企业也得以在更长的时间内存在并发展。这表明，传统与创新是长寿企业永续经营的核心之所在。

（8）对于中日长寿企业的比较由于数据样本结构的差异性难以展开深化分析，但也给出了一些有意义的结论。对中日长寿企业的比较反映出两国在制度文化和市场发育阶段上的差异。中国长寿企业的市场成长空间较大，面临的创业机会多，制度约束性较弱。中国长寿企业在战略差异上表现为，更注重规模扩张，更偏向于开发新产品和新市场，这与日本长寿企业更专注于主业、偏重改进现有产品工艺质量形成了鲜明对比。

（二）长寿企业的未来思考：问题和挑战

1. 日本长寿企业

（1）适应时代的能力成为长寿企业生存的关键。传统长寿企业难以适应技术、市场的快速变化，就会被淘汰。长寿企业的数量和死亡率（包括被并购出售或关闭）均在不断提高。

（2）日本长寿企业创新不足，尽管新产品推出速度可能不慢，但难以与创新型企业展开竞争。长寿企业的创新力是其适应新的技术和社会变化的关键。

（3）日本长寿企业与国家或地方的文化、历史紧密相连，可以作为文化遗产的一部分得以保存下来，如住宿、特色产品（如抹茶、和服）、娱乐表演、工艺品和文化用品等，坚守传统和文化特色是其持续生存的关键。

（4）日本长寿企业难以实现国际化。调研数据表明，日本长寿企业的国际化水平低于其他企业。就日本长寿企业而言，日本式的长寿企业文化和组织方式很难在日本之外被复制或创造，包括经营理念、价值观、工作态度和产业精神等。

（5）日本长寿企业的传统难以很好地延续下去，尤其是一些传统工艺和工匠精神，因为时代的变化，很少年轻人愿意或有强烈的责任感来接班或担当这一文化和产业传承的使命。

2. 中国长寿企业

（1）中国长寿企业大多是公私合营后转化为国有企业或股份制企业，家族基本上已经退出，这些企业已成为历史，只是保留了企业的一些品牌声誉、工艺技能以及部分价值文化。另外，也有一些传统家族企业如同仁堂、陈李济、王老吉等，在现代化改造和创新中得以发展，传统得以发扬。

（2）中国长寿企业如何焕发新的活力，并传承历史文化和产业传统，取决于传统与现代如何融合，更为重要的还在于，如何形成有效的治理结构、组织与文化，以实现传统企业的现代化。

（3）中国长寿企业在目前的市场环境下，缺乏长远战略导向和产业坚守、专注性和产业精神不足、对市场和客户的态度更是需要重塑使命和愿景。在这些方面，中国企业应向日本长寿企业学习。

（4）在向欧美和日本长寿企业学习的同时，中国长寿企业应该弘扬中华文化中的商道和管理传统，将家族文化的凝聚力、儒家文化的道德体系、新时代的创新创业精神融合起来，超越现有的短期利益导向，实现可持续的永续经营。同时，将传统和创新结合起来成就百年长寿企业的新发展。

附　录

附表 1　案例调研企业

公司名称	现任社长	代数	创建年份	株式会社	主营业务	所在地
月桂冠	大仓治彦	第 14 代	1637	1986	清酒	京都府京都市
福寿园	福井正兴	第 9 代	1790	1949	宇治茶	京都府木津川市
岛津制作所	中本晃	第 12 代（中断）	1875	1917	高新科技	京都府京都市

续表

公司名称	现任社长	代数	创建年份	株式会社	主营业务	所在地
美浓吉	佐竹力总	第 10 代	1716	1958	和食料理	京都市左京区
川岛织物	山口进	第 4 代（中断）	1843	1938	和服、窗帘、汽车用布料	京都市左京区
大同生命	工藤聪	第 4 代（中断）	1903	—	生命保险	大阪府
石藏酒造	石藏利正	第 5 代	—	1956	清酒、食品餐饮	福冈县福冈市
Shabondama（泡泡玉）	森田隼人	第 3 代	1910	1949	无添加洗涤洗浴用品	福冈县北九州市
香兰社	深川纪幸	第 7 代	1689	1875	瓷器、绝缘材料	佐贺县有田市
古梅园	松井晶子	第 16 代	1577	—	墨块	奈良县奈良市
半兵卫麸	玉置半兵卫	第 11 代	1689	—	京麸食品	京都府京都市
香雪轩	长冈辉道	第 5 代	—	—	文房四宝	京都府京都市
安川电机	小笠原	—	1915	1919	驱动控制、运动控制、机器人和系统工程设备	福冈县北九州市
京山城屋	真田千奈美	第 4 代	1904	—	干货销售	京都府
松荣堂	—	第 12 代	1705	—	香	京都市佐山区
宇佐美松鹤堂	—	第 9 代	178X	—	文物修复	京都府京都市
塚喜集团	塚本喜左卫门	第 6 代	1867	—	和服、珠宝、皮毛及房地产业务	京都府京都市

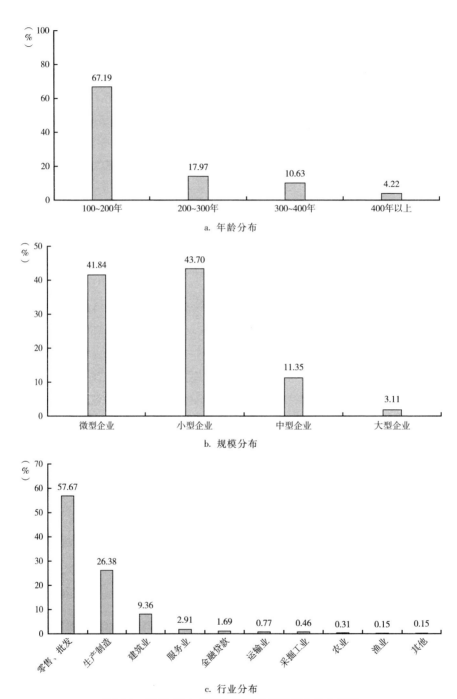

a. 年龄分布

b. 规模分布

c. 行业分布

附图 1　TDB 日本老铺企业调查问卷样本分布情况

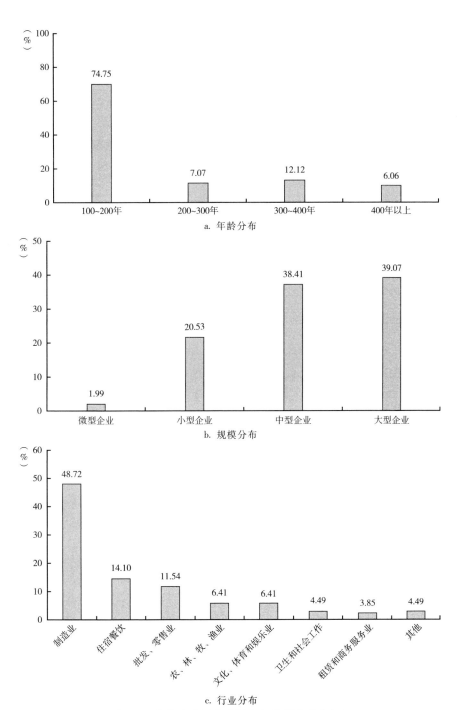

a. 年龄分布

b. 规模分布

c. 行业分布

附图 2 中华老字号企业调查问卷样本分布情况

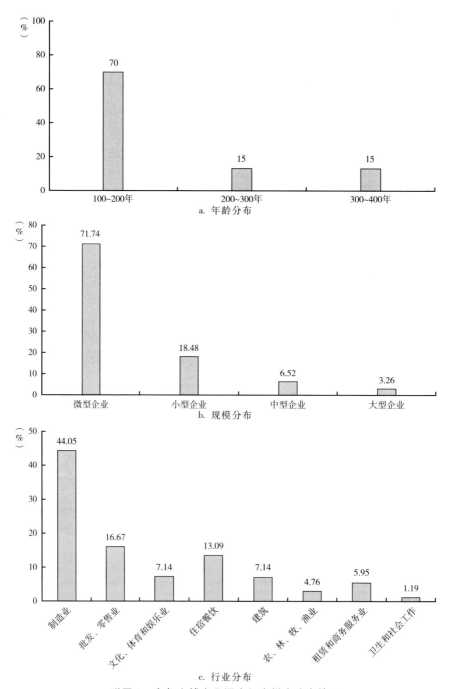

a. 年龄分布

b. 规模分布

c. 行业分布

附图3 京都老铺企业调查问卷样本分布情况

参考文献

［1］〔美〕马里乌斯·B.詹森主编《剑桥日本史（第 5 卷）：19 世纪》，王翔译，浙江大学出版社，2014。

［2］〔日〕井上清：《日本历史》，闫伯纬译，陕西人民出版社，2013。

［3］〔美〕詹姆斯·L.麦克莱恩：《日本史（1600～2000）》，王翔等译，海南出版社，2014。

［4］〔日〕坂本太郎：《日本史》，汪向荣等译，中国社会科学出版社，2014。

［5］蔡振丰、林永强编《日本伦理观与儒家传统》，台大出版中心，2017。

［6］〔日〕井上克人：《西田几多郎与明治的精神》，王海译，厦门大学出版社，2018。

［7］〔日〕和辻哲郎：《风土》，陈力卫译，商务印书馆，2018。

［8］〔日〕涩泽荣一：《论语与算盘》，高望译，上海社会科学院出版社，2016。

［9］〔日〕幸田露伴：《涩泽荣一传》，于炳跃译，上海社会科学院出版社，2016。

［10］〔日〕新渡户稻造：《武士道》，朱可人译，浙江文艺出版社，2016。

［11］〔日〕新渡户稻造等：《日本的本质》，新世界出版社，2016。

［12］窦少杰、程良越、河口充勇、桑木小惠子：《百年传承的秘密：日本京都百年企业的家业传承》，浙江大学出版社，2014。

[13] 〔日〕滨下武志：《中国、东亚与全球经济：区域和历史的视角》，王玉茹等译，社会科学文献出版社，2009。

[14] 〔日〕大野健一：《从江户到平成》，臧馨等译，中信出版社，2006。

[15] 金耀基：《从传统到现代》，法律出版社，2017。

[16] 曾誉铭：《义利之辨》，上海辞书出版社，2017。

[17] 〔日〕子安宣邦：《江户思想史讲义》，丁国旗译，生活·读书·新知三联书店，2017。

[18] 官文娜：《日本家族结构研究》，社会科学文献出版社，2017。

[19] 李秀娟、赵丽嫚编《传承密码：东西方家族企业传承与治理》，复旦大学出版社，2018。

[20] 〔美〕乔·施米德尔：《家族企业创新：代际传承，基业长青》，曹雪会等译，机械工业出版社，2016。

[21] 余英时：《中国近世宗教伦理与商人精神》，安徽教育出版社，2001。

[22] 李新春：《企业联盟与网络》，广东人民出版社，2000。

[23] 李新春、张书军主编《家族企业：组织、行为与中国经济》，上海三联书店、上海人民出版社，2005。

[24] 〔日〕速水融：《近世日本经济社会史》，汪平等译，南京大学出版社，2015。

[25] 〔日〕山本七平：《日本资本主义精神》，莽景石译，生活·读书·新知三联书店，1995。

[26] 〔美〕贝拉：《德川宗教：现代日本的文化渊源》，王晓山等译，生活·读书·新知三联书店，1998。

[27] 〔英〕E.F. 舒马赫：《小的是美好的》，李华夏译，译林出版社，2007。

[28] 〔英〕马歇尔：《经济学原理》（上、下册），朱志泰译，商务印书馆，1994。

[29] 〔美〕小艾尔弗雷德·D. 钱德勒：《看得见的手——美国企业的管理革命》，重武译，商务印书馆，1987。

［30］〔日〕福泽谕吉：《劝学篇》，群力译，商务印书馆，1962。

［31］〔日〕末木文美士：《日本宗教史》，周以量译，社会科学文献出版社，2016。

［32］马敏：《商人精神的嬗变——辛亥革命前后中国商人观念研究》，华中师范大学出版社，2011。

［33］〔日〕后藤俊夫编著《工匠精神：日本家族企业的长寿基因》，王保林等译，中国人民大学出版社，2018。

［34］〔日〕前川洋一郎：《匠心老铺——日本750家百年老店的繁盛秘诀》，陈晨译，人民邮电出版社，2017。

［35］〔德〕赫尔曼·西蒙：《隐形冠军：未来全球化的先锋》，张帆、吴君、刘惠宇、刘银远译，勾建辉审校，机械工业出版社，2015。

［36］〔日〕唐纳德·金：《日本发现欧洲（1720～1830）》，孙建军译，江苏人民出版社，2018。

［37］〔日〕丸山真男：《福泽谕吉与日本近代化》，区建英译，北京师范大学出版社，2018。

［38］〔美〕鲁思·本尼迪克特：《菊与刀》，吕万和等译，商务印书馆，2016。

［39］〔英〕里查德·惠廷顿、迈克尔·梅耶：《欧洲公司：战略结构与管理科学》，云南人民出版社，2005。

［40］〔美〕哈罗德·埃文斯、〔美〕盖尔·巴克兰、〔美〕戴维·列菲：《他们创造了美国》，倪波等译，中信出版社，2013。

［41］弗兰克·霍伊、普拉莫蒂塔·夏尔马、李新春、朱沆著《家族创业》，机械工业出版社，2010。

［42］〔印〕D. P. 辛加尔：《印度与世界文明》（上、下册），庄万有等译，商务印书馆，2019。

［43］De Massis, A., Frattini, F., Kotlar, J., Petruzzelli, A. and M. Wright, "Innovation through Tradition: Lessons from Innovative Family Businesses and Firections for Future Research," Academy of Management Perspective, 2016, 3 (1).

日本调研企业或机构给予我们的企业史料①

［1］ 社史编纂委员会：《川岛织物创立 145 年至 163 年（企业合并）间的历史：旨在创造崭新的传统》［川岛織物創業 145 年から163 年（会社合併）までの歴史：新しい伝統の創造を目指して］，日本大阪：川岛织物株式会社，2007。

［2］ 140 年史编辑委员会：《挑战未来，岛津制作所 140 年的足迹》（未来への挑戦——島津製作所 140 年の歩み），日本京都：岛津制作所株式会社，2015。

［3］ 社史编辑委员会：《岛津制作所史》（島津製作所史），日本京都：岛津制作所株式会社，1967。

［4］ 岛津制作所株式会社：《失败应用学》（失敗応用学），内部资料。

［5］ 月桂冠株式会社社史编辑委员会：《月桂冠三百六十年史》，日本京都：月桂冠株式会社，1999。

［6］ 佐竹力总：《三百年企业美浓吉和京都商道的教诲》（三百年企業美濃吉と京都商法の教え），日本京都：商业界株式会社，2011。

［7］ 山田雄久：《香兰社 130 年史》（香蘭社 130 年史），日本佐贺：香兰社社史编纂委员会，2008。

［8］ 福井正宪：《自如》，日本京都：福寿园株式会社，2017。

［9］ 茂木友三郎：《龟甲万的经营》，日本东京：生产性出版社，2007。

［10］ 井奥成彦、中西聪：《酱油酿造业与区域工业化—高梨兵左衛门家族研究》（醤油醸造業と地域の工業化—高梨兵左衛門家の研究），日本东京：庆应义塾大学出版社，2016。

［11］ 玉置半兵卫：《你好好听着》，日本京都：京都新闻出版社，2014。

［12］ 大同生命保险株式会社宣传部：《大同生命—100 年的挑战与创造》，日本大阪：大同生命保险株式会社，2003。

---

① 我们对此进行了翻译，前面中文是翻译的名称，后面是日文原名及出版机构。这对我们的案例研究起到了非常重要的作用。我们对调研企业给予我们的支持予以衷心感谢！

［13］汤浅邦弘：《墨之道、印的宇宙—怀德堂之美与学》，（墨の道印の宇宙—懷德堂の美と学問），日本大阪：大阪大学出版社，2008。

［14］汤浅邦弘：《怀德堂事典增订版》（懷德堂事典增補改訂版），日本大阪：大阪大学出版社，2016。

［15］汤浅邦弘：《怀德堂的至宝—追寻大阪的"美"和"学问"》（懷德堂の至宝—大阪の「美」と「学問」をたどる），日本大阪：大阪大学出版社，2016。

［16］怀德堂纪念会：《怀德堂图录》（懷德堂），日本大阪：大阪大学出版社，1994。

［17］京都府：《老铺企业家训》，日本京都：京都府，1970。

图书在版编目（CIP）数据

日本百年老店：传统与创新 / 李新春著 . -- 北京：
社会科学文献出版社，2020.7（2022.4 重印）
（日本家族企业研究丛书）
ISBN 978 - 7 - 5201 - 6482 - 5

Ⅰ.①日…　Ⅱ.①李…　Ⅲ.①企业管理 – 经验 – 日本
Ⅳ.①F279.313.3

中国版本图书馆 CIP 数据核字（2020）第 054513 号

日本家族企业研究丛书
日本百年老店：传统与创新

著　　者 / 李新春

出 版 人 / 王利民
责任编辑 / 吴　敏
责任印制 / 王京美

出　　版 / 社会科学文献出版社 · 皮书出版分社（010）59367127
　　　　　　地址：北京市北三环中路甲 29 号院华龙大厦　邮编：100029
　　　　　　网址：www.ssap.com.cn
发　　行 / 社会科学文献出版社（010）59367028
印　　装 / 唐山玺诚印务有限公司

规　　格 / 开　本：787mm × 1092mm　1/16
　　　　　　印　张：17.5　字　数：265 千字
版　　次 / 2020 年 7 月第 1 版　2022 年 4 月第 3 次印刷
书　　号 / ISBN 978 - 7 - 5201 - 6482 - 5
定　　价 / 89.00 元

读者服务电话：4008918866